建筑工程施工工长系列手册

防水施工工长手册

宋亦工　主编

王天雨　魏金明　副主编

中国建筑工业出版社

图书在版编目（CIP）数据

防水施工工长手册／宋亦工主编．—北京：中国建筑工业出版社，2009
（建筑工程施工工长系列手册）
ISBN 978-7-112-10874-9

Ⅰ．防…　Ⅱ．宋…　Ⅲ．建筑防水－工程施工－技术手册　Ⅳ．TU761.1－62

中国版本图书馆 CIP 数据核字（2009）第 050815 号

建筑工程施工工长系列手册
防水施工工长手册
宋亦工　主编
王天雨　魏金明　副主编
*
中国建筑工业出版社出版、发行（北京西郊百万庄）
各地新华书店、建筑书店经销
北京华艺制版公司制版
北京云浩印刷有限责任公司印刷
*
开本：850×1168 毫米　1/32　印张：12⅜　字数：356 千字
2009 年 6 月第一版　　2009 年 6 月第一次印刷
印数：1—3000 册　　定价：**28.00** 元
ISBN 978-7-112-10874-9
（18132）

本手册为《建筑工程施工工长系列手册》之一，全书共14章，内容包括常用建筑防水材料，防水工程设计，防水施工管理，防水施工技术管理，屋面防水工程施工，外墙及厕浴间防水施工，地下防水工程施工，防水工程安全管理及文明施工，防水工程施工质量控制，防水工程质量通病防治措施，防水工程质量验收，防水工程管理与维护，防水工程造价管理，防水工程成本控制与索赔等。

本手册内容详实具体，文字通畅，简明扼要，实用性强。适合于建筑施工企业管理人员和防水材料专业生产厂家使用，也可供现场监理、房地产管理、质量监督、项目管理专业人员、防水工程设计人员及大专院校工程专业师生阅读参考，特别适合作为建筑施工企业技术管理人员培训教材。

* * *

责任编辑　郦锁林　岳建光
责任设计　董建平
责任校对　刘　钰　孟　楠

《建筑工程施工工长系列手册》编委会

出版说明

为适应现代化建筑施工的需求，全面提高建设行业技能人员的综合素质，依据建筑工程施工规范、规程、标准及管理的要求，特组织有关专家编写了这套手册。该套手册具有实用性、先进性和可操作性的特点，充分体现了新材料、新技术、新工艺、新设备的应用。根据工长的岗位职责、技术交底、安全交底、质量验收、体系管理等方面的基本技能，充分考虑技术、质量、安全、进度、经济、合同、成本等具体工作内容以及与工长相关的知识进行了综合性的编写，与现行规范、标准紧密结合，且图文并茂、文字深入浅出、通俗易懂，力求满足建筑技术人员的实际需要。

本套手册包括：木工工长、钢筋工工长、砌筑工工长、抹灰工工长、混凝土工工长、架子工工长、装饰装修工长、防水工长、节能保温工长、管道工长、电气工长、通风空调工长、钢结构工长等13个职业（岗位）的施工工长手册，是建筑工程施工工长们必备的工具书。

中国建筑工业出版社

2009年5月10日

前 言

建筑施工专业工长是施工企业基层管理人员，既要具备一定的理论知识，又要有一定的施工管理经验。既要掌握施工工艺操作技能，又要对施工操作人员进行全过程全方位科学管理，作用非常重要。

防水工程是建筑工程非常重要的组成部分，它不仅影响建筑物使用功能，还影响到建筑物使用寿命。需要系统、完整的介绍屋面与地下防水工程施工技术和相关管理技术。

本手册包括常用防水材料，防水工程设计要点，防水工程施工管理，防水施工技术管理，屋面防水工程施工，地下防水工程施工，外墙及厕浴间防水施工，防水工程安全管理及文明施工，防水工程施工质量控制，防水工程质量通病防治措施，防水工程质量验收，防水工程维护和管理，防水工程造价管理，防水工程成本和索赔共14章。

本手册介绍防水工程一定理论知识，注重介绍防水工程实际操作要点和相关施工管理知识，是建筑施工企业现场管理人员的一本工具书，必将为建筑防水工程做出一定工作。

本手册在编写过程中，依据有关国家及地方的有关设计、施工和材料检验的规范标准，引用了当前专业书籍中的部分数据和资料，在此一并表示感谢。由于防水工程材料和施工工艺近年发展较快，全国各地做法也不尽统一，加之编者水平有限，因此，本手册存在一定的错误和不妥之处，恳请读者批评指正。

目　　录

1　常用建筑防水材料

1.1　防水材料分类

1.1.1　防水材料概述

防水材料大致经历了沥青、水泥、合成高分子材料三个发展时期，随着科学技术的不断进步，防水材料的品种、规格越来越多，其性能差别很大。防水材料按性质不同可分为柔性防水材料和刚性防水材料；防水材料按材质不同可分为有机防水材料和无机防水材料。

1.1.2　防水材料分类

1. 按设防部位分类

防水工程按设防部位分类可分为屋面防水、地下防水（含地下室、管沟、地下建筑等）、外墙防水、卫生间和地面防水（含厨房、卫生间、浴室、盥洗室、清洁室及楼面、地面）贮水池和贮液池防水（含游泳池、水塔、水池、贮油罐、贮液池等）五大类。

2. 按材料品种分类

防水材料按种类不同可分为卷材、涂料、密封材料、刚性材料、堵漏材料、金属板材六大系列及瓦片、夹层塑料板等排水材料，按其材料特性分类见表1-1。

1.2　沥青材料

沥青材料是广泛采用的防水、防潮及防腐蚀（主要是防酸、防碱）材料，也是沥青基防水材料、高聚物改性沥青防水材料的重要组成部分，它的性能直接影响到防水材料的质量。

建筑防水材料分类表　　表1-1

材性类型	品名举例
防水卷材	沥青防水卷材
	高聚物改性沥青防水卷材
	合成高分子防水卷材
防水涂料	沥青基防水涂料
	高聚物改性沥青防水涂料
	合成高分子防水涂料
建筑密封材料	高聚物改性沥青密封材料
	合成高分子密封材料
刚性防水材料	防水混凝土
	防水砂浆
	刚性混凝土涂层防水
	混凝土渗透结晶型防水
	混凝土表面憎水剂防水
堵漏止水材料	如水溶性聚氨酯、水玻璃、超细水泥
	丙凝、氰凝
瓦类防水材料	水泥瓦
	黏土瓦
	油毡瓦

1.2.1　沥青种类

沥青可分为地沥青和焦油沥青两大类。地沥青又分为石油沥青和天然沥青两种。

石油沥青是石油经提炼汽油、煤油、润滑油和柴油后的副产品，经加工处理而成。它的韧性较好，温度敏感性小，老化慢，稳定性好。根据用途不同，石油沥青又分为道路石油沥青、普通石油沥青、建筑石油沥青等。它的标号是按针入度来划分的。天然石油沥青由含沥青的砂岩提炼而制成的，其性质与石油沥青基本相同。

1.2.2 沥青主要性能

沥青主要性能有粘结性、塑性、不透水性和耐化学侵蚀性以及大气稳定性。

沥青是一种有机胶结材料，它是由碳氢化合物的复杂混合物组成，在常温下呈固体、半固体或液体的状态，颜色呈辉亮的褐色以至黑色。主要性能为粘着力较高，能与砖、石、混凝土、砂浆、木材和金属等材料粘结在一起。在亲水性材料上涂刷沥青材料后，可获得憎水性的表面，因而起到防水的作用。沥青还有一定的弹性和较好的塑性，有较强的防水性和耐冻性，熔融后又有较好的流动度，因此易于渗入其他材料的孔隙内，能溶解于二硫化碳、苯及汽油等有机溶剂。沥青对于酸、碱、盐的侵蚀有一定的抵抗能力。沥青在高温、氧气、太阳光等因素作用下会有缓慢的老化过程，今后主要的方向是改进其大气稳定性能或作为改性沥青的基础材料使用。

1.3 防水卷材

1.3.1 防水卷材分类

防水卷材是由工厂生产的具有一定厚度的片状防水材料，因为它有相当的柔性，可以卷曲并按一定长度成卷出厂，故称之为防水卷材。

防水卷材主要用普通沥青、聚合物改性沥青、合成橡胶、高分子树脂等材料制成的致密性不透水材料，通过在建筑物的迎水面或背水面铺贴防水卷材，以及采取相应的构造措施，可形成设计一定厚度的、均质整体连续的防水层，在一定的水压下可有效地阻断水的通路，起到将建筑物与水的隔绝作用。同时各类防水类卷材均有一定的耐候性和抗拉变形能力，从而保证了卷材防水层在各种外力和基层变形条件下，仍具有相当的防水效果。防水卷材按主要组成分类见表1-2，防水卷材按施工方法分类见表1-3。

防水卷材按主要组成分类　　表1-2

<table>
<tr><th colspan="2">防水卷材类型</th><th>品　种</th></tr>
<tr><td colspan="2" rowspan="4">沥青防水卷材</td><td>石油沥青纸胎油毡</td></tr>
<tr><td>石油沥青玻璃布油毡</td></tr>
<tr><td>石油沥青玻璃纤维胎油毡</td></tr>
<tr><td>氧化沥青铝箔面油毡</td></tr>
<tr><td colspan="2" rowspan="5">高聚物改性沥青防水卷材</td><td>弹性体改性沥青（SBS）防水卷材</td></tr>
<tr><td>塑性体改性沥青（APP）防水卷材</td></tr>
<tr><td>聚乙烯胎改性沥青防水卷材</td></tr>
<tr><td>冷自粘橡胶改性沥青防水卷材</td></tr>
<tr><td>其他改性沥青防水卷材</td></tr>
<tr><td rowspan="11">合成高分子防水卷材</td><td rowspan="4">橡胶系</td><td>三元乙丙橡胶（EPDM）防水卷材</td></tr>
<tr><td>丁基橡胶（IIP）防水卷材</td></tr>
<tr><td>氯丁橡胶（CR）防水卷材</td></tr>
<tr><td>再生橡胶防水卷材</td></tr>
<tr><td rowspan="5">树脂系</td><td>聚氯乙烯（PVC）防水卷材</td></tr>
<tr><td>氯化聚乙烯（CPE）防水卷材</td></tr>
<tr><td>聚乙烯（HDPE和LDPE）防水卷材</td></tr>
<tr><td>乙烯共聚物（如EVA）防水卷材</td></tr>
<tr><td>聚合物水泥基防水卷材</td></tr>
<tr><td rowspan="2">橡塑共混型</td><td>氯化聚乙烯—橡胶共混防水卷材</td></tr>
<tr><td>聚乙烯—乙丙橡胶共混（TPO）防水卷材</td></tr>
</table>

防水卷材按施工方法分类 **表1-3**

施工方法	品种
热玛琋脂粘贴法	沥青防水卷材
热熔法	高聚物改性沥青防水卷材
热熔涂料粘贴法	高聚物改性沥青防水卷材
	合成高分子防水卷材
热风焊接法	聚氯乙烯（PVC）防水卷材
	聚乙烯—乙丙橡胶共混（TPO）防水卷材
	聚乙烯（HDPE和LDPE）防水卷材
冷胶粘剂粘贴法	三元乙丙橡胶（EPDM）防水卷材
	氯化聚乙烯（CPE）防水卷材
	氯化聚乙烯—橡胶共混防水卷材
	氯化聚乙烯—橡胶防水卷材
	丁基橡胶（IIP）防水卷材
自粘贴法	自粘型改性沥青防水卷材
	自粘型合成高分子防水卷材
	蠕变性自粘型合成高分子防水卷材

1.3.2 沥青防水卷材

沥青防水卷材是由沥青（或非高聚物材料改性沥青）、胎体、填充材料经浸渍或辊压制成。

1. 沥青防水卷材规格和性能

近年来对沥青、胎体材料加以改进，已由单一纸胎油毡发展成多品种沥青防水卷材。目前有石油沥青纸胎油毡、石油沥青油纸、石油沥青玻璃布油毡、石油沥青麻布油毡、石油沥青石棉布油毡、铝箔面油毡、石油沥青玻璃纤维胎油毡、煤沥青石棉布油毡和煤沥青纸胎油毡，还有特殊用途的带孔油毡及油毡瓦等。沥青防水卷材的规格应符合表1-4的要求，沥青防水卷材物理性能见表1-5。

沥青防水卷材规格表　　表1-4

标　号	宽度（mm）	每卷面积（mm^2）	卷重（kg）	
350号	915	20±0.3	粉毡	≥28.5
	1000		片毡	≥31.5
500号	915	20±0.3	粉毡	≥39.5
	1000		片毡	≥42.5

沥青防水卷材物理性能表　　表1-5

项　目		性能要求	
		350号	500号
纵向拉力（25±2℃）		≥340	≥440
耐热度（85±2℃，2h）		不流淌，无集中性气泡	
柔度（18±2℃）		绕 ϕ20mm 圆棒无裂纹	绕 ϕ25mm 圆棒无裂纹
不透水性	压力（MPa）	≥0.10	≥0.15
	保持时间（min）	≥30	≥30

2. *石油沥青玻璃纤维胎油毡*

石油沥青玻璃纤维胎油毡（简称玻纤胎沥青油毡）系采用玻璃纤维薄毡为胎基，用氧化的石油沥青浸涂两面，表面涂撒矿物料或覆盖聚乙烯等隔离材料所制成的一种沥青防水卷材。由于此类油毡具有良好的耐水性、耐腐蚀性和耐久性，故适用于屋面及地下工程防水，也可作为防腐层或金属管道的防腐保护层。另因这种油毡质地柔软，故在阴阳角部位施工时，边角不易翘曲，并易于粘贴固定。

玻纤胎沥青油毡幅宽为1000mm，上表面隔离材料分为膜面、粉面及砂面三个品种。玻纤胎沥青油毡物理性能见表1-6。

玻纤胎沥青油毡物理性能表 **表 1-6**

性能	15 号			25 号			35 号		
	优等品	一等品	合格品	优等品	一等品	合格品	优等品	一等品	合格品
可溶物含量(g/m^2)不小于	800		700	1300		1200	2100		2000
不透水性：压力（MPa）	0.1			0.15			0.20		
时间（min）	30			30			30		
耐热度（℃）	85±2 受热 2h 涂盖层应无滑动								
拉力（N）≥纵向	300	250	200	400	300	200	400	320	270
横向	200	150	130	300	200	180	300	240	200
柔度：温度（℃）不高于	0	5	10	0	5	10	0	5	10
耐霉菌（8 周），外观	2 级			2 级			1 级		
耐霉菌（8 周）：质量损失率（%）≤	3.0			3.0			3.0		
拉力损失率（%）≤	40			30			20		
人工加速气候老化（27 周期）外观	无裂纹，无气泡等现象								
人工加速气候老化（27 周期）失重率（%）	8.00			5.50			4.00		
人工加速气候老化（27 周期）拉力变化率（%）	+25～-20			+25～-15			+25～-10		

1.3.3 高聚物改性沥青防水卷材

1. 屋面高聚物改性沥青防水卷材规格性能

高聚物改性沥青防水是以玻纤毡、聚酯毡、黄麻布、合成膜、金属箔或两种复合材料为胎基，合成高分子聚合物（掺量不少于10%）改性沥青、优质氧化沥青为浸涂材料，粉状、片状、粒状或薄膜、金属箔等为覆面材料制成的可卷曲片状防水材料。

与沥青防水卷材相比，改性沥青防水卷材的抗拉强度、耐热度及低温柔性均有一定的提高，并有较好的不透水性和抗腐蚀性，加上价格适中，现已成为新型防水卷材主导产品。目前广泛应用的产品，有弹性体沥青防水卷材、塑性体沥青防水卷材、自粘结卷材、聚乙烯膜沥青防水卷材、聚氯乙烯改性煤沥青玻纤油毡等。屋面高聚物改性沥青防水卷材规格见表1-7。

屋面高聚物改性沥青防水卷材规格表　　表1-7

胎基 / 上表面材料	聚酯胎	玻纤胎
聚乙烯膜	PY-PE	G-PE
细砂	PY-S	G-S
矿物粒（片）料	PY-M	G-M
厚度	3mm、4mm	2mm、3mm、4mm

2. 屋面高聚物改性沥青防水卷材的物理性能

屋面高聚物改性沥青防水卷材的物理性能应符合表1-8的要求。

屋面高聚物改性沥青防水卷材的物理性能表　　表1-8

<table>
<tr><th rowspan="2">项　目</th><th colspan="5">性 能 要 求</th></tr>
<tr><th>聚酯毡胎体</th><th>玻纤毡胎体</th><th>聚乙烯胎体</th><th>自粘聚酯胎体</th><th>自粘无胎体</th></tr>
<tr><td>可溶物含量（g/m^2）</td><td colspan="2">3mm厚≥2100
4mm厚≥2900</td><td>—</td><td>2mm≥1300
3mm厚≥2100</td><td>—</td></tr>
<tr><td>拉力（N/50mm）</td><td>≥450</td><td>纵向≥350
横向≥250</td><td>≥100</td><td>≥350</td><td>≥250</td></tr>
<tr><td>延伸率（%）</td><td>最大拉力时≥30</td><td>—</td><td>断裂时≥200</td><td>最大拉力时≥30</td><td>断裂时≥450</td></tr>
<tr><td>耐热度（℃，2h）</td><td colspan="2">SBS卷材90，APP卷材110，无滑动、流淌、滴落</td><td>PEE卷材90，无流淌、起泡</td><td>70，无滑动、流淌、滴落</td><td>70，无起泡、滑动</td></tr>
<tr><td rowspan="2">低温柔度（℃）</td><td colspan="3">SBS卷材-18，APP卷材-5，PEE卷材-10</td><td colspan="2">-20</td></tr>
<tr><td colspan="3">3mm厚，$r=15mm$；4mm厚，$r=25mm$；3s，弯180°无裂纹</td><td>$r=15mm$，3s，弯180°无裂纹</td><td>$\phi20mm$，3s，弯180°无裂纹</td></tr>
</table>

续表

项目		性能要求				
		聚酯毡胎体	玻纤毡胎体	聚乙烯胎体	自粘聚酯胎体	自粘无胎体
不透水性	压力（MPa）	≥0.3	≥0.2	≥0.3	≥0.3	≥0.2
	保持时间（min）	≥30		≥120		

注：SBS——弹性体改性沥青防水卷材；
APP——塑性体改性沥青防水卷材；
PEE——高聚物改性沥青聚乙烯胎防水卷材。

3. 地下防水工程高聚物改性沥青防水卷材物理性能

地下防水工程高聚物改性沥青防水卷材的主要物理性能应符合表1-9的要求。

地下防水工程高聚物改性沥青防水卷材主要物理性能表　　表1-9

项目		性能要求		
		聚酯毡胎体卷材	玻纤毡胎体卷材	聚乙烯膜胎体卷材
拉伸性能	拉力（N/50mm）	≥800（纵横向）	≥500（纵向） ≥300（横向）	≥140（纵向） ≥120（横向）
	最大拉力时延伸率（%）	≥40（纵横向）	—	≥250（纵横向）
低温柔度（℃）		≤−15		
		3mm厚，$r=15$mm；4mm厚，$r=25$mm；3s，弯180°，无裂纹		
不透水性		压力0.3MPa，保持时间30min，不透水		

4. 弹性体改性沥青（SBS）防水卷材

弹性体沥青防水卷材是以聚酯毡或玻纤毡为胎体，以热塑性弹性体（如SBS）改性沥青为浸渍涂盖材料复合而成，由于这类卷材不仅耐高、低温，而且卷材的弹性和耐疲劳性较高，广泛应用于工业与民用建筑的屋面及地下防水工程，特别适用于寒冷地区和严寒地区。弹性体沥青防水卷材幅宽：1000mm。厚度：聚酯胎，3mm和4mm；玻纤胎，2mm、3mm和4mm。弹性体改性沥青（SBS）防水卷材物理力学性能见表1-10。

SBS防水卷材物理力学性能表 **表1-10**

序号	胎基		PY		G	
	型号		Ⅰ	Ⅱ	Ⅰ	Ⅱ
1	可溶物含量（g/m^2）≥	2mm	—		1300	
		3mm	2100			
		4mm	2900			
2	不透水性	压力（MPa）≥	0.3		0.2	0.3
		保持时间min≥	30			
3	耐热度（℃）		90	105	90	105
			无滑动、流淌、滴落			
4	拉力（N/50mm）≥	纵向	450	800	350	500
		横向			250	300
5	最大拉力时延伸率（%）	纵向	30	40	—	—
		横向				
6	低温柔度（℃）		−18	−25	−18	−25
			无裂纹			
7	撕裂强度（N）≥	纵向	250	350	250	350
		横向			170	200
8	人工气候加速老化	外观	Ⅰ级			
			无滑动、流淌、滴落			
		纵向拉力保持率（%）	80			
		低温柔度（℃）	−10	−20	−10	−20
			无裂纹			

5. 塑性体改性沥青（APP）防水卷材

塑性体改性沥青防水卷材是以聚酯毡或玻纤毡为胎基，以无规聚丙烯（APP）或聚烯烃类聚合物（APAO、APO）进行改性沥青为浸渍涂盖材料，两面覆以隔热材料所制成的柔性防水材料，一般通称为APP防水卷材。这类产品与SBS改性沥青卷材同样具有良好的抗拉强度、延伸性及耐老化性能，耐热性较佳，但低温柔性稍低，塑性体改性沥青防水卷材幅宽：1000mm；厚度：聚酯胎3mm和4mm；玻纤胎2mm、3mm和4mm。广泛适用于工业与民用建筑的屋面及地下防水工程，特别在夏热冬暖地区使用效果更好。塑性体改性沥青（APP）防水卷材物理力学性能见表1-11。

APP防水卷材物理力学性能表　　表1-11

序号	胎基		PY		G	
	型号		Ⅰ	Ⅱ	Ⅰ	Ⅱ
1	可溶物含量（g/m^2）≥	2mm	—		1300	
		3mm	2100			
		4mm	2900			
2	不透水性	压力（MPa）≥	0.3		0.2	0.3
		保持时间（min）≥	30			
3	耐热度（℃）		110	130	110	130
			无滑动、流淌、滴落			
4	拉力（N/50）mm≥	纵向	450	800	350	500
		横向			250	300
5	最大拉力时延伸率(%)≥	纵向	25	40	—	—
		横向				
6	低温柔度（℃）		-5	-15	-5	-15
			无裂纹			
7	撕裂强度（N）≥	纵向	250	350	250	350
		横向			170	200

续表

序号	胎基		PY		G	
	型号		Ⅰ	Ⅱ	Ⅰ	Ⅱ
8	人工气候加速老化	外观	1级			
			无滑动、流淌、滴落			
		纵向拉力保持率（%）≥	80			
		低温柔度（℃）	3	-10	3	-10
			无裂纹			

6. 聚乙烯胎改性沥青防水卷材

聚乙烯胎改性沥青防水卷材是指以聚乙烯膜为胎基，采用优质氧化沥青或聚合物改性沥青涂盖，两表面用聚乙烯膜覆盖，经挤压成型工艺生产的一种沥青防水卷材。这种卷材有良好的耐水、耐化学、耐微生物腐蚀性及较大的延伸率，可采用热熔法施工或冷粘贴施工。主要用于地下遂道、水池、水坝、高速公路等非外露防水工程；上表面覆盖铝箔的卷材可适用于外露防水工程。

聚乙烯胎改性沥青防水卷材因防水基料的不同，其产品可分为氧化改性沥青、丁苯橡胶改性氧化沥青和高聚物改性沥青三大类，聚乙烯胎改性沥青防水卷材的幅宽定为1100mm，长度为10m，厚度为3mm、4mm两种。其产品质量应符合国家行业标准《改性沥青聚乙烯胎防水卷材》（GB 18967—2003）有关要求，其性能指标见表1-12。

聚乙烯胎改性沥青防水卷材性能指标　　　表1-12

上表面覆盖材料	E						AL			
基料	O		M		P		M		P	
型号	Ⅰ	Ⅱ	Ⅰ	Ⅱ	Ⅰ	Ⅱ	Ⅰ	Ⅱ	Ⅰ	Ⅱ
不透水性（MPa）	0.3									
	不透水									

续表

<table>
<tr><td colspan="2">上表面覆盖材料</td><td colspan="6">E</td><td colspan="4">AL</td></tr>
<tr><td colspan="2">基料</td><td colspan="2">O</td><td colspan="2">M</td><td colspan="2">P</td><td colspan="2">M</td><td colspan="2">P</td></tr>
<tr><td colspan="2">型号</td><td>Ⅰ</td><td>Ⅱ</td><td>Ⅰ</td><td>Ⅱ</td><td>Ⅰ</td><td>Ⅱ</td><td>Ⅰ</td><td>Ⅱ</td><td>Ⅰ</td><td>Ⅱ</td></tr>
<tr><td colspan="2" rowspan="2">耐热度（℃）</td><td colspan="2">85</td><td>85</td><td>90</td><td>90</td><td>95</td><td>85</td><td>90</td><td>90</td><td>95</td></tr>
<tr><td colspan="10">无流淌，无起泡</td></tr>
<tr><td rowspan="2">拉力（N/50mm）≥</td><td>纵向</td><td rowspan="2">100</td><td>140</td><td rowspan="2">100</td><td>140</td><td rowspan="2">100</td><td>140</td><td rowspan="2">200</td><td rowspan="2">200</td><td rowspan="2">200</td><td rowspan="2">200</td></tr>
<tr><td>横向</td><td>120</td><td>120</td><td>120</td></tr>
<tr><td rowspan="2">断裂伸长率（%）≥</td><td>纵向</td><td rowspan="2">200</td><td rowspan="2">250</td><td rowspan="2">200</td><td rowspan="2">250</td><td rowspan="2">200</td><td rowspan="2">250</td><td colspan="4" rowspan="2">—</td></tr>
<tr><td>横向</td></tr>
<tr><td colspan="2" rowspan="2">低温柔度（℃）</td><td colspan="2">0</td><td colspan="2">−5</td><td>−10</td><td>−15</td><td colspan="2">−5</td><td>−10</td><td>−15</td></tr>
<tr><td colspan="10">无 裂 纹</td></tr>
<tr><td rowspan="2">尺寸稳定性（%）</td><td>（℃）</td><td colspan="2">85</td><td>85</td><td>90</td><td>90</td><td>95</td><td>85</td><td>90</td><td>90</td><td>95</td></tr>
<tr><td>≤</td><td colspan="10">2.5</td></tr>
<tr><td rowspan="4">热空气老化</td><td>外观</td><td colspan="6">无流淌，无起泡</td><td colspan="4" rowspan="4">—</td></tr>
<tr><td>拉力保持率（%），纵向≥</td><td colspan="6">80</td></tr>
<tr><td rowspan="2">低温柔度（℃）</td><td colspan="2">8</td><td colspan="2">3</td><td>−2</td><td>−7</td></tr>
<tr><td colspan="6">无 裂 纹</td></tr>
<tr><td rowspan="4">人工气候加速老化</td><td>外观</td><td colspan="6" rowspan="4">—</td><td colspan="4">无流淌，无起泡</td></tr>
<tr><td>拉力保持率（%），纵向≥</td><td colspan="4">80</td></tr>
<tr><td rowspan="2">低温柔度（℃）</td><td colspan="2">3</td><td>−2</td><td>−7</td></tr>
<tr><td colspan="4">无裂纹</td></tr>
</table>

7. 自粘聚合物改性沥青防水卷材

（1）自粘聚合物改性沥青防水卷材系指在常温下，能自行与基层或卷材粘结的改性沥青防水卷材，简称为冷自粘卷材。按有无胎基分成两类：一类是无胎基的冷自粘卷材，即采用沥青、SBS和SBR等弹性沥青为基料，并掺入增强、增粘和填充材料，并用聚乙烯膜、铝箔为表面材料或无表面覆盖层（双面自粘），底表面或上下表面覆涂硅隔离防粘材料制成的可自行粘结的防水卷材。

而另一类是有胎基的冷自粘卷材，它是以玻纤毡或聚酯毡为胎基，两面或上表面浸涂改性沥青，下表面涂冷自粘橡胶改性沥青，并在上、下表覆涂隔离膜或其他防粘材料的防水卷材。

(2) 冷自粘卷材因具有良好的不透水性、低温柔性和延伸性，且适应基层变形能力强，施工时不需明火作业或涂刷胶粘剂，不仅减少了环境污染，也确保了施工安全。故适用于屋面、地下与室内的防水工程，如地下室、地铁隧道、停车场、上人屋顶及阳台等，尤其适用于立面和异形部位的防水及紧急补漏等工程。

(3) 无胎冷自粘卷材按表面材料分为聚乙烯膜（PE)、铝箔(AL)、无膜（N）三种。按使用功能又分为外露防水工程与非外露防水工程；铝箔为表面材料的自粘卷材，适用于外露防水工程；无膜双面自粘卷材则适用于辅助防水工程。

无胎冷自粘卷材厚度分为1.2mm、1.5mm及2.0mm三种；卷材幅宽为920mm、1000mm两种，其性能指标见表1-13。

自粘聚合物改性沥青防水卷材（有胎）性能指标

表1-13

<table>
<tr><td colspan="2">型　号</td><td colspan="3">Ⅰ</td><td colspan="2">Ⅱ</td></tr>
<tr><td colspan="2">厚度（MM）</td><td>1.5</td><td>2</td><td>3</td><td>2</td><td>3</td></tr>
<tr><td colspan="2">可溶物含量　≥</td><td>800</td><td>1300</td><td>2100</td><td>1300</td><td>2100</td></tr>
<tr><td rowspan="2">不透水性</td><td>压力（MPa）≥</td><td>0.2</td><td colspan="4">0.3</td></tr>
<tr><td>保持时间(min)≥</td><td colspan="5">30</td></tr>
<tr><td rowspan="2">耐热度（℃）</td><td>PE、S</td><td colspan="5">70无滑动、流淌、滴落</td></tr>
<tr><td>AL</td><td colspan="5">80无滑动、流淌、滴落</td></tr>
<tr><td colspan="2">拉力（N/50mm）　≥</td><td>200</td><td colspan="2">350</td><td colspan="2">450</td></tr>
<tr><td colspan="2">最大拉力时伸长率（%）　≥</td><td colspan="5">30</td></tr>
<tr><td colspan="2">低温柔性（℃）</td><td colspan="3">−20</td><td colspan="2">−30</td></tr>
<tr><td rowspan="2">剪切性能
(N/mm) ≥</td><td>卷材与卷材</td><td rowspan="2">2.0或粘合面外断裂</td><td colspan="4" rowspan="2">4.0或粘合面外断裂</td></tr>
<tr><td>卷材与铝板</td></tr>
</table>

续表

型号		I		II
剥离性能（N/mm） ≥		1.5或粘合面外断裂		
抗穿孔性		不渗水		
撕裂强度（N） ≥		125	200	250
水蒸气透湿率[$g/(m^2 \cdot s \cdot Pa)$] ≤		5.7×10^{-9}		
人工加速气候老化	外观	—	I级	
			无滑动、流淌、滴落	
	拉力保持率（%）		80	
	低温柔性（℃）		-10	-20

1.3.4 合成高分子防水卷材

合成高分子防水卷材在我国整个防水材料工业中处于蓬勃发展阶段，仅次于改性沥青防水卷材，其产品品种、生产工艺、生产技术装备、应用技术和应用领域正在不断提高和完善之中。合成高分子防水卷材亦称高分子防水片材，是以合成橡胶、合成树脂或二者的共混体系为基料，加入适量的化学助剂、填充剂等，采用混炼、塑炼、压延或挤出成型、硫化或非硫化、定型等加工工艺，制成的无胎加筋或不加筋的弹性或塑性片状可卷曲的一类防水材料。

1. 合成高分子防水卷材的性能与特点

合成高分子防水卷材主要应用于建筑物屋面防水及地下工程防水。目前我国已经发布的《高分子防水材料第一部分　片材》（GB 18173.1—2006）对以高分子材料为主材料，以压延法或挤出法生产的均质片材（均质片）及以高分子材料复合（包括带织物加强层）的复合片材（复合片）和均质片材点粘合织物等规定了技术性能要求。

2. 合成高分子防水片材的分类和规格

合成高分子防水片材的分类见表1-14，其规格尺寸见表1-15。

合成高分子防水片材分类表 **表 1-14**

<table>
<tr><th colspan="2">分类</th><th>代号</th><th>主要原材料</th></tr>
<tr><td rowspan="10">均质片</td><td rowspan="4">硫化橡胶类</td><td>JL1</td><td>三元乙丙橡胶</td></tr>
<tr><td>JL2</td><td>橡胶（橡塑）共混</td></tr>
<tr><td>JL3</td><td>氯丁橡胶、氯磺化聚乙烯、氯化聚乙烯等</td></tr>
<tr><td>JL4</td><td>再生胶</td></tr>
<tr><td rowspan="3">非硫化橡胶类</td><td>JL1</td><td>三元乙丙橡胶</td></tr>
<tr><td>JL2</td><td>橡塑共混</td></tr>
<tr><td>JL3</td><td>氯化聚乙烯</td></tr>
<tr><td rowspan="3">树脂类</td><td>JS1</td><td>聚氯乙烯等</td></tr>
<tr><td>JS2</td><td>乙烯乙酸乙烯、聚乙烯等</td></tr>
<tr><td>JS3</td><td>乙烯乙酸乙烯改性沥青共混等</td></tr>
<tr><td rowspan="4">复合片</td><td>硫化橡胶类</td><td>FL</td><td>三元乙丙、丁基、氯丁橡胶，氯磺化聚乙烯等</td></tr>
<tr><td>非硫化橡胶类</td><td>JF</td><td>氯化聚乙烯，三元乙丙、乙基、氯丁橡胶、氯磺化聚乙烯等</td></tr>
<tr><td rowspan="2">树脂类</td><td>FS1</td><td>聚氯乙烯等</td></tr>
<tr><td>FS2</td><td>聚乙烯、乙烯乙酸乙烯等</td></tr>
<tr><td rowspan="3">点粘片</td><td rowspan="3">树脂类</td><td>DS1</td><td>聚氯乙烯等</td></tr>
<tr><td>DS2</td><td>聚乙烯、乙烯乙酸乙烯等</td></tr>
<tr><td>DS3</td><td>乙烯乙酸乙烯改性沥青共混等</td></tr>
</table>

合成高分子防水片材的规格尺寸 **表 1-15**

<table>
<tr><th>项 目</th><th>厚 度（mm）</th><th>宽 度（m）</th><th>长 度（m）</th></tr>
<tr><td>橡胶类</td><td>1.0，1.2，1.5，1.8，2.0</td><td>1.0，1.1，1.2</td><td rowspan="2">20 以上</td></tr>
<tr><td>树脂类</td><td>0.5 以上</td><td>1.0，1.2，1.5，2.0</td></tr>
</table>

3. 屋面合成高分子防水卷材物理性能

屋面合成高分子防水卷材的物理性能见表 1-16。

屋面合成高分子防水卷材物理性能　表 1-16

项目		性能要求			
		硫化橡胶类	非硫化橡胶类	树脂类	纤维增强类
断裂拉伸强度（MPa）		≥6	≥3	≥10	≥9
扯断伸长率（%）		≥400	≥200	≥200	≥10
低温弯折（℃）		−30	−20	−20	−20
不透水性	压力（MPa）	≥0.3	≥0.2	≥0.3	≥0.3
	保持时间(min)	≥30			
加热收缩率（%）		<1.2	<2.0	<2.0	<1.0
热老化保持率（80℃，168h）	断裂拉伸强度	≥80%			
	扯断伸长率	≥70%			

4. 地下防水工程合成高分子防水卷材主要物理性能

地下防水工程合成高分子防水卷材的主要物理性能见表 1-17。

地下防水工程合成高分子防水卷材主要物理性能　表 1-17

项目	性能要求				
	硫化橡胶类		非硫化橡胶类	合成树脂类	纤维胎增强类
	JL_1	JL_2	JF_3	JS_1	
拉伸强度（MPa）	≥8	≥7	≥5	≥8	≥8
断裂伸长率（%）	≥450	≥400	≥200	≥200	≥10
低温弯折性（℃）	−45	−40	−20	−20	−20
不透水性	压力 0.3MPa，保持时间 30min，不透水				

5. 合成高分子防水卷材（均质片）物理性质

合成高分子防水卷材（均质片）物理性质见表 1-18 和表 1-19。

合成高分子防水卷材（均质片）物理性质（一） 表1-18

项目		指标									
		硫化橡胶类				非硫化橡胶类			树脂类		
		JL1	JL2	JL3	JL4	JF1	JF2	JF3	JS1	JS2	JS3
断裂拉伸强度(MPa)	常温 ≥	7.5	6.0	6.0	2.2	4.0	3.0	5.0	10	16	14
	60℃ ≥	2.3	2.1	1.8	0.7	0.8	0.4	1.0	4	6	5
扯断伸长度(%)	常温 ≥	450	400	300	200	400	200	200	200	550	500
	-20℃ ≥	200	200	170	100	200	100	100	150	350	300
撕裂强度（kN/m） ≥		25	24	23	15	18	10	10	40	60	60
不透水性，30min无渗漏（MPa）		0.3	0.3	0.2	0.2	0.3	0.2	0.2	0.3	0.3	0.3
低温弯折（℃） ≤		-40	-30	-30	-20	-30	-20	-20	-20	-35	-35
加温伸缩量(mm)	延伸 <	2	2	2	2	2	4	4	2	2	2
	收缩 <	4	4	4	4	4	6	10	6	6	6
热空气老化(80×168h)	断裂拉伸强度保持率（%）≥	80	80	80	80	90	60	80	80	80	80
	扯断伸长率保持率（%） ≥	70	70	70	70	70	70	70	70	70	70

合成高分子防水卷材（均质片）物理性质（二） 表1-19

项目		指标									
		硫化橡胶类				非硫化橡胶类			树脂类		
		JL1	JL2	JL3	JL4	JF1	JF2	JF3	JS1	JS2	JS3
耐碱性[10% $Ca(OH)_2$ 常温×168h]	断裂拉伸强度保持率(%) ≥	80	80	80	80	80	70	70	80	80	80
	扯断伸长率保持率(%) ≥	80	80	80	80	90	80	70	80	90	90
臭氧老化(40℃×168h)	伸长率40% 500×10^{-3}	—	无裂纹	—	—	—	—	—	—	—	—
	伸长率20% 500×10^{-3}	—	—	无裂纹	—	—	—	—	无裂纹	无裂纹	无裂纹
	伸长率20% 100×10^{-3}	—	—	—	无裂纹	—	无裂纹	无裂纹	—	—	—

续表

<table>
<tr><td colspan="2" rowspan="3">项 目</td><td colspan="10">指 标</td></tr>
<tr><td colspan="4">硫化橡胶类</td><td colspan="3">非硫化橡胶类</td><td colspan="3">树脂类</td></tr>
<tr><td>JL1</td><td>JL2</td><td>JL3</td><td>JL4</td><td>JF1</td><td>JF2</td><td>JF3</td><td>JS1</td><td>JS2</td><td>JS3</td></tr>
<tr><td rowspan="2">人工气候老化</td><td>断裂拉伸强度保持率(%) ≥</td><td>80</td><td>80</td><td>80</td><td>80</td><td>80</td><td>70</td><td>80</td><td>80</td><td>80</td><td>80</td></tr>
<tr><td>扯断伸长率保持率(%) ≥</td><td>70</td><td>70</td><td>70</td><td>70</td><td>70</td><td>70</td><td>70</td><td>70</td><td>70</td><td>70</td></tr>
<tr><td rowspan="2">粘结剥离强度</td><td>N/mm ≥
(标准试验条件)</td><td colspan="10">1.5</td></tr>
<tr><td>N/mm ≥
(标准试验条件)</td><td colspan="10">70</td></tr>
</table>

6. 三元乙丙橡胶防水卷材

三元乙丙橡胶（简称 EPDM）防水卷材是由三元乙丙橡胶为主，并掺有适量的丁基橡胶、硫化剂，促进剂、活化剂、补强填充剂、增塑剂等，经过密练、拉片、过滤、挤出（或压延）成型、硫化或非硫化等工序加工而成。主要优点是防水性能优异，耐候性及耐化学腐蚀性能好，对基层变形、开裂适应性强，使用寿命长，广泛用于工业与民用建筑防水工程以及水利、市政、构筑物防水工程。

三元乙丙橡胶防水卷材产品有硫型和非硫化型两类，非硫化型系指生产过程中不经硫化处理的一类，其中硫化型产品占主导地位。硫化型三元乙丙防水卷材的代号为 JL1，非硫化型三元乙丙防水卷材的代号为 JF1。

7. 氯化聚乙烯防水卷材

氯化聚乙烯（简称 CPE）防水卷材是以氯化聚乙烯树脂为主要原料，加入适量的化学助剂和一定的填充材料，经捏合、塑炼、压挤、取卷、检验、包装等工序加工制成的防水材料。均质片的单一卷材为 N 类，用纤维单面复合的为 L 类，织物内增强的为 W

类。这种材料具有良好的耐候、耐臭氧、耐热老化、耐油及耐腐蚀等性能，其产品造用于工业与民用建筑屋面、地下工程及污水池、堤坝等土木工程的防水，特别适宜于紫外线强的夏热冬暖地区。

8. 聚氯乙烯防水卷材

PVC防水卷材目前在世界上是应用最广泛的防水卷材之一，仅次于三元乙丙橡胶防水卷材而居第二位。聚氯乙烯（简称PVC）防水卷材是以聚氯乙烯树脂为主要原料，掺加增塑剂、填充剂、抗氧剂、紫外线吸收剂及其他加工助剂等制成的建筑防水材料。这种卷材除有较好的物理力学性能外，且有原材料丰富、价格较低、容易粘结等特点，产品适用于新建、翻修工程作外露或有保护层的屋面防水，也适用于水池、堤坝、隧道等土木工程的防水。

聚氯乙烯防水卷材的主要品种分为均质片和复合片两类。均质片为单一的聚氯乙烯柔性卷材，复合片的多以玻璃纤维毡或聚酯网（或毡）增强而制成的复合卷材。均质片的单一卷材为N类，用纤维单面复合的为L类，织物内增强的为W类。每类产品按物理性能又分为Ⅰ型及Ⅱ型。聚氯乙烯L类和W类卷材物理性能见表1-20。

聚氯乙烯L类和W类卷材物理性能　　表1-20

<table>
<tr><th colspan="2">项　目</th><th>Ⅰ型</th><th>Ⅱ型</th></tr>
<tr><td colspan="2">项　目</td><td colspan="2">性　能　指　标</td></tr>
<tr><td colspan="2">拉力（N/cm）　≥</td><td>100</td><td>160</td></tr>
<tr><td colspan="2">断裂伸长率（%）　≥</td><td>150</td><td>200</td></tr>
<tr><td colspan="2">热处理尺寸变化率（%）　≤</td><td>1.5</td><td>1.0</td></tr>
<tr><td colspan="2">低温弯折性</td><td>-20℃无裂纹</td><td>-25℃无裂纹</td></tr>
<tr><td colspan="2">抗穿孔性</td><td colspan="2">不渗水</td></tr>
<tr><td colspan="2">不透水性</td><td colspan="2">不透水</td></tr>
<tr><td rowspan="2">剪切状态下的粘合（N/mm）≥</td><td>L类</td><td colspan="2">3.0或卷材破坏</td></tr>
<tr><td>W类</td><td colspan="2">6.0或卷材破坏</td></tr>
</table>

续表

<table>
<tr><th colspan="2">项 目</th><th>Ⅰ型</th><th>Ⅱ型</th></tr>
<tr><td rowspan="4">热老化处理</td><td>外 观</td><td colspan="2">无起泡、裂纹、粘结和孔洞</td></tr>
<tr><td>拉力变化率（%）</td><td rowspan="2">±25</td><td rowspan="2">±20</td></tr>
<tr><td>断裂伸长率变化率（%）</td></tr>
<tr><td>低温弯折性</td><td>-15℃无裂缝</td><td>-20℃无裂缝</td></tr>
<tr><td rowspan="3">耐化学侵蚀</td><td>拉力变化率（%）</td><td rowspan="2">±25</td><td rowspan="2">±20</td></tr>
<tr><td>断裂伸长率变化率（%）</td></tr>
<tr><td>低温弯折性</td><td>-15℃无裂缝</td><td>-20℃无裂缝</td></tr>
<tr><td rowspan="3">人工气候
加速老化</td><td>拉力变化率（%）</td><td rowspan="2">±25</td><td rowspan="2">±20</td></tr>
<tr><td>断裂伸长率变化率（%）</td></tr>
<tr><td>低温弯折性</td><td>-15℃无裂缝</td><td>-20℃无裂缝</td></tr>
</table>

注：非外露使用可以不考核人工气候加速老化性能。

9. 氯化聚乙烯-橡胶共混防水卷材

氯化聚乙烯-橡胶共混防水卷材（简称橡塑共混卷材）是以氯化聚乙烯和橡胶共混为主体，加入适量软化剂、防老剂、稳定剂，经捏和、混炼、过滤、挤出或压延成型、硫化、检验、包装等工序加工制成的防水卷材。这种卷材不但具有氯化聚乙烯特有的高强度和优异的耐臭氧、耐老化性能，而且具有橡胶特有的高弹性、高延伸性和良好的低温性，产品适用于各类工业与民用建筑及市政防水工程，尤宜于严寒和寒冷地区或变形较大的屋面与地下工程。

氯化聚乙烯-橡胶共混防水卷材的厚度分为1.0mm、1.2mm、1.5mm、1.8mm及2.0mm多种，宽度为1000~1200mm，卷材长度按用户要求确定。

氯化聚乙烯-橡塑共混防水卷材的物理性能应符合《氯化聚乙烯-橡塑共混防水卷材》（JC/T 684—1997）有关规定。

10. 合成树脂类防水卷材（土工膜）

合成树脂类防水卷材系采用聚乙烯、乙烯—乙酸乙烯、乙烯共聚物等合成树脂为基料，加入抗氧剂、紫外线吸收剂、炭黑等辅料配制而成的一种防水、防渗材料。由于此类材料主要用于地下土木工程，因此统称为土工膜。依其基料不同，其产品可分为高密度聚乙烯（HDPE）、低密度聚乙烯（LDPE）、乙烯—乙酸乙烯（EVA）和乙烯共聚物沥青（FCB）等多种卷材。除上述产品以外，我国还开发出聚乙烯膜纤维复合而成的土工膜以及采用PVC为基料的两布一膜复合土工膜。

11. 防水卷材胶粘剂

（1）粘贴各类卷材必须采用与卷材材性相容的胶粘剂，其中地下防水工程胶粘剂的质量应符合表1-21要求。

地下防水工程胶粘剂质量要求　　表1-21

项　目	高聚物改性沥青卷材	合成高分子卷材
粘结剥离强度（N/10mm）	≥8	≥15
浸水168h后粘结剥离强度保持率（%）	—	≥70

（2）高分子防水卷材胶粘剂物理力学性能

高分子防水卷材的铺贴，必须用同其相容的高分子防水卷材胶粘剂，才能将卷材同卷材、卷材同基层进行粘贴牢固，高分子防水卷材胶粘剂的物理力学性能见表1-22。

高分子防水卷材胶粘剂物理力学性能　　表1-22

<table>
<tr><th colspan="3" rowspan="2">项　目</th><th colspan="3">技术性能</th></tr>
<tr><th>基底胶J</th><th>搭接胶D</th><th>通用胶T</th></tr>
<tr><td colspan="3">黏度（Pa·s）</td><td colspan="3">规定值±20%</td></tr>
<tr><td colspan="3">不挥发物含量（%）</td><td colspan="3">规定值±2</td></tr>
<tr><td colspan="3">适用期（min）≥</td><td colspan="3">180</td></tr>
<tr><td rowspan="6">剪切状态下的粘合性</td><td rowspan="3">卷材－卷材</td><td>标准试验条件（N/mm）　≥</td><td>—</td><td>2</td><td>2</td></tr>
<tr><td>热处理后保证率80℃×168h（%）　≥</td><td>—</td><td>70</td><td>70</td></tr>
<tr><td>碱处理后保证率≥10% $Ca(OH)_2$，168h</td><td>—</td><td>70</td><td>70</td></tr>
<tr><td rowspan="3">卷材－基底</td><td>标准试验条件（N/mm）　≥</td><td>1.8</td><td>—</td><td>1.8</td></tr>
<tr><td>热处理后保证率80℃×168h（%）　≥</td><td>70</td><td>—</td><td>70</td></tr>
<tr><td>碱处理后保证率≥10% $Ca(OH)_2$，168h</td><td>70</td><td>—</td><td>70</td></tr>
<tr><td colspan="2" rowspan="2">剥离强度</td><td>标准试验条件（N/10m）　≥</td><td>—</td><td>1.5</td><td>1.5</td></tr>
<tr><td>浸水168h后保持率（%）　≥</td><td>—</td><td>70</td><td>70</td></tr>
</table>

1.4 防水涂料

1.4.1 防水涂料分类

防水涂料（也称涂膜防水材料）在常温下呈无定型黏稠状态，经涂布的方法涂刮在结构物表面，用刷、滚、刮、喷等涂刮或喷涂于基面。通过溶剂或水分挥发或各组分间的反应固化形成的薄膜致密物质，防水涂料具有不透水性、一定的耐候性及延伸性，使结构表面与水隔绝，起到防水与防潮作用。防水层可以由几层防水涂膜组成，也可在几层涂膜之间放置聚酯无纺布、化纤无纺布、玻纤网格布等材料形成增强层。操作简便，施工速度快。减少环境污染，安全性好。温度适应性良好，易于修补。

涂膜防水层按材料性质分无机防水涂料和有机防水涂料。无机防水涂料可选用水泥基防水涂料、水泥基渗透结晶型涂料。有机涂料可选用溶剂型、反应型、水乳型、聚合物水泥防水涂料。防水涂料分类见表1-23。

防水涂料分类表 **表1-23**

<table>
<tr><th>品种</th><th colspan="2">材性类型</th><th>品名举例</th></tr>
<tr><td rowspan="2">沥青基类</td><td colspan="2">溶剂型</td><td>沥青涂料</td></tr>
<tr><td colspan="2">水乳型</td><td>石灰膏乳化沥青、水性石棉沥青</td></tr>
<tr><td rowspan="3">高聚物改沥青类</td><td colspan="2">溶剂型</td><td>氯丁橡胶沥青类、再生橡胶沥青类</td></tr>
<tr><td colspan="2">水乳型</td><td>水乳型氯丁橡胶沥青类、水乳型再生橡胶沥青类</td></tr>
<tr><td colspan="2">热溶型</td><td>弹性体改性沥青防水涂料</td></tr>
<tr><td rowspan="6">合成高分子类</td><td rowspan="4">合成树脂类</td><td>单组分溶剂型</td><td>丙烯酸酯类</td></tr>
<tr><td>单组分水乳型</td><td>丙烯酸酯类</td></tr>
<tr><td rowspan="2">双组分反应型</td><td>环氧树脂类</td></tr>
<tr><td>焦油环氧树脂类</td></tr>
<tr><td rowspan="2">合成橡胶类</td><td>单组分溶剂型</td><td>氯磺化聚乙烯橡胶类、氯丁橡胶类</td></tr>
<tr><td>单组分水乳型</td><td>氯丁、丁苯、丙烯酸酯胶乳类、硅橡胶类</td></tr>
</table>

续表

品种	材性类型		品名举例
合成高分子类	合成树脂类	单组分反应型	聚氨酯类
		双组分反应型	聚氨酯类、焦油聚氨酯类、沥青聚氨酯类、聚硫橡胶
	水泥类		聚合物水泥类
			无机盐水泥类

1.4.2　沥青基防水涂料特点及适用范围

沥青基防水涂料特点及适用范围见表1-24。

沥青基防水涂料特点及适用范围　　表1-24

类别	名称	特点	适用范围	施工方法
沥青防水涂料	石灰、石棉或膨润土乳化沥青防水涂料	水性涂料，现场配置简单方便价格低廉，伸长率较低、低温下易开裂变脆，	属性能较差的防水，用于防水等级为Ⅲ、Ⅳ级的部位	刮涂法，冷施工

1.4.3　高聚物改性沥青防水涂料

1. 高聚物改性沥青防水涂料品种

高聚物改性沥青防水涂料是以沥青为基料，用合成高分子聚合物进行改性配制而成的水乳型或热熔型防水涂料。高聚物改性沥青防水涂料在柔韧性、抗裂性、强度、耐高、低温性能、使用寿命等方面都比沥青基涂料有了较大的改善。常用的品种有氯丁橡胶改性沥青涂料、丁基橡胶改性沥青涂料、丁苯橡胶改性沥青涂料、SBS改性沥青涂料和APP改性沥青涂料等。上述防水涂料其原材料来源广泛、性能适中、价格低廉，是适合我国国情的防水材料之一。

2. 屋面高聚物改性沥青防水涂料性能

屋面高聚物改性沥青防水涂料的质量应符合表1-25的要求。

（1）氯丁橡胶改性沥青防水涂料

氯丁橡胶改性沥青防水涂料是以阳离子氯丁胶乳与阳离子型石油乳液混合，稳定分散在水中而制成的一种水乳型防水涂料。该涂料具有成膜快、强度高、耐候性好、难燃烧、无毒、不污染环境、冷施工、抗裂性好等特点，可适用于工业与民用建筑屋面防水、厕浴间和厨房等室内地面防水，以及防腐蚀地面的防水隔离层。

屋面高聚物改性沥青防水涂料质量要求　　表 1-25

项目		质量要求	
		水乳型	溶剂型
固体含量（%）		≥43	≥ 48
耐热性（80℃，5h）		无流淌、起泡、滑动	
低温柔性（℃，2h）		-10，绕 Φ20mm 圆棒无裂纹、断裂	-15，绕 Φ10mm 圆棒无裂纹、断裂
不透水性	压力（MPa）	≥0.1	≥0.2
	保持时间（min）	≥30	≥30
延伸性（mm）		≥ 4.5	—
抗裂性（mm）		—	基层裂缝 0.3mm，涂膜无裂纹、断裂

（2）SBS 改性沥青防水涂料

SBS 改性沥青防水涂料是以石油沥青、SBS 橡胶、合成树脂以及表面活性剂等原料制成的一种水乳型弹性沥青防水涂料。该涂料特点是具有良好的防水性、抗裂性、低温柔韧性以及较强的粘结力。可以冷施工，操作方便，无毒，无污染，安全可靠，可用于各类建筑防水及防腐蚀工程，在寒冷地区采用尤为合适。

1.4.4 合成高分子防水涂料

1. 合成高分子防水涂料品种

合成高分子防水涂料是以合成橡胶或合成树脂为原料，加入适量的活化剂、改性剂、增塑剂及填充料等辅助材料制成的单组分或多组分（一般为双组分）防水涂料，统称为合成高分子防水涂料。

合成高分子防水涂料种类繁多。如按其形态划分，可有乳液型、溶剂型及反应型三类。目前使用较多的有聚氨酯、丙烯酸酯、硅橡胶（有机硅）、氯磺化聚乙烯、氯丁橡胶、丁基橡胶、偏二氯乙烯涂料以及它的混合物等等。

2. 合成高分子防水涂料（反应固化型）质量要求

合成高分子防水涂料（反应固化型）的质量要求见表1-26。

合成高分子防水涂料（反应固化型）质量要求　表1-26

项目		质量要求	
		Ⅰ类	Ⅱ类
拉伸强度（MPa）		≥1.9（单、多组分）	≥2.45（单、多组分）
断裂伸长率（%）		≥550（单组分） ≥450（多组分）	≥450（单组分）
低温柔性（℃，2h）		-40（单组分），-35（多组分），弯折无裂纹	
不透水性	压力（MPa）	≥0.3（单、多组分）	
	保持时间（min）	≥30（单、多组分）	
固体含量（%）		≥80（单组分），≥92（多组分）	

注：产品按拉伸性能分为Ⅰ、Ⅱ两类。

3. 合成高分子防水涂料（挥发固化型）性能

合成高分子防水涂料（挥发固化型）质量要求见表1-27。

合成高分子防水涂料（挥发固化型）质量要求　表1-27

项目		质量要求
拉伸强度（MPa）		≥1.5
断裂伸长率（%）		≥300
低温柔性（℃，2h）		-20，绕Φ10mm圆棒无裂纹
不透水性	压力（MPa）	≥0.3
	保持时间（min）	≥30
固体含量（%）		≥65

4. 地下防水工程涂料质量要求

地下防水工程有机防水涂料物理性能见表1-28；地下防水工程无机防水涂料物理性能见表1-29。

地下防水工程有机防水涂料物理性能 表1-28

涂料种类	可操作时间（min）	潮湿基面粘结强度（MPa）	抗渗性（MPa）			浸水168h后断裂伸长率（%）	浸水168h后拉伸强度（MPa）	耐水性（%）	表干（h）	实干（h）
			涂膜(30min)	砂浆迎水面	砂浆背水面					
反应型	≥20	≥0.3	≥0.3	≥0.6	≥0.2	≥300	≥1.65	≥80	≤8	≤24
水乳型	≥50	≥0.2	≥0.3	≥0.6	≥0.2	≥350	≥0.5	≥80	≤4	≤12
聚合物水泥	≥30	≥0.6	≥0.3	≥0.8	≥0.6	≥80	≥1.5	≥80	≤4	≤12

注：耐水性是指在浸水168h后材料的粘结强度及砂浆抗渗性的保持率。

地下防水工程无机防水涂料物理性能 表1-29

涂料种类	抗折强度（MPa）	粘结强度（MPa）	抗渗性（MPa）	冻融循环
水泥基防水涂料	>4	>1.0	>0.8	>F50
水泥基渗透结晶型防水涂料	≥3	≥1.0	>0.8	>F50

5. 地下防水工程胎体增强材料性能

地下防水工程胎体增强材料质量要求见表1-30。

地下防水工程胎体增强材料质量要求 表1-30

项目		聚酯无纺布	化纤无纺布	玻纤网布
外观		均匀无团状，平整无折皱		
拉力（宽50mm）	纵向（N）	≥50	≥45	≥90
	横向（N）	≥100	≥35	≥50
延伸率	纵向（%）	≥10	≥20	≥3
	横向（%）	≥20	≥25	≥3

6. 聚氨酯防水涂料

聚氨酯（PU）防水涂料是以聚氨酯树脂为主要成膜的一类反应型防水材料，其品种包括焦油聚氨酯、纯聚氨酯（即非焦油聚氨酯）、石油沥青聚氨酯防水材料。

双组分聚氨酯防水涂料是以聚氨酯预聚体（甲组分）与固化剂（乙组分）按一定比例在现场混合搅拌均匀而形成的高弹性涂膜防水层。单组分聚氨酯防水涂料则为聚氨酯防水涂料为聚氨酯预聚体，在现场直接涂覆后经过水与潮气的化学反应，即可形成涂膜层。

聚氨酯防水涂料有较大的弹性和延伸性，有较好的抗裂性能、耐候性能、耐酸和抗老化性能，易冷作业施工，操作简便，在任何形状的复杂部位都可形成连续的涂膜防水层，用于建筑屋面、地下、厕浴间以及市政、地下管道的防水、防腐蚀工程。多组分聚氨酯防水涂料物理性能见表1-31。

多组分聚氨酯防水涂料物理性能　　表1-31

序号	项目			Ⅰ	Ⅱ
1	拉伸强度		≥	1.9	2.45
2	断裂伸长率（%）		≥	450	450
3	撕裂强度（N/mm）		≥	12	14
4	低温弯折性		≤	−35	
5	不透水性（0.3MPa，30min）			不透水	
6	固体含量（%）		≥	92	
7	表干时间（h）		≤	8	
8	实干时间（h）		≤	24	
9	加热伸缩率（%）		≤	1.0	
			≥	−4.0	
10	潮湿基面粘结强度①（MPa）		≥	0.5	
11	定伸时老化	加热老化		无裂纹及变形	
		人工气候老化		无裂纹及变形	

续表

序号	项目		Ⅰ	Ⅱ
12	热处理	拉伸强度保持率（%）	80～150	
		断裂伸长率（%） ≥	400	
		低温弯折性（℃） ≤	-30	
13	碱处理	拉伸强度保持率（%）	60～150	
		断裂伸长率（%） ≥	400	
		低温弯折性（℃） ≤	-30	
14	酸处理	拉伸强度保持率（%）	80～150	
		断裂伸长率（%） ≥	400	
		低温弯折性（℃） ≤	-30	
15	人工气候老化②	拉伸强度保持率（%）	80～150	
		断裂伸长率（%） ≥	400	
		低温弯折性（℃） ≤	-30	

① 仅用于地下工程潮湿基面时要求。

② 仅用于外露使用产品。

7. 丙烯酸酯防水涂料

丙烯酸酯防水涂料按其聚合物的形态和性质可分为溶剂型、水乳型等类。目前使用较多的是水乳型丙烯酸酯防水涂料。

水乳型丙烯酸酯防水涂料是以纯丙烯酸共聚物、改性丙烯酸或纯丙烯酸酯乳液为主要成分，加入适量填料、助剂及颜料等配制而成，属合成树脂类单组分防水涂料。

这类防水涂料的最大优点是具有优良的耐候性、耐热性和耐紫外线性，在-30～80℃范围内性能基本无多大变化；同时延伸性能好，能适应基层一定幅度的开裂变形；此外该涂料一般为白色，还可通过着色使之具有各种色彩，故使防水层兼有装饰和隔热效果。

水乳型丙烯酸酯防水涂料可冷施工。施工时可采用涂刷、刮涂、喷涂等工艺，适用于屋面、墙面、卫生间、厨房及地下防水工程。产品按拉伸强度为分Ⅰ、Ⅱ类。

1.4.5　聚合物水泥防水涂料

1. 聚合物水泥防水涂料

聚合物水泥防水涂料，又称JS复合防水涂料，是建筑防水涂料中近年来发展起来的一大类别。本产品是一种以聚丙烯酸酯乳液、乙烯－醋酸乙烯酯共聚乳液等聚合物乳液与各种添加剂组成的有机液料，水泥、石英砂及各种添加剂、无机填料组成的无机粉料，当有机液料和无机粉料按照一定配合比、复合制成的一种双组分、水性建筑防水涂料。其性质既有有机涂料的特点又有无机涂料特点。

2. 聚合物水泥防水涂料品种

根据聚合物乳液和水泥的不同比例，可分为Ⅰ型（高伸长率、高聚灰比）和Ⅱ型（低伸长率、低聚灰比）两类产品，分别适用于较干燥、基层位移量较大的部位和长期接触水或潮气、基层位移量较小的部位。

3. 聚合物水泥防水涂料技术特点

（1）聚合物水泥防水涂料水性涂料，无毒、无害、无污染，对环境和人员无任何危害，属于环保型产品，使用安全。

（2）涂层坚韧，高强度，耐水性、耐候性、耐久性优异，能耐140℃高温，尤其适用于道路、桥梁防水，并可加颜料以形成彩色涂层。

（3）能在潮湿（无明水）或干燥的多种材质基面上直接施工。能在立面和顶面上直接施工，不流淌，施工简便，便于操作，工期短，在常温条件下涂料可以自行干燥。

（4）产品能与基面及水泥砂浆等各种基层材料牢固粘接，是理想的修补粘接材料，对各种各样的建筑材料具有很好的附着性，能形成整体无缝致密稳定的弹性防水层。聚合物水泥防水涂料的质量应符合表1-32的要求。

聚合物水泥防水涂料质量要求 表1-32

项 目		质 量 要 求
固体含量（%）		≥65
拉伸强度（MPa）		≥1.2
断裂伸长率（%）		≥200
低温柔性（℃，2h）		-10，绕 Φ10mm 圆棒无裂纹
不透水性	压力（MPa）	≥0.3
	保持时间（min）	≥30

1.4.6 水泥基渗透结晶型防水材料

1. 水泥基渗透结晶型防水材料品种

水泥基渗透结晶型防水材料简称 CCCW，是由硅酸盐水泥、石英砂、特殊的活性物质以及各种添加剂组成的无机粉末状防水材料。

水泥基渗透结晶型防水材料是一种刚性防水材料，在混凝土中形成不溶于水的结晶体，填塞毛细孔道，从而使混凝土致密、防水。按照使用方法的不同，此类产品可分为水泥基渗透结晶型防水涂料（C）和水泥基渗透结晶型防水剂（A）两大类别。

2. 水泥基渗透结晶型防水涂料施工要求

水泥基渗透结晶型防水涂料是一种掺入混凝土内部粉状材料，经与水拌合可调配成刷涂或喷涂在水泥混凝土表面的浆料，亦可将其以干分撒覆并压入未完全凝固的水泥混凝土表面，使之形成一道有效的防水屏障。

1.5 刚性防水材料

1.5.1 刚性防水材料分类

刚性防水材料通常指防水砂浆与防水混凝土。它是指以水泥、砂、石为原料或掺入少量外加剂、高分子聚合物等材料，通过调整配合比，抑制或减少孔隙率，改变孔隙特征，增加各原材料界面间的密实性等方法，配制成的具有一定抗渗能力的水泥砂浆、混凝土类防水材料，其分类见表1-33。

刚性防水材料分类　　表1-33

防水混凝土	普通防水混凝土	
	外加剂防水混凝土	减水剂防水混凝土
		氯化铁防水混凝土
		引气剂防水混凝土
		三乙醇胺防水混凝土
		膨胀剂和膨胀水泥防水混凝土
防水砂浆	普通防水砂浆	
	外加剂防水砂浆	无机盐防水砂浆
		抗裂防水剂防水砂浆
	聚合物防水砂浆	有机硅防水砂浆
		氯丁胶乳防水砂浆
		丙烯酸酯乳液防水砂浆

1.5.2　普通防水混凝土

1. 水泥性能

防水层的细石混凝土宜用普通硅酸盐水泥或硅酸盐水泥，不得使用火山灰水泥；当采用矿渣硅酸盐水泥时，应采用减少泌水性的措施。

2. 粗细骨料要求

防水层的细石混凝土中，粗骨料的最大粒径不宜大于15mm，含泥量不应大于1%；细骨料应采用中砂或粗砂，含泥量不大于1%。

3. 拌合用水

拌合防水混凝土时采用无侵蚀性的洁净水。

4. 钢筋品种

防水层内配置的钢筋应采用冷拔低碳钢丝。

1.5.3 外加剂防水混凝土

1. 减水剂防水混凝土

在混凝土拌合物中掺入适量的不同类型减水剂，以提高其抗渗性能为目的的防水混凝土称为减水剂防水混凝土。

减水剂防水混凝土的防水原理是，减水剂对水泥具有强烈的分散作用，它借助于极性吸附作用，大大降低了水泥颗粒间的凝絮作用，并释放出凝絮体中的水，从而提高了混凝土和易性，大大降低拌合用水量，使硬化后混凝土内部孔结构的分散情况得以改变，孔径和总孔隙率均显著减小，毛细孔更加细小、分散均匀，混凝土的密实性、抗渗性从而得到提高。

2. 膨胀剂和膨胀水泥防水混凝土

膨胀剂是指在混凝土拌制过程中为水泥、水拌合后经水化反应生成钙矾石或氢氧化钙，使混凝土产生适度膨胀的外加剂，它有三个品种，硫铝酸盐类，硫铝酸钙－氧化钙类和氧化钙类。以膨胀剂加水泥或以膨胀水泥胶结料配制而成的防水混凝土，统称为膨胀防水混凝土，属补偿收缩混凝土范畴。膨胀剂性能指标见表1-34。

膨胀剂性能指标 表1-34

<table>
<tr><th colspan="3">项　目</th><th>指标值</th></tr>
<tr><td rowspan="4">化学成分</td><td colspan="2">氧化镁（%） ≤</td><td>5.0</td></tr>
<tr><td colspan="2">含水率（%） ≤</td><td>3.0</td></tr>
<tr><td colspan="2">总碱量（%） ≤</td><td>0.75</td></tr>
<tr><td colspan="2">氯离子（%） ≤</td><td>0.05</td></tr>
<tr><td rowspan="5">物理性能</td><td rowspan="3">细度</td><td>比表面积 m²/kg ≥</td><td>250</td></tr>
<tr><td>0.08mm 筛筛余 ≤</td><td>12</td></tr>
<tr><td>1.25mm 筛筛余 ≤</td><td>0.5</td></tr>
<tr><td rowspan="2">凝结时间</td><td>初凝时间（min）≥</td><td>45</td></tr>
<tr><td>终凝时间（h） ≤</td><td>10</td></tr>
</table>

续表

项目			指标值
物理性能	限制膨胀率（%）	水中7d　≥	0.025
		水中28d　≥	0.1
		空气中21d　≥	-0.02
	抗压强度（MPa）≥	7d	25
		28d	45
	抗折强度（MPa）≥	7d	4.5
		28d	6.5

3. 补偿收缩混凝土性能见表1-35。

补偿收缩混凝土性能　　**表1-35**

项目	限制膨胀率（%）	限制干缩率（%）	抗压强度（MPa）
龄期	水中14d	水中14d，空气中28d	28d
性能指标	≥1.5	≤3.0	≥25

1.5.4　防水砂浆分类

防水砂浆按其材料成分不同，通常可分为普通防水砂浆、外加剂防水砂浆和聚合物防水砂浆三种。

1. 普通防水砂浆

普通防水砂浆是利用不同配合比的水泥砂浆分层分次施工，相互交替抹压密实，充分切断各层次毛细孔隙，构成一个多层次的整体防水层，具有一定的防水效果。

2. 外加剂防水砂浆

外加剂防水砂浆是在水泥砂浆中掺入占水泥重量3%～5%的无机盐或金属皂类防水剂。在砂浆凝结硬化过程中，产生不溶性物质，填充砂浆中的微小空隙和堵塞毛细孔通道，切断和减少渗水通道，增加了砂浆密实性，因而具有一定的抗渗能力，一般可承受水压0.4MPa以下。另外，如在水泥砂浆中掺入占水泥重量10%的抗裂防水剂，利用其微膨胀作用，则可提高砂浆的抗裂与抗渗能力，其抗渗压力最高可达3MPa以上。

3. 聚合物防水砂浆

（1）聚合物防水砂浆是在水泥砂浆中掺入一定量的聚合物（如有机硅、氯丁胶乳、丙烯酸乳液等），使砂浆具有良好的抗渗、抗裂与防水性能。如有机硅防水剂掺入水泥砂浆后，在水和空气中二氧化碳的作用下，能生成甲基硅氧烷，进一步缩聚成甲基硅树脂防水膜（是一种憎水性物质），渗入基层内可堵塞水泥砂浆内部的毛细孔，增加密实性，提高抗渗性，从而起到防水的作用。而胶乳、树脂类聚合物掺入砂浆后，由于其均匀分布在砂浆内部细粒骨料的表面，在一定温度条件下凝结，使聚合物、骨料、水泥三者相互形成一个完整的网络，封闭了砂浆空隙的通路，从而阻止了介质的浸入，使砂浆吸水率大大减少，抗渗能力相应提高。

（2）与水泥掺合使用的聚合物品种很多，有天然和合成橡胶胶乳，热塑性及热固性树脂乳液、沥青质乳液、水溶性聚合物等。聚合物的种类与质量要求见表1-36。

水泥掺合用聚合物的质量要求　　表1-36

试验种类	试验项目	规定值
分散体试验	外观	无粗颗粒、异物和凝固物35%以上
	总固体成分	误差在0±1以内
聚合物水泥砂浆试验	抗弯强度	≥4
	抗压强度	≥10
	粘结强度	≥1.0
	吸水率	<15%
	透水量	<30%
	长度变化率	<0~0.15%

1.5.5　其他附属材料

1. 改性聚丙烯纤维性能

改性聚丙烯纤维原料为石油化工产品加工制作的聚丙烯或尼龙纤维，主要以聚丙烯、聚乙烯和聚酯为原料，仿制束状单纤维，经表面刻痕和活化处理，具有耐酸碱、抗老化性能好，抗拉强度高，易分散等特点，抹面胶浆或抗裂砂浆中加入一定量纤维，对抵抗水泥收缩和环境温度变化产生的收缩应力起到明显抑制作用，改性聚丙烯纤维性能指标见表1-37。

改性聚丙烯纤维性能指标　　表1-37

项目	性能指标	项目	性能指标
长度（mm）	6	抗拉强度（MPa）	400
直径（μm）	20～48	抗酸碱性	极高
弹性模量（GPa）	3.5	断裂延伸率（%）	15～35
熔点（℃）	160	抗低温性	-78℃检验性能无变化
燃点（℃）	580	密度（g/cm^3）	0.91
导热性	极低	无磁性	—

2. 改性聚丙烯纤维主要作用

在混凝土中掺加改性聚丙烯纤维主要作用有：

(1) 均匀分布在混凝土中彼此相粘连的三维空间纤维，起到了承托骨料的作用，能够降低混凝土骨料的沉降，提高混凝土的匀质性。

(2) 早期抑制混凝土塑性开裂，在混凝土硬化前，塑性状态的混凝土强度低，当水分蒸发转移时，混凝土表面出现较多的裂缝，掺加纤维后可在混凝土内部形成一种均匀乱向分布支撑体系，消耗内部应力能量，降低了应力集中，延缓和阻止早期混凝土的塑性裂缝的产生和发展，达到抗裂的作用。

(3) 阻裂效应，改性聚丙烯纤维抑制了混凝土内部由于失水、水化热、泌水、收缩、温差、干缩引起的微裂缝产生，改善了混凝土内在的品质，使硬化混凝土整体抗动载特性得到了提高。

除了上述特性，一般说来，改性聚丙烯纤维优点是提高混凝土的韧性、抗裂性、抗渗性、抗冲击性能和抗冻性能；缺点是新拌混凝土坍落度、可泵性能有所降低。

1.6 密封材料

1.6.1 密封材料分类

建筑上所用的密封材料是指填充于建筑物的接缝、裂缝、门窗框、玻璃周边以及管道接头或与其他结构的连接处，能阻塞介质透过渗漏通道，起到水密、气密性作用的材料。

1. 密封材料防水原理

密封材料的防水原理是，根据设计上预留的接缝，利用密封材料的水密、气密性能，达到“密闭”的作用。满足上述功能要求，密封材料应具有较好的粘结性、高弹性和耐老化性，能长期经受拉伸和收缩以及振动疲劳等，仍保持其完好的防水效果。

2. 密封材料分类

密封材料分为不定型密封材料和定型密封材料两大类。前者指膏糊状材料，如腻子、塑料密封胶、弹性或弹塑性密封胶或嵌缝胶；后者则是根据密封工程要求，制成带、条、垫形状的密封材料。密封材料主要分类见表1-38。

近年来使用较多的有SBS改性沥青密封胶、双组分聚氨酯密封胶、聚硫密封胶、丙烯酸密封胶、硅酮密封胶等。

密封材料分类　　表 1-38

分类				品名种类
不定型密封材料	弹性型	单组分型	非溶剂型	硅酮系
				改性硅酮系
				聚硫化物系
				聚氨酯系
			溶剂型	硅酮系
				丙烯酸系
				丁基橡胶系
			乳液型	丙烯酸系
				丁苯橡胶系
		双组分型		硅酮系
				改性硅酮系
				聚氨酯系
				环氧系
	非弹性			油灰
				油性嵌缝材料
				沥青系
定型密封材料	非弹性（条状）			聚丁基系
				聚丙烯系
				丁基橡胶系
				橡胶沥青系
	弹性型（密封垫等）			聚氯乙烯系
				氯丁橡胶系
				氯磺化聚乙烯系
				三元乙丙橡胶系
				沥青聚氨酯系

1.6.2 不定型密封材料

1. 不定型密封材料分类与性能

不定型密封材料主要用于混凝土的接缝部位，包括弹性密封胶和塑性密封胶两大类。

不定型密封材料品种按性能分为单组分（Ⅰ）和多组分（Ⅱ）两个品种。不定型密封材料按流动性分为非下垂型（N）和自流平型（S）两个类型。根据产品用途、适用功能（位移能力及模量）及相应的耐久性要求进行分类、具体分级见表1-39。

不定型密封胶（膏）的分级　　表1-39

级　别	试验拉压幅度（%）	位移能力（%）
25	±25	25
20	±20	20
12.5	±12.5	12.5
7.5	±7.5	7.5

2. 不定型密封材料的质量

不定型密封材料的质量应符合以下规定：

(1) 改性石油沥青密封材料的物理性能

改性石油沥青密封材料的物理性能应符合表1-40的要求。

改性石油沥青密封材料物理性能　　表1-40

项　　目		性能要求	
		Ⅰ类	Ⅱ类
耐热度	温度（℃）	70	80
	下垂值（℃）	≤4.0	
低温柔性	温度（℃）	-20	-10
	粘结状态	无裂纹和剥离现象	
拉伸粘结性（%）		≥125	
浸水后拉伸粘结性（%）		≥125	
挥发性（%）		≤2.8	
施工度（mm）		≥22.0	≥20.0

注：改性沥青密封材料按耐热度和低温柔性分为Ⅰ类和Ⅱ类。

(2) 合成高分子密封材料的物理性能

合成高分子密封材料的物理性能应符合表1-41的要求。

合成高分子密封材料物理性能　　表1-41

项　目		技术指标						
		25LM	25HM	20LM	20HM	12.5E	12.5P	7.5P
拉伸模量(MPa)	23℃ -20℃	≤0.4和 ≤0.6	>0.4或 >0.6	≤0.4和 ≤0.6	>0.4或 >0.6			
定伸粘结性		无破坏					—	
浸水后定伸粘结性		无破坏					—	
热压冷拉后粘结性		无破坏					—	
拉伸压缩后粘结性		—					无破坏	
断裂伸长率(%)		—					≥100	≥20
浸水后断裂伸长率(%)		—					≥100	≥20

注：合成高分子密封材料按拉伸模量分为低模量（LM）和高模量（HM）两个次级别；按弹性恢复率分为弹性（E）和塑性（P）两个次级别。

3．聚氨酯建筑密封胶

聚氨酯建筑密封胶是以异氰酸基（—NCO）为基料和含有活性氯化合物的固化剂组成的一种常温反应固化型弹性密封材料。产品分单组分和双组分，目前国内仅有双组分聚氨酯密封胶，产品属中高档密封材料。

聚氨酯建筑密封胶具有弹性模量低、延伸率大、弹性高、粘结性好，耐低温、耐水、耐油、耐酸碱、耐疲劳及使用年限长等优点，且价格适中。可用于中、高级屋面接缝防水；也适用于墙面、地下室、门窗、公路、桥梁、运动场、飞机场等结构接缝的密封。该产品按流变性分为非下垂的N型和自流平的L型两种。

1.6.3　定型密封材料

定型密封材料是根据不同工程要求制成的带、条、垫等各种断面形状的防水材料，专门处理建筑物或地下构筑物的各种接缝（如伸缩缝、施工缝及变形缝），达到止水和防水功能。现将几种主要材料介绍如下：

1. 止水带

一般分为塑料止水带、橡胶止水带及复合止水带三种。

其中橡胶止水带和具有钢边的橡胶止水带物理性能见表1-42。

橡胶止水带物理性能 **表1-42**

<table>
<tr><th colspan="3" rowspan="2">项　目</th><th colspan="3">性能要求</th></tr>
<tr><th>B型</th><th>S型</th><th>J型</th></tr>
<tr><td colspan="3">硬度（邵尔A，度）</td><td>60±5</td><td>60±5</td><td>60±5</td></tr>
<tr><td colspan="3">拉伸强度（MPa） ≥</td><td>15</td><td>12</td><td>10</td></tr>
<tr><td colspan="3">扯断伸长率（%） ≥</td><td>380</td><td>380</td><td>300</td></tr>
<tr><td colspan="2" rowspan="2">压缩永久变形</td><td>70℃×24h,% ≤</td><td>35</td><td>35</td><td>35</td></tr>
<tr><td>23℃×168h,% ≤</td><td>20</td><td>20</td><td>20</td></tr>
<tr><td colspan="3">撕裂强度（kN/m） ≥</td><td>30</td><td>25</td><td>25</td></tr>
<tr><td colspan="3">脆性温度（℃） ≤</td><td>-45</td><td>-40</td><td>-40</td></tr>
<tr><td rowspan="6">热空气老化</td><td rowspan="3">70℃×168h</td><td>硬度变化（邵尔A，度）</td><td>+8</td><td>+8</td><td>—</td></tr>
<tr><td>拉伸强度（Mh） ≥</td><td>12</td><td>10</td><td>—</td></tr>
<tr><td>扯断伸长率（%） ≥</td><td>300</td><td>300</td><td>—</td></tr>
<tr><td rowspan="3">100℃×168h</td><td>硬度变化（邵尔A，度）</td><td>—</td><td>—</td><td>+8</td></tr>
<tr><td>拉伸强度（MPa） ≥</td><td>—</td><td>—</td><td>9</td></tr>
<tr><td>扯断伸长率（%） ≥</td><td>—</td><td>—</td><td>250</td></tr>
<tr><td colspan="3">臭氧老化（50pphm：20%，48h）</td><td>2级</td><td>2级</td><td>0级</td></tr>
<tr><td colspan="3">橡胶与金属粘合</td><td colspan="3">断面在弹性体内</td></tr>
</table>

注：1. B型适用于变形缝用止水带；S型适用于施工缝用止水带；J型适用于有特殊耐老化要求的接缝用止水带。

2. 橡胶与金属粘合项仅适用于具有钢边的止水带

2. 腻子型遇水膨胀橡胶止水条

选用的腻子型遇水膨胀橡胶止水条应具有缓胀性能，其7d的膨胀率应不大于最终膨胀率的60%。当不符合时，应采取表面涂缓膨胀剂措施。腻子型遇水膨胀橡胶止水条的物理性能应符合表1-43的要求。

腻子型遇水膨胀橡胶止水条物理性能 表1-43

项目	性能要求		
	PN－150	PN－220	PN－300
体积膨胀倍率（%）	≥150	≥220	≥300
高温流淌性（80℃×5h）	无流淌	无流淌	无流淌
低温试验（－20℃×2h）	无脆裂	无脆裂	无脆裂

注：体积膨胀倍率＝膨胀后的体积/膨胀前的体积×100%。

1.7 平瓦及金属板材

1.7.1 平瓦规格及性能

平瓦的种类主要有黏土平瓦、水泥平瓦等。其规格见表1-44。配套的脊瓦规格见表1-45。

平瓦的种类及规格 表1-44

平瓦名称	规格（mm）（长×宽×厚）	每块重量（kg）	每块有效面积（m^2）	块/m^2
黏土平瓦	(360～400)×(220～240)×(14～16)	3.1	0.053～0.067	18.9～15.0
水泥平瓦	(385～400)×(235～250)×(15～16)	3.3	0.062～0.070	16.1～14.3

脊瓦规格 表1-45

名称	规格（mm）	重量（kg）	（块）/m^2
黏土脊瓦	455×190×20	3.0	2.4
水泥脊瓦	455×165×15 455×170×15 465×175×15	3.3	2.4

注：瓦的吸水率：不大于12%，抗渗性：每片瓦背面不得出现水滴现象，水泥平瓦的物理力学性能详见《混凝土瓦》（JC 746—1999）。

1.7.2 油毡瓦规格及性能

1. 油毡瓦规格尺寸

油毡瓦规格为长×宽×厚＝1000mm×333mm×2.8mm，见图1-1。

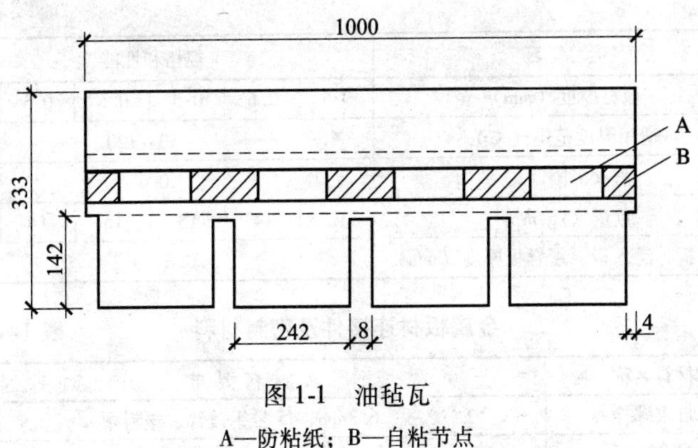

图 1-1 油毡瓦

A—防粘纸；B—自粘节点

2. 油毡瓦主要技术性能

油毡瓦主要技术性能见表 1-46。

油毡瓦主要技术性能　　表 1-46

项目＼等级	优等品	合格品
可溶物含量（g/m²）	1900	1450
拉力［(25 ±2)℃，纵向］N	≥340	≥300
耐热度（85 ±2)℃	受热 2h，涂盖层应无滑动和集中性气泡	
柔度（10℃）	绕 r = 30mm 圆棒或弯板无裂纹	

1.7.3 金属夹芯板材规格及性能

金属压型夹芯板规格及技术性能见表 1-47。金属板材连接件及密封材料的要求见表 1-48。

金属板材的规格及性能　　表 1-47

项　目	规格和性能		
屋面板宽度（mm）	1000		
屋面板每块长度（m）	≤ 12		
屋面板厚度（mm）	40	60	80

续表

项目	规格和性能					
板材厚度（mm）	0.5	0.6	0.5	0.6	0.5	0.6
适用温度范围（℃）	-50~120					
耐火极限（h）	0.6					
重量（kg/m^2）	12	14	13	15	14	16
屋角板、泛水板、屋脊板厚度（mm）	0.6~0.7					

金属板材连接件及密封材料　　表 1-48

材料名称	材料要求
自攻螺栓	6.3mm、45号钢镀锌、塑料帽
拉铆钉	铝质抽芯拉铆钉
压盖	不锈钢
密封垫圈	乙丙橡胶垫圈
密封材料	丙烯酸、硅酮密封膏、丁基密封胶条
防水芯板	自熄型聚苯乙烯泡沫塑料或聚氨酯泡沫塑料
连接插板	750mm×500mm×5mm 的玻璃纤维增强菱镁板条

1.8 渗、排水材料

1.8.1 高分子渗、排水材料

高分子渗、排水材料有聚酯无纺布、丙纶纤维或涤纶纤维等，土工无纺布排水材料主要物理性能见表 1-49。

土工无纺布排水材料主要物理性能　　表 1-49

项目	性能要求	
	聚丙烯无纺布	聚酯无纺布
单位面积质量（g/m^2）	≥280	≥280
纵向拉伸强度（N/50mm）	≥900	≥700
横向拉伸强度（N/50mm）	≥950	≥840
纵向拉伸强度（%）	≥110	≥100
横向拉伸强度（%）	≥120	≥105
顶破强度（kN）	≥1.11	≥0.95
渗透系数（cm/s）	$\geq 5.5\times10^{-2}$	$\geq 4.2\times10^{-2}$

1.8.2　夹层塑料排水板

夹层塑料排水板（凸缘式塑料排水板）采用抗高压、抗冲击的聚苯乙烯板制成，其表面均匀分布有圆形小凸缘，凸缘间的空隙形成多方向的排水通道。小凸缘高度为10～40mm，相邻两凸缘中心距为20～80 mm，排水板空隙率≥80%，塑料支点的抗压强度为50～400kPa。夹层（凸缘式）塑料排水板技术性能见表1-50；夹层（凸缘式）塑料排水板适用部位见表1-51。

夹层（凸缘式）塑料排水板技术性能　　表1-50

型号	尺寸（mm）		孔隙率（%）	抗压强度(kPa)		排水量(100/m²),(m³/h)	
	支点高度	支点中心距		塑料支点	混凝土支点	0.1%坡度	0.5%坡度
H40	40	82	88	50	1500	280	430
H32	32	60	86	100	2000	250	380
H25	25	41	84	200	2500	200	280
H18	18	25	83	300	3000	165	170
H12	12	20.5	82	350	3000	85	98
H10	10	20.5	82	400	3000	46	60
H10	10	20.5	82	400	1000	—	
H25	25	41	84	200	—	200	280
H18	18	25	83	300	—	165	170
H12	12	20.5	82	350	—	85	90
H10	10	20.5	82	400	—	46	60

夹层（凸缘式）塑料排水板适用部位　　表1-51

型号	适用部位	
H40	上人屋面、顶板、地板、地下室车库	混凝土面层及底板面层
H32	上人屋面、顶板、地板、地下室车库	
H25	上人屋面、顶板、地板、地下室车库	
H18	阳台、顶板、地板、地下室车库	
H12	地下室车库排水、地板隔潮	
H10	地下室车库排水、墙面排水、地板隔潮	

续表

型号	适用部位	
H10	地下室车库排水、墙面排水、地板隔潮	砂浆面层
H25	大面积广场绿化	土工布复合面层
H18	大面积广场绿化	
H12	中面积屋顶绿化	
H10	一般屋顶绿化	

1.8.3　天然无机渗、排水材料

天然无机渗、排水材料有卵石、碎石、细石、黄砂等；制品型排水管有无砂混凝土管、打孔混凝土管、打孔硬塑料管，采用盲沟排水措施时，盲沟反滤层的层次和粒径组成见表1-52。

盲沟反滤层的层次和粒径组成　　表1-52

反滤层的层次	建筑物地区地层为砂性土时	建筑物地区地层为黏性土时
第一层（贴天然土）	用0.1～2mm粒径砂子组成	用2～5mm粒径砂子组成
第二层	用1～7mm粒径小卵石组成	用5～10mm粒径小卵石组成

1.9　堵漏注浆材料

1.9.1　堵漏注浆材料分类及性能

用于防水工程的灌浆材料，主要分水泥（颗粒型）灌浆材料和化学（非颗粒型）快凝灌浆材料两大类，堵漏材料以无机材料为主，有时配以有机材料复合使用，堵漏效果良好。现将常用灌浆材料分别介绍。

1. 注浆材料分类

注浆材料由主剂、溶剂及外加剂混合而成，通常所说的注浆材料是指浆液中的主剂；注浆材料按材质不同可分为无机材料（粉、粒状材料）和有机注浆材料（化学浆料），注浆材料分类见表1-53。

注浆材料分类 **表 1-53**

分类		品名种类
无机系	水泥类	单液水泥浆
		超细水泥浆
		水泥黏土浆
		水泥水玻璃浆
	水玻璃类	水玻璃－氧化钙浆
		水玻璃－铝酸钠浆
		水玻璃－硅氟酸浆
		水玻璃－乙二醛浆
有机系		丙烯酰胺类
		聚氨酯类
		丙烯酸盐类
		木质素类
		脲醛树脂类
		环氧树脂类
		其他

2. 注浆材料渗透性能

常用注浆材料的渗透性能见表1-54。

注浆材料的渗透性能 **表 1-54**

浆液名称	砾石颗粒（mm）			砂粒颗粒			粉砂	可注入砂层砂子的最小粒径和混凝土裂缝的最小宽度（mm）
	大	中	小	粗	中	细		
单液水泥	○	○	○	○				1.1
水泥黏土类	○	○	○	○				1.0
水泥水玻璃类	○	○	○	○				—
水玻璃类	○	○	○	○	○	○		0.1
环氧树脂类	○	○	○	○	○	○	○	0.01
丙烯酰胺类	○	○	○	○	○	○	○	0.01

续表

浆液名称	砾石颗粒（mm）			砂粒颗粒			粉砂	可注入砂层砂子的最小粒径和混凝土裂缝的最小宽度（mm）
	大	中	小	粗	中	细		
木质素类	○	○	○	○	○	○	○	0.03
脲醛树脂类	○	○	○	○	○	○	○	0.06
聚氨酯类	○	○	○	○	○	○	○	0.03
糠醛树脂类	○	○	○	○	○	○	○	0.01

注：○表示具有渗透性能。

1.9.2 无机类注浆材料

1. 单液水泥浆液性能

单液水泥浆液基本性能见表1-55。

单液水泥浆液基本性能　表1-55

水灰比	附加剂		胶凝时间(h:min)		抗压强度（MPa）			
	名　称	用量(%)	初凝	终凝	1d	3d	7d	28d
1:1	—	—	14:56	24:27	0.8	2.0	5.9	8.9
1:1	水玻璃	3	7:20	1:30	1.0	5.8	5.5	—
1:1	氯化钙	2	7:10	15:4	1.0	1.9	6.1	9.5
1:1	氯化钙	3	6:50	13:8	1.1	2.0	6.5	9.8
1:1	三乙醇胺/氯化钠	0.05/0.5	6:45	12:35	2.4	3.9	7.2	13.4
1:1	三乙醇胺/氯化钠	0.1/0.1	7:23	12:58	2.3	4.6	9.8	15.2
1:1	三异丙醇胺/氯化钠	0.1/0.1	936	1412	1.8	3.5	8.2	13.1
1:1	二水石膏/氯化钠	1.0/2.0	7:15	14:15	1.8	2.8	5.6	8.9

2. 水泥水玻璃浆液

水泥水玻璃浆液是以水泥水玻璃为主剂，两者按一定比例混合，必要时加入速凝剂和缓凝剂等组成注浆材料，凝结后结石率达到100%，结石体渗透系数为10^{-3}cm/s，凝结时间可控制在几十秒至几十分钟之间。水泥水玻璃浆液组成和配方见表1-56。

水泥水玻璃浆液组成和配方表 **表1-56**

原料	规格要求	作用	用量	主要功能
水泥	普通硅酸盐水泥或矿渣硅酸盐水泥	主剂	1	凝胶时间可控制在几秒至几十分钟范围内，结石率可达100%
水玻璃	模数2.4~3.4，浓度30~45°Be′	主剂	0.5~1	
氢氧化钠	工业品	速凝剂	0.05~0.2	
磷酸氢二钠	工业品	速凝剂	0.01~0.03	

3. 水玻璃浆液

水玻璃浆液是以水玻璃为主剂，并掺加胶凝剂的注浆材料，水玻璃浆液组成和性能指标见表1-57。

水玻璃浆液组成和性能指标 **表1-57**

浆液	原料	规格要求	用量（体积比）	凝胶时间	注入方式	抗压强度（MPa）	备注
水玻璃-氯化钙浆	水玻璃	模数2.5~3.0，浓度43~45°Be	0.45	瞬间	单管或双管	<3.0	注浆效果受操作技术影响较大
	氯化钙浆	密度1.26~1.28，浓度30~32°Be	0.55				
水玻璃-铝酸钠浆液	水玻璃	模数2.3~2.4，浓度40°Be	1	几十秒至几十分钟	双液	<3.0 <1.0	改变水玻璃模数、浓度、铝酸钠含铝量和温度，可以调节凝胶时间
	铝酸钠	含铝量160~190g/L	1				

续表

浆液	原料	规格要求	用量（体积比）	凝胶时间	注入方式	抗压强度（MPa）	备注
水玻璃-硅酸浆	水玻璃	模数2.3～2.4，浓度30～45°Be	1	几十秒至几十分钟	双液		两液等体积注入，硅酸不足部分加水补充
	硅酸浆	浓度28%～30%	0.1～0.4				
水玻璃-乙二醛浆	水玻璃	模数3.2，浓度42°Be	1	几十秒至几十分钟	双液	<2.0	两液等体积注入，乙二醛不足部分加水补充，乙酸为速凝剂
	乙二醛	浓度35%	0.2～0.6				
	乙酸	浓度90%	0.～0.02				

1.9.3　化学灌浆材料

常用化学灌浆材料若按其材料分类，有丙烯酸胺类、环氧树脂类、甲基丙烯酸酯类和聚氨酯类等，这些材料都有一定的独特性能，使用时针对性很强。

1. 丙烯酰胺类浆液特点及功能

丙烯酸胺类浆液（又称丙凝浆液）是以丙烯胺为主剂，铺以交联剂、促进剂配制而成的一种快速堵漏材料。

丙烯酰胺浆液系无色透明液体，其特点与功能为材料黏度低，可灌性好，胶凝时间可根据需要调节。具有抗酸碱、抗细菌侵蚀等特点，浆液易于制备。凝固后强度较低，胶体湿胀干缩，只有长期浸入水中才能保持止水性能。一般不宜用于经常发生干湿变化的部位作永久性止水措施。也不宜在裂缝较宽、水压较大的渗水工程中使用。

2. 非水溶性聚氨酯特点与功能

非水溶性聚氨酯（又称氰凝），系以多异氰酸酯和聚醚树脂产生反应制成的主剂（通常称预聚体），加以适量添加剂配制而成的化学浆液。遇水后产即发生反应，发气、膨胀，并最终形成一种不溶于水的，有一定强度的凝胶体。外观呈浅橙黄色透明体。

非水溶性聚氨酯浆液不遇水是稳定的，密封贮存可在半年以上。浆液遇水立即反应，由于水参加了反应，浆液不会被水稀释或冲走，这是其他灌浆材料所不具备的优点。浆液通过注浆机具灌入混凝土裂缝后，由于注浆的压力，浆液向裂缝周围渗透（即形成一次渗透）。但因浆液中尚含有未反应的异氰酸基团，遇水又发生反应，并放出大量二氧化碳，发泡膨胀产生二次渗透，继续渗入混凝土缝隙产生了较大的渗透半径和凝固体积，以致最终形成容积大、抗压强度高、抗渗性能好、堵水效果显著的凝固体。浆液的聚合时间可不受限制，并且可采用单液灌浆，施工比较方便。氰凝固结体具有疏水性质，在水中不软化，且化学稳定性高，耐酸、碱、盐和有机溶剂，表面光滑耐磨，不长霉，有良好的耐久性。

2 防水工程设计

建筑防水工程是单位工程的重要组成部分，建筑防水的功能，就是使建筑物或构筑物，在设计合理使用年限内，防止雨水及生产、生活用水的渗漏和地下水的侵蚀，确保建筑结构、室内装饰和产品不受污损，为人们提供一个舒适和安全的空间环境。建筑防水工程是一个系统工程，它涉及材料、设计、施工、检验、管理等各方面。防水工程设计主要是针对地下室、外墙、地面、屋顶等诸多部位，选择符合要求的防水材料，进行可靠、耐久、合理、经济的设计，精心组织、精心施工，完善维修、保养管理制度，以满足防水层合理使用年限和使用功能，并有良好的技术经济效益。建筑防水工程的任务就是综合上述诸方面的因素，进行全方位的评价。

影响防水工程的主要因素：

外力的影响，作用在建筑物上的各种恒荷载或活荷载的影响；就是如温度变化、材料的收缩和徐变、地基变形等变形荷载的影响，使防水工程寿命会缩短，维修费用增加。

自然条件的影响，由于建筑物在自然界要经受日晒、雨淋、风雪、冰冻以及地下水的侵蚀等会造成防水层损坏，影响室内使用功能，维修费用增加。

2.1 防水材料设计适用范围

2.1.1 防水材料设计适用范围

1. 柔性防水材料设计性能

柔性防水材料设计性能见表2-1。

柔性防水材料设计性能 表 2-1

性能指标	材料类别						
	合成高分子卷材		高聚物改性沥青卷材	沥青卷材	合成高分子涂料	高聚物改性沥青涂料	聚合物水泥防水涂料
	不加筋	加筋					
抗拉强度	○	○	△	×	△	△	△
延伸性	○	△	△	×	○	△	△
均质性（厚薄）	○	○	○	△	×	×	×
搭接性	○△	○△	△	△	○	○	△
基层粘结性	△	△	△	△	○	○	○
背衬效应	△	△	○	△	△	△	—
耐低温性	○	○	△	×	○	△	△
耐热性	○	○	△	×	○	△	△
耐穿刺性	△	×	△	×	×	×	×
耐老化	○	○	△	×	○	△	△
施工性	○	○	○	△×	×	×	○
人工气候影响程度	△	△	△	×	×	×	△
基层含水率要求	△	△	△	△	×	×	△
质量保证率	○	○	○	△	△	×	△
复杂基层适应性	△	△	△	×	○	○	△
环境及人身污染	○	○	△	×	△	×	○
载荷增加程度	○	○	○	△	○	○	△
合格	高	高	中	低	高	中	中
存贮	○	○	○	△	×	△	△

注：○—好；△—一般；×—差。

2. 刚性防水材料设计性能

刚性防水材料设计性能见表 2-2。

刚性防水材料设计性能　　表 2-2

性能指标	材料类别		
	防水混凝土	防水砂浆	聚合物水泥砂浆
抗拉强度	×	×	×
延伸性	×	×	×
均质性（厚薄）	△	△	△
搭接性	—	△	△
基层粘结性	—	—	○
背衬效应	—	—	—
耐低温性	○	○	○
耐热性	○	○	○
耐穿刺性	○	○	○
耐老化	○	○	○
施工性	△	△	△
人工气候影响程度	○	○	○
基层含水率要求	○	○	○
质量保证率	△	△	△
复杂基层适应性	×	△	△
环境及人身污染	○	○	○
载荷增加程度	×	×	△
合格	低	低	中
存贮	○	○	△

注：○—好；△—一般；×—差。

2.1.2　防水材料设计选择适用范围

防水材料设计选择适用范围应根据建筑物结构类型、防水构造形式以及节点部位等确定，还应根据防水材料性能和特点，选择防水材料的名称与设防层次。防水材料设计选择适用范围参考见表 2-3。

防水材料设计选择适用范围参考 表2-3

防水构造形式	合成高分子卷材	高聚物改性沥青卷材	沥青基卷材	合成高分子涂料	高聚物改性沥青涂料	细石防水混凝土	水泥防水砂浆	聚合物水泥防水砂浆
特别重要建筑屋面	○	⊙	×	⊙	×	⊙	×	×
重要及高层建筑屋面	○	○	×	○	×	⊙	×	⊙
一般建筑屋面	△	○	△	△	※	○		△
有振动车间屋面	○	△	×	△	×	※	×	×
恒温恒湿屋面	○	△	×	△	×	△	×	⊙※
蓄水种植屋面	△	△	×	⊙	⊙	○	△	⊙
大跨度结构建筑	○	△	※	※	※	×	×	
动水压作用混凝土地下室	○	△	×	△	△	○	△	△
静水压作用混凝土地下室	△	○	※	○	△	○	△	△
静水压砖墙体地下室	○	○	×	△	×	△	○	×
卫生间	×	×	×	○	△	⊙	⊙	○
水池内防水	×	×	×	×	×	○	○	○
墙面防水	×	×	×	○	×	△	○	△
水池内防水	△	△	△	○	○	⊙	○	△

注：○—优先采用；△—可以采用；※—有条件采用；⊙—复合采用；×—不宜或不可采用。

2.1.3 防水卷材特点和适用范围

1. 沥青防水卷材特点和适用范围

沥青防水卷材特点和适用范围见表2-4。

沥青防水卷材特点和适用范围表 表2-4

卷材名称	特　　点	适用范围	施工工艺
石油沥青纸胎油毡	在Ⅲ、Ⅳ级屋面防水工程中使用。该材料低温柔性差，防水层合理使用年限较短，但价格较低	三毡四油、二毡三油叠层铺设的屋面工程	热玛琋脂、冷玛琋脂粘贴施工

续表

卷材名称	特　点	适用范围	施工工艺
玻璃布沥青油毡	抗拉强度高，胎体不易开裂，比纸胎油毡提高一倍以上	多用作纸胎油毡的增强附加层和突出部位的防水层	热玛琋脂、冷玛琋脂粘贴施工
玻纤毡沥青油毡	有良好的耐水性和耐腐蚀性和耐久性，柔性也优于纸胎沥青油毡	常用作屋面或地下防水工程	热玛琋脂、冷玛琋脂粘贴施工
黄麻胎沥青油毡	抗拉强度高、耐水性好，但胎体材料易腐烂	常用作屋面增强附加层	热、冷玛琋脂粘贴施工
铝箔胎沥青油毡	有很高的阻隔蒸汽的渗透能力，防水功能好，有一定的抗拉强度	与带孔玻纤毡配合或单独使用，宜用于隔汽层	热玛琋脂粘贴施工

2. 高聚物改性沥青防水卷材特点和适用范围

高聚物改性沥青防水卷材特点和适用范围见表2-5。

高聚物改性沥青防水卷材特点和适用范围表　　表2-5

卷材名称	特　点	适用范围	施工工艺
SBS沥青防水卷材	耐高、低温性能有明显提高，卷材的弹性和耐疲劳性明显改善	单层铺设的屋面防水工程或复合使用	冷粘法施工或热熔铺贴
APP沥青防水卷材	具有良好的强度、延伸性、耐热性、耐紫外线照射及耐老化性能，耐低温性能稍低于SBS沥青防水卷材	单层铺设，适合于紫外线辐射强烈及炎热地区屋面	热熔施工或冷粘法铺贴
自粘聚酯胎沥青防水卷材	具有SBS改性沥青或相关产品的特点，且因胎基机械强度高和耐撕裂性，故在常温下可自行粘结。施工方便、安全，无环境污染	单层铺设的屋面防水工程或复合使用	冷粘法铺贴

续表

卷材名称	特点	适用范围	施工工艺
自粘橡胶沥青防水卷材	无胎基防水卷材。具有良好的不透水性、低温柔性、延伸性及自愈型性等特点，粘结性好，施工方便、安全，无环境污染	单层铺设的屋面防水工程或复合使用	冷粘法铺贴

3. 合成高分子防水卷材特点和适用范围

合成高分子防水卷材特点和适用范围见表2-6。

合成高分子防水卷材特点和适用范围　　表2-6

卷材名称	特点	适用范围	施工工艺
三元乙丙橡胶防水卷材	防水性能优异，耐候性好，耐臭氧，耐化学腐蚀性，弹性、抗拉强度大，对基层变形开裂适应性强，使用温度范围宽，寿命长；价格稍高	防水技术要求较高、防水层合理使用年限要求长的屋面，单独或复合使用	冷粘法施工或自粘法
丁基橡胶防水卷材	有较好的耐候性、抗拉强度和延伸率，耐低温性能稍低于三元乙丙防水卷材	单层或复合使用于要求较高的屋而防水工程	冷粘法施工
氯化聚乙烯防水卷材	有良好的耐候、耐臭氧、耐热老化、耐油、耐化学腐蚀及抗撕裂的性能	宜用于紫外线强的炎热地区，单独复或复合使用	冷粘法施工
氯磺化聚乙烯防水卷材	延伸率较大、弹性较好、对基层变形开裂的适应性较强，耐高、低温性能优良，难燃性好	适合于有腐蚀介质影响及在寒冷地区的屋面工程	冷粘法施工
聚氯乙烯防水卷材	有较高的拉伸和撕裂强度，延伸率较大，耐老化性能好，原材料丰富，容易粘结	单层或复合使用于外露或有保护层的屋面防水	冷粘法或热风焊接法施工

续表

卷材名称	特点	适用范围	施工工艺
氯化聚乙烯－橡胶共混防水卷材	具有聚氯乙烯特有的高强度和优异的耐臭氧、耐老化性能，具有橡胶特有的高弹性、高延伸性以及良好的低温柔性	单层或复合使用，尤宜用于寒冷地区或变形较大的屋面	冷粘法施工
三元乙丙橡胶－聚乙烯共混防水卷材	塑性弹性材料，有良好的耐臭氧和耐老化性能，使用寿命长，低温柔性好，可在负温条件下施工	单层或复合使用于外露防水屋面，宜在寒冷地区使用	冷粘法施工

4. 聚乙烯丙纶卷材厚度

聚乙烯丙纶卷材设计厚度见表2-7。

聚乙烯丙纶卷材设计厚度 **表2-7**

部位	卷材厚度（mm）	防水层厚度（mm）	搭接缝宽度（mm）
平屋面	≥0.7	≥1.9	100
坡屋面	≥0.7	≥1.9	100
地下室地板及侧墙	≥0.8	≥2.0	100
地下室顶板	≥0.8	≥2.0	100
室内厨房、卫生间	≥0.6	≥1.8	80
水池、游泳池	≥0.8	≥2.0	100
隧道	≥0.9	≥2.1	100

2.1.4 防水涂料特点和适用范围

1. 高聚物改性沥青防水涂料特点及适用范围

高聚物改性沥青防水涂料特点及适用范围见表2-8。

高聚物改性沥青防水涂料特点及适用范围 表2-8

防水涂料名称	特点	适用范围	施工工艺
水乳型氯丁橡胶沥青防水涂料	阳离子型，具有成膜较快，强度高，耐候性好，无毒，不污染环境，抗裂性好，操作方便	可用于Ⅱ、Ⅲ、Ⅳ级的屋面	涂刮法冷施工
溶剂型氯丁橡胶沥青防水涂料	较好的耐高、低温性能，粘结型好，干燥成膜快，操作方便		
SBS改性沥青防水涂料	良好的防水性，耐湿热，耐低温，抗裂性及耐老化性，无毒，无污染	适于寒冷地区的Ⅱ、Ⅲ级屋面	冷施工
热熔型高聚物改性沥青防水涂料	固含量高（≥98%），耐水性好，延伸性大，水密性佳，耐久性强，且价格较低	适于寒冷地区的Ⅱ、Ⅲ级屋面，尤其适用于复合防水	热熔施工

2. 合成高分子防水涂料特点及适用范围

合成高分子防水涂料特点及适用范围见表2-9。

合成高分子防水涂料特点及适用范围 表2-9

防水涂料名称	特点	适用范围	施工工艺
聚氨酯防水涂料	有橡胶状弹性，延伸性好，抗拉强度和抗撕裂强度高，有优异的耐候、耐油、耐磨、耐酸碱、一定的阻燃性，与各种基层的粘结性优良，涂膜表面光滑，施工简便，使用温度为-30~80℃	宜于Ⅰ、Ⅱ、Ⅲ级的屋面防水，单独使用时厚度不小于2mm，复合使用时厚度不小于1.5mm	冷粘施工

续表

防水涂料名称	特　点	适用范围	施工工艺
丙烯酸酯防水涂料	有良好的粘结性、防水性、耐候性、柔韧性和弹性，无污染，无毒，不燃，以水为稀释剂，施工方便，且可调制成多种颜色，但成本较高	可用于Ⅰ、Ⅱ、Ⅲ级有不同颜色要求的屋面防水或旧屋面的维修	冷粘施工，可刮，可涂，可喷，但温度需高于4℃时才能成膜
硅橡胶防水涂料	具有良好的渗透性、防水性、抗裂性及粘结性，适应基层变形能力强，成膜速度快，可在潮湿基面上施工，无毒，可配成多种颜色，使用温度为-30℃～100℃	可用于Ⅰ、Ⅱ、Ⅲ级有不同颜色要求的屋面防水	冷粘施工
聚合物水泥防水涂料	有较好的拉伸强度，延伸性和不透水性，耐久性优异，可在潮湿基面上施工，涂膜干燥快，与基层有良好的粘结性	可用于Ⅰ、Ⅱ、Ⅲ级屋面防水和旧屋面的维修	冷粘施工，但温度需高于5℃时才能成膜

2.1.5　密封防水材料特点和适用范围

1．改性密封防水材料特点及适用范围

改性密封防水材料特点及适用范围见表2-10。

改性密封防水材料特点及适用范围　　表2-10

密封材料名称	特　点	适用范围	施工工艺
建筑防水沥青嵌缝油膏	延伸性好，回弹性差，有较好的耐久性、粘结性和防水性。70℃不流淌，-10℃不断裂，施工简便，价格低廉	一般要求的屋面接缝密封防水及防水层收头处理	冷施工

续表

密封材料名称	特点	适用范围	施工工艺
SBS 改性沥青密封胶	以塑性为主，延伸性好，有较好的耐久性、粘结性和防水性。80℃不流淌，-20℃不脆裂，施工简便，价格较低	一般要求的屋面接缝密封防水及防水层收头处理	冷施工

2. 合成高分子密封材料特点及适用范围

合成高分子密封材料特点及适用范围见表2-11。

合成高分子密封材料特点及适用范围　　表2-11

密封材料名称	特点	适用范围	施工工艺
水乳型丙烯酸建筑密封胶	具有良好的粘结性、延伸性、施工性、耐热性及抗大气老化性及优异的低温柔性，无毒、无熔剂污染、不燃，操作方便，并可与基层配色，调制成各种颜色	用于刚性防水层、屋面混凝土或金属板缝的密封	冷施工，以水为稀释剂，且可在潮湿基层上施工
氯磺化聚乙烯建筑密封胶	内聚力高，具有优良的弹性、粘结性和难燃性，耐臭氧、耐紫外线、耐湿热、耐候、耐老化性能突出，使用寿命长，-20~100℃下保持柔韧性，可配置成各种颜色	能适应一般基层伸缩变形的需要，并可用作卷材的搭接缝及收头密封	冷施工，基层必须干净、干燥
聚氨酯建筑密封胶	弹性模量低、延伸率大，弹性高、粘结性好、耐低温、耐水、耐酸碱、耐油、耐疲劳及使用年限长	适合中、高要求的屋面接缝密封防水	双组分，按规定配合比拌和
聚硫密封胶	具有良好的耐候、耐油、耐湿热、耐水合耐低温性能，使用温度为-40℃~90℃，抗撕裂性强，粘结性好，不用溶剂，施工性好	适合屋面接缝活动量大的部位	双组分，按规定配合比混合均匀使用

续表

密封材料名称	特点	适用范围	施工工艺
有机硅建筑密封胶	耐疲劳、耐水、耐高、低温性能耐，抗撕裂性强，粘结性好，柔韧性好，不用溶剂，施工性好，价格较贵	用于屋面的各种接缝处理	被粘结表面温度不得高于70℃

3. 密封材料选择

密封材料选择参考见表2-12。

密封材料选择参考　　　　表2-12

界面	接缝种类	主要确定种类	密封材料
金属幕墙	板缝	温度应力产生的位移大、耐久性	硅酮系、改性硅酮系、聚硫系
	玻璃周边缝	耐光性、耐久性	单、双组分硅酮系
玻璃周边	玻璃周边缝	抗风压、耐光粘结性	单、双组分硅酮系
金属门窗	窗框边缝	位移量大、耐久性	单、双组分硅酮系
预制幕墙	各种预留接缝	剪切变形大、耐久性	硅酮系、改性硅酮系、聚硫系、丙烯树脂系
屋面	屋面板接缝	剪切变形大、耐久性耐热度	沥青、塑料油膏改性沥青、聚氯乙烯胶泥
	水落口杯节点	耐热度、拉伸－压缩循环性	硅酮系
	天沟节点	同屋面板缝	
	檐口、泛水卷材收头节点	粘结性、流淌性	沥青、塑料油膏
	刚性屋面分格缝节点	水平位移、耐热度	硅酮系

2.2 屋面防水工程设计

2.2.1 屋面防水等级和设防要求

屋面工程应根据建筑物的性质、重要程度、使用功能要求以及防水层合理使用年限，按不同等级进行设防，屋面防水等级和设防要求见表2-13。

屋面防水等级和设防要求 **表2-13**

项　目	屋面防水等级			
	Ⅰ	Ⅱ	Ⅲ	Ⅳ
建筑物类别	特别重要或对防水有特殊要求的建筑	重要的建筑和高层建筑	一般的建筑	非永久性的建筑
防水层合理使用年限	25年	15年	10年	5年
设防要求	三道或三道以上防水设防	二道防水设防	一道防水设防	一道防水设防
防水层选用材料	宜选用合成高分了防水卷材、高聚物改性沥青防水卷材、金属板材、合成高分子防水涂料、细石混凝土等材料	宜选用高聚物改性沥青防水卷材、合成高分子防水卷材、金属板材、合成高分了防水涂料、高聚物改性沥青防水涂料、细石混凝土、平瓦、油毡瓦等材料	宜选用高聚物改性沥青防水卷材、合成高分了防水卷材、金属板材、高聚物改性沥青防水涂料、合成高分子防水涂料、细石混凝土、平瓦、油毡瓦等材料	可选用高聚物改性沥青防水涂料、高聚物改性沥青防水涂料、波形瓦等材料

2.2.2　屋面卷材防水层设计

1. 根据当地历年最高气温、最低气温、屋面坡度、使用条件等因素，选择耐热度、柔性相适应的卷材。

2. 根据地基变形程度、结构形式、当地年温差、日温差等因素，选择伸缩性相适应的防水材料。

3. 根据屋面防水卷材的暴露程度，选择耐紫外线、耐穿刺、热老化保持率或耐霉烂性能相适应的防水材料；每道卷材防水层厚度的选用应符合表2-14的规定。

4. 自粘橡胶沥青防水卷材和自粘聚酯胎改性沥青防水卷材（铝箔面除外），不得用于外露的防水层。

屋面防水卷材厚度选用表　　表2-14

屋面防水等级	设防道数	合成高分子防水卷材	高聚物改性沥青防水卷材	沥青防水卷材和沥青复合胎柔性防水卷材	自粘聚酯胎改性沥青防水卷材	自粘橡胶沥青防水卷材
Ⅰ级	三道或三道以上设防	不应小于1.5mm	不应小于3mm	—	不应小于2mm	不应小1.5mm
Ⅱ级	二道设防	不应小于1.2mm	不应小于3mm	—	不应小于2mm	不应于1.5mm
Ⅲ级	一道设防	不应小于1.2mm	不应小于4mm	三毡四油	不应小于3mm	不应小于2mm
Ⅳ级	一道设防	—	—	二毡三油	—	—

2.2.3　屋面涂膜防水层设计

1. 根据当地历年最高气温、最低气温、屋面坡度、使用条件等因素，选择耐热度、低温柔性相适应的防水涂料。

2. 据地基变形程度、结构形式、当地年温差、日温差和振动等因素，选择拉伸性相适应的防水涂料。

3. 根据屋面防水卷材的暴露程度，选择耐紫外线、热老化保持率相适应的防水涂料；每道涂膜防水层厚度的选用应符合表2-15规定。

4. 屋面排水坡度超过25%时，不易采用干燥成膜时间过长的涂料

屋面防水涂膜厚度选用表　　表2-15

屋面防水等级	设防道数	高聚物改性沥青防水涂料	合成高分子防水涂料和聚合物水泥防水涂料
Ⅰ	三道或三道以上设防	—	不应小于1.5mm
Ⅱ	二道设防	不应小于3mm	不应小于1.5mm
Ⅲ	一道设防	不应小于3mm	不应小于2mm
Ⅳ	一道设防	不应小于2mm	—

2.2.4 找平层设计

1. 水泥砂浆、细石混凝土找平层技术要求

水泥砂浆找平层技术要求见表2-16，细石混凝土找平层技术要求见表2-17。

水泥砂浆找平层技术要求　　表2-16

项　目	技术要求
配合比	1∶2.5～1∶3（水泥∶砂）体积比，水泥强度等级不低于32.5级，宜掺抗裂合成纤维
厚度（mm）	基层为整体混凝土：厚度为15～20；基层为整体现浇或板状防水材料：厚度为20～25；基层为装配式混凝土板：厚度为20～30
平屋顶坡度（%）	结构找坡：不应小于3%；材料找坡：宜为2%；天沟纵坡：不应小于1%，沟底水落差不得超过200mm
分格缝	位置应留设在板端缝处；纵向间距：不宜大于6m；横向间距：不宜大于6m；缝宽：20mm

续表

项　目	技术要求
表面平整度	用2m直尺检查，允许误差不应大于5mm
含水率	将$1m^2$卷材平坦地铺在找平层上，静置3~4h，掀开检查，覆盖部位与卷材上未见水印即可
表面质量	应平整、压光，不得有酥松、起砂、起皮现象及过大裂缝

细石混凝土找平层技术要求　　表2-17

项　目	技术要求
混凝土强度等级	不应低于C20
厚度（mm）	不应低于40
坡度（%）	材料找坡：宜为2%；天沟纵坡：不应小于1%，沟底水落差不得超过200mm
分格缝	位置：应留设在板端缝处；纵向间距：不宜大于6m；横向间距：不宜大于6m；缝宽：20mm，板端缝应进行密封处理
表面平整度	用2m直尺检查，允许误差不应大于5mm
含水率	将1m卷材平坦地铺在找平层上，静置3~4h，掀开检查，覆盖部位与卷材上未见水印即可
表面质量	应平整、压光，不得有酥松、起砂、起皮现象
钢筋	直径宜为4~6mm，间距100~200mm双向布置

2. 找平层的基层采用装配式钢筋混凝土板时的要求

找平层的基层采用装配式钢筋混凝土板时，应符合下列规定：

（1）板端、侧缝应用细石混凝土灌缝，其强度等级不应低于C20。

（2）板缝宽度大于40mm或上窄下宽时，板缝内应设置构造钢筋。

（3）板端缝应进行密封处理。

（4）基层与突出屋面结构（女儿墙、山墙壁、天窗壁、变形缝、烟囱等）的交接处和基层的转角处，找平层均应做成圆弧，其半径应符合表2-18的要求。内部排水的水落口周围，找平层应做成略低的凹坑。

转角处圆弧半径 **表2-18**

卷材种类	圆弧半径（mm）
沥青防水卷材	100～150
高聚物改性沥青防水卷材	50
合成高分子防水卷材	20

2.2.5 超长混凝土梁板无缝设计

现行国家标准《混凝土外加剂应用技术规程》（GB 50119—2003），对补偿收缩混凝土和填充用膨胀混凝土的性能作如下规定：水中14天，限制膨胀率≥0.015%和≥0.025%，28天限制干缩率均为0.03%。

补偿混凝土和填充用膨胀混凝土均采用较大膨胀量，要求楼板混凝土在限制条件下产生较大预压应力，要求有较小的收缩落差。满足超长混凝土结构无缝施工要求。预压应力由下式计算：

$$\sigma_C = \mu \cdot E_s \cdot \varepsilon_2$$

式中 μ——配筋率；

E_s——钢筋弹性模量；

ε_2——限制膨胀率。

2.2.6 瓦屋面及金属板材屋面设计

1. 瓦屋面的种类

瓦屋面的种类有平瓦屋面、沥青瓦屋面、金属板材屋面等。瓦屋面“以构造防水为主，材料防水为辅；以排水为主，以防水为辅”。瓦屋面排水坡度见表2-19。

(1) 平瓦屋面适用于防水等级为Ⅱ级、Ⅲ级、Ⅳ级的屋面防水；油毡瓦屋面适用于防水等级的Ⅱ级、Ⅲ级的屋面防水；金属板材屋面适用于防水等级为Ⅰ级、Ⅱ级、Ⅲ级的屋面防水。

（2）平瓦、油毡瓦可铺设在钢筋混凝土或木基层上，金属板材可直接铺设在檩条上。

（3）油毡瓦屋面应在基层上面先铺设一层卷材，卷材铺设在木基层上时，可用油毡钉固定卷材；卷材铺设在混凝土基层上时，可用水泥钉固定卷材。

瓦屋面排水坡度设计表　　表 2-19

屋面种类	屋面排水坡度（%）
平瓦屋面	≥20
油毡瓦屋面	≥20
金属板材屋面	≥10

2. 瓦屋面尺寸要求

（1）平瓦屋面尺寸要求见表 2-20。

平瓦屋面尺寸要求表　　表 2-20

项　目	尺寸要求（mm）
脊瓦在两坡面上的搭接宽度每边	≥40
天沟、檐沟防水层深入瓦内宽度	≥150
瓦头挑出封檐板的长度	50～70
突出屋面的墙或烟筒的侧面伸入泛水宽度	≥50

（2）油毡瓦屋面尺寸

油毡瓦屋面尺寸要求见表 2-21。

油毡瓦屋面尺寸要求　　表 2-21

项　目	尺寸要求
垫毡搭接宽度	≥50mm
铺钉油毡瓦时，第三层油毡瓦应压在第二层油毡瓦上并露出切槽	125mm
每片油毡瓦固定的油毡钉	≥4 个
铺钉脊瓦时，固定脊瓦的油毡钉	2 个

续表

项 目	尺寸要求
脊瓦搭盖住两坡面油毡瓦接缝	1/3
脊瓦与脊瓦的压盖面积占脊瓦面积	≥1/2
屋面与突出屋面结构的连接处，油毡瓦立面上铺贴高度	≥250mm

（3）金属夹芯板材屋面设计要点

金属夹芯板材屋面尺寸要求见表2-22。

金属夹芯板材屋面尺寸要求 **表2-22**

项 目	尺寸要求（mm）
檐口压型钢板挑出墙面的长度	≥200
铺设压型钢板上下两排的搭接长度	≥200
天沟镀锌钢板伸入压型钢板的下面长度	≥100
压型钢板伸入檐沟内长度	≥50

2.2.7 接缝密封防水设计

屋面接缝密封防水设计，应保证密封部位不渗漏，并满足防水层合理使用年限。

1. 选定密封材料

选定密封材料时应遵守以下原则：

（1）有符合要求的拉伸—压缩循环性能，在反复循环变形后，能恢复原有的性能和形状。

（2）与粘结基层的粘结稳定，与接缝基层表面、防水层材性相容，不发生粘结破坏。

（3）与背衬材料不粘结或粘结力很弱。

（4）有良好的防水性能和良好的嵌填施工性能。

（5）在受力变形中不发生内聚破坏。

（6）在使用温度条件下不发生软化、流坠，也不发生硬化和过度脆化。

（7）耐老化、耐气候，在使用条件下具有合理的使用寿命。

2. 确定接缝位移量

在屋盖系统中，因材料收缩、温度、湿度及外力引起的接缝间隙变化称为位移。接缝位移量的计算应考虑以下因素：

（1）屋面构件有较大的长度。

（2）屋面构件有因热胀冷缩的温度变化范围。

（3）屋面构件的干湿变形。

（4）屋面有规律的冲击荷载引起的变形。

（5）风荷载与结构变形引起的接缝位移。

（6）整体现浇混凝土施工或预制构件安装时所产生实际误差。

3. 确定接缝宽度和深度

确定接缝深度时，应根据选定的接缝宽度考虑，其最佳理论值即深度为宽度的1/2。但在设计时还应考虑施工条件和实际情况，一般深度为宽度的0.5～0.7倍。密封接缝尺寸与密封材料选择见表2-23。

密封接缝尺寸与密封材料选择　　表2-23

密封胶种类	接缝尺寸（mm）	
	最大宽度×深度	最小宽度×深度
有机硅类	40×20	10×10
聚硫类	40×20	10×10
聚氨酯类	40×20	10×10
水乳丙烯酸类	20×15	10×10
丁基橡胶类	20×15	10×10
聚氯乙烯类	20×15	10×10
氯磺化聚乙烯	20×15	10×10
油膏类	20×15	10×10
丁苯橡胶类	30×15	10×10

2.3 地下工程防水设计

2.3.1 地下工程防水等级

地下工程防水等级分为 4 级，防水等级的标准应符合表 2-24 的规定。

地下工程防水等级标准 表 2-24

防水等级	标准
1 级	不允许渗水，结构表面无湿渍
2 级	不允许漏水，结构表面可有少量湿渍 工业与民用建筑：湿渍总面积不大于总防水面积的 1%，单个湿渍面积不大于 0.1m^2，任 100m^2 防水面积上的湿渍不超过 1 处 其他地下工程：湿渍总面积不大于总防水面积的 6%，单个湿渍面积不大于 0.2m^2，任意 100m^2 防水面积上的湿渍不超过 4 处
3 级	有少量漏水点，不得有线流和漏泥砂 单个湿渍面积不大于 0.3m^2，单个漏水点的漏水量不大于 2.5L/d，任意 100m^2 防水面积上的漏水点数不超过 7 处
4 级	有漏水点，不得有线流和漏泥砂 整个工程平均漏水量不大于 2L/（m^2·d），任意 100m^2 防水面积的平均漏水量不大于 4L/（m^2·d）

2.3.2 地下工程防水设防要求

地下工程防水设防包括明挖法地下工程防水设防和暗挖法地下工程防水，明挖法地下工程防水设防应按表 2-25 选用；暗挖法地下工程防水设防应按表 2-26 选用。

明挖法地下工程防水设防表　　表 2-25

工程部位		主体						施工缝					后浇带				变形缝、诱导缝						
防水措施		防水混凝土	防水砂浆	防水卷材	防水涂料	塑料防水板	金属板	遇水膨胀止水条	中埋式止水带	外贴式止水带	外抹防水砂浆	外涂防水涂料	膨胀混凝土	遇水膨胀止水条	外贴式止水带	防水嵌缝材料	中埋式止水带	外贴式止水带	可卸式止水带	防水嵌缝材料	外贴防水卷材	外涂防水涂料	遇水膨胀止水条
防水等级	1级	应选	应选1~2种					应选2种					应选	应选2种			应选	应选2种					
	2级	应选	应选1种					应选1~2种					应选	应选1~2种			应选	应选1~2种					
	3级	应选	宜选1种					宜选1~2种					应选	宜选1~2种			应选	宜选1~2种					
	4级	宜选	—					宜选种					应选	宜选1种			应选	宜选1种					

暗挖法地下工程防水设防表　　表 2-26

工程部位		主体				内衬砌施工缝					内衬砌变形缝、诱导缝				
防水措施		复合式衬砌	离壁式衬砌、衬套	贴壁式衬砌	喷射混凝土	外贴式止水带	遇水膨胀止水条	防水嵌缝材料	中埋式止水带	外涂防水涂料	中埋式止水带	外贴式止水带	可卸式止水带	防水嵌缝材料	遇水膨胀止水条
防水等级	1级	应选1种			—	应选2种					应选	应选2种			
	2级	应选1种			—	应选1~2种					应选	应选1~2种			
	3级	—	应选1种			宜选1~2种					应选	宜选1种			
	4级	—	应选1种			宜选1种					应选	宜选1种			

2.3.3　地下混凝土结构防水设计

1．防水混凝土的设计抗渗等级

防水混凝土的设计抗渗等级应符合表2-27的规定

防水混凝土设计抗渗等级表　　表 2-27

工程埋置深度（m）	设计抗渗等级	工程埋置深度（m）	设计抗渗等级
<10	P6	20~30	P10
10~20	P8	30~40	P12

注：本表适用于Ⅳ、Ⅴ级围岩（土层及软弱围岩）。

2. 混凝土垫层

防水混凝土结构底板的混凝土垫层，其强度等级不应小于C15，厚度不应小于100mm，在软弱土层中不应小于150mm。

3. 防水混凝土结构底板

(1) 防水混凝土结构底板厚度不应小于250mm。

(2) 防水混凝土结构底板设计裂缝宽度不得大于0.2mm，并不得贯通。

(3) 防水混凝土结构底板迎水面钢筋保护层厚度不应小于50mm。

4. 防水混凝土使用材料

防水混凝土使用材料见表2-28。

防水混凝土使用材料 表2-28

水　泥	砂	石	水	外加剂
水泥的强度等级不应低于32.5MPa； 在不受侵蚀性介质和冻融作用时，宜采用普通硅酸盐水泥、硅酸盐水泥、火山灰质硅酸盐水泥、矿渣硅酸盐水泥，使用矿渣硅酸盐水泥时必须掺用高效减水剂； 在受侵蚀性介质作用时，应按介质的性质选用相应的水泥； 在受冻融作用时，应优先选用普通硅酸盐水泥，不宜采用火山灰质硅酸盐水泥和粉煤灰硅酸盐水泥； 不得使用过期或受潮结块的水泥，并不得将不同品种或强度等级的水泥混合使用	宜采用中砂，其要求应符合JGJ 52—2007有关规定	石子最大粒径不宜大于40mm，泵送时其最大粒径应为输送管径的1/4； 吸水率不应大于1.5%； 不得使用碱活性骨料； 其他要求应符合JGJ 52—2007有关规定	应符合《混凝土用水标准》(JGJ63—2006)有关规定	根据需要可掺入减水剂、膨胀剂、防水剂、密实剂、引气剂、复合型加剂等，其品种和掺量应经试验确定

2.3.4　地下工程卷材防水层设计

1. 卷材防水层适用于受侵蚀性介质作用或受振动作用的地下工程，并应铺设在混凝土主体结构的迎水面上。

2. 卷材防水层用于建筑物地下室时，应在外围形成封闭的防水层，此时卷材应铺设于结构主体底板垫层至墙体顶墙的基面上。

3. 卷材防水层为一或二层。各类防水卷材选用厚度见表2-29。

地下工程防水卷材厚度选用表　　表 2-29

防水等级	设防道数	合成高分子防水卷材（mm）	高聚物改性沥青防水卷材（mm）
1级	三道或三道以上设防	单层：不应小于1.5 双层：每层不应小于1.2	单层：不应小于4 双层：每层不应小于3
2级	二道设防		
3级	一道设防	不应小于1.5	不应小于4
	复合设防	不应小于1.2mm	不应小于3

4. 底板垫层混凝土平面部位的卷材，宜采用空铺法或点粘法，其他与混凝土结构相接触的部位应采用满粘法。

5. 卷材防水层经检查合格后，应及时做保护层，保护层应符合以下规定：

(1) 顶板卷材防水层上的细石混凝土保护厚度不应小于70mm，防水层为单层卷材时，在防水层与保护层之间应设隔离层。

(2) 底板卷材防水层上的细石混凝土保护层厚度不应小于50mm。

(3) 侧墙卷材防水层宜采用铺设聚苯乙烯板、砌筑120mm厚砖墙或铺抹20mm厚的1:3水泥砂浆。

6. 阴阳角处应做成圆弧或45°（135°）折角，其尺寸视材品质确定。在转角处、阴阳角等特殊部位，还应增贴1~2层相同的卷材，宽度不宜小于500mm。

7. 粘贴各类卷材必须采用与卷材材性相容的胶粘剂，其质量要求如下：

（1）高聚物改性沥青卷材间的粘结剥离强度不应小于 10mm；

（2）合成高分子卷材胶粘剂的粘结剥离强度不应小于 10mm，浸水 168h 后的粘结剥离强度保持率不应小于 20%。

2.3.5 地下工程涂料防水层设计

1. 防水涂料品种

地下工程防水涂料品种应符合表 2-30 要求。

地下工程防水涂料品种选择 **表 2-30**

部 位	选 择 品 种
潮湿基层	无机防水涂料宜用于结构主体的背水面，有机防水涂料宜用于结构主体的迎水面。用于背水面的有机防水涂料应具有较高的抗渗性，且与基层有较强的粘结力
埋置较深的重要工程、有振动或较大变形的工程	宜选用高弹性有机防水涂料
有腐蚀性的地下环境	宜选用耐腐蚀性较好的反应型、水乳型有机涂或聚合物水泥防水涂料，并做刚性保护层
冬期施工	宜选用反应型有机涂料；如用水乳型有机涂料，则温度不得低于 5℃

2. 防水涂料厚度

地下工程防水涂料厚度选用见表 2-31。

地下工程防水涂料厚度选用表 **表 2-31**

防水等级	设防道数	有机涂料（mm）			无机涂料（mm）	
		反应型	水乳型	聚合物水泥	水泥基	水泥基渗透结晶型
1 级	三道或三道以上设防	1.2～2.0	1.2～1.5	1.5～2.0	1.5～2.0	≥0.8
2 级	二道设防	1.2～2.0	1.2～1.5	1.5～2.0	15～2.0	≥0.8
3 级	一道设防	—	—	≥2.0	≥2.0	—
	复合设防	—	—	≥1.5	≥1.5	—

2.3.6　渗排水及盲沟设计

1. 渗排水设计要点

（1）渗排水、盲沟排水适用于无自流排水条件、防水要求较高且有抗浮要求的地下工程；盲沟排水适用于地基为弱透水性土层，地下水量不大，排水面积较小，常年地下水位在地下建筑底板以下，或在丰水期地下水位高于地下建筑底板的地下防水工程。但应防止由于排水危及地面建筑物和农田水利设施。

（2）渗排水层设置

渗排水层设置在工程结构底板下面，由粗砂过滤层与集水管组成。粗砂过滤层总厚宜为300mm，如过滤层较厚时应分层铺填。过滤层与基坑土层接触处，应用粒径5～10mm的石子铺填。过滤层顶面与结构底面之间，宜干铺一层30～50mm的1∶3水泥砂浆作隔离层。

（3）集水管应设置在粗砂过滤层下部，坡度不宜小于1%，且不得有倒坡现象。集水管之间的距离宜为5～10m，渗入集水管的地下水导入集水井后用泵排走。

（4）集水管宜采用无砂混凝土管。

（5）集水管在转弯处和直线段规定处应设置检查井。

2. 盲沟排水设计

（1）盲沟排水一般设在建筑物四周，由砂和卵石组成，宜将基坑开挖时的施工排水明沟与永久盲沟结合。

（2）盲沟的构造类型、与基础的最小距离等应根据工程地质情况由设计选定。

2.4　厕浴间及外墙防水设计

2.4.1　厕浴间防水设计

适用于厨房间和有防水要求的其他楼地面、公用建筑中的浴室和建筑物内的水箱间、给水泵房、水池及游泳等，也可通称为建筑室内防水工程的设计，处理部位有地面、墙面、顶棚及水池池体。

1. 设防区域

室内生活用水会产生大量水蒸气，可能影响建筑结构，即使在正常使用的情况下，也应进行防水设防。

2. 设防范围

厕浴间、厨房的防水范围应包括全部地面及高出地面250mm以上的四周泛水；喷淋区墙面防水不低于1800mm；其他有可能经常溅到水的部位，应向外延伸250mm，如洗脸台、拖把盆等周围；厨房的蒸笼间、开水间应进行全部地面、墙体、顶棚防水或防潮处理。

室内水池、游泳池的防水应设在池体内侧做迎水面防水；如果水池、游泳池位于自然地坪以下时，与土体接触的一面还应根据《地下工程防水技术规范》（GB 5108—2001）进行外防水处理。

3. 材料要求

厕浴间防水材料质量要求见表2-32。

厕浴间防水材料质量要求　　表2-32

<table>
<tr><th colspan="2" rowspan="2">性能指标
项　目</th><th colspan="2">单组分聚氨酯防水涂料</th><th colspan="2">聚合物水泥防水涂料</th></tr>
<tr><th>L</th><th>H</th><th>Ⅰ型</th><th>Ⅱ型</th></tr>
<tr><td colspan="2">固体含量（%）≥</td><td colspan="2">80</td><td colspan="2">65</td></tr>
<tr><td rowspan="2">干燥时间</td><td>表干时间（h）≤</td><td colspan="2">12</td><td colspan="2">4</td></tr>
<tr><td>实干时间（h）≥</td><td colspan="2">24</td><td colspan="2">8</td></tr>
<tr><td colspan="2">拉伸强度（无处理）（MPa）≥</td><td>1.9</td><td>2.45</td><td>1.2</td><td>1.8</td></tr>
<tr><td colspan="2">断裂伸长率（无处理）（%）≥</td><td>350</td><td>450</td><td>200</td><td>80</td></tr>
<tr><td colspan="2">低温柔性 φ10mm 棒</td><td colspan="2">-40℃弯折无裂纹</td><td>-10℃无裂纹</td><td>—</td></tr>
<tr><td colspan="2">不透水性，0.3MPa，30min</td><td colspan="2">不透水</td><td>不透水</td><td>不透水</td></tr>
<tr><td colspan="2">潮湿基面粘结强度（MPa）≥</td><td colspan="2">—</td><td>0.5</td><td>1.0</td></tr>
</table>

4. 饰面层

饰面层主要解决厕浴墙面（立面）饰面材料与防水材料之间的粘结问题。目前饰面层一般采用内墙面砖等块材贴面，因此墙面防水设计一般选用聚合物水泥砂浆、聚合物水泥防水涂料和聚氨酯防水涂料作为防水层。

2.4.2 外墙饰面防水设计

1. 外墙找平层、防水层与饰面层胶结材料的选择

外墙找平层、防水层与饰面层胶结材料的选择见表2-33。

外墙找平层、防水层与饰面层胶结材料的选择 表2-33

名称	找平层	防水层	饰面层
水泥石灰混合砂浆	○		
水泥粉煤灰混合砂浆	○		
掺减水剂水泥砂浆	○	○	○
掺防水剂水泥砂浆	△	○	○
氯丁胶乳水泥砂浆		○	○
丙烯酸胶乳水泥砂浆		○	○
环氧乳液水泥砂浆		○	○
EVA水泥砂浆		○	○

注：○—优先采用；△—可以采用。

2. 外墙饰面防水等级与设防要求

外墙饰面防水工程设计，应根据建筑物类别、建筑物使用功能，外墙高度、外墙墙体材料以及外墙饰面材料划分为三级，分别按级设防与选材，见表2-34所示。

外墙饰面防水等级与设防要求 表2-34

项目	防水等级		
	Ⅰ	Ⅱ	Ⅲ
外墙类别	特别重要的建筑或外墙面高度超过60m，或墙体为空心砖、轻质砖、多孔材料，或面砖、条砖、大理石等饰面，或对防水有较高的饰面材料	重要的建筑或外墙面高度为20~60m，或墙体为实心砖或陶粒砖等饰面材料	一般的建筑物或外墙面高度为20m以下，或墙体为钢筋混凝土或水泥砂浆饰面
设防要求	防水砂浆厚20mm或聚合物水泥砂浆厚7mm	防水砂浆厚15mm或聚合物水泥砂浆厚5mm	防水砂浆厚10mm或聚合物水泥砂浆厚3mm

3. 外墙找平层

外墙找平层抹灰应符合下列规定：

（1）外墙体表面不平整超过20mm时，应设砂浆找平层，孔洞、缺口等均应先行堵塞封严。

（2）外墙较平整时，找平层可与防水层可作为一层设计，并宜采用掺防水剂或减水剂的水泥砂浆。

（3）找平层一次抹灰厚度不宜大于10mm。

（4）找平层的抗压强度不应低于M10，与墙体基层的粘结力不宜小于1MPa。

（5）找平层在外墙混凝土结构与砖墙交接处，应附加钢丝网后再抹灰，钢丝网宽度宜为200~300mm。

4. 外墙防水层

外墙防水层应符合下列规定：

（1）外墙防水层必须留设分格缝，分格缝间距纵横不应大于3m；且在外墙体不同材料交接处还宜增设分格缝。分格缝缝宽宜为10mm、缝深宜为5~10mm，并应嵌填密封材料。密封材料宜选择高弹塑性、高粘结力和耐老化的材料。

（2）作为外墙防水层的防水砂浆抗渗等级不应低于P6，或耐风雨压力不小于600N/m^2。

（3）防水砂浆的抗压强度不应低于M20，与基层的粘结力不宜小于1MPa。

（4）外墙防水层可直接设在墙体基层上，也可设在抗压强度大于M10的找平层上。

5. 外墙饰面层

（1）外墙饰面层必须留设分格缝。分格缝纵横间距不大于3m，且在外墙体不同材料交接处亦宜留设分格缝，缝宽宜为10mm，并嵌填高弹性、高粘结力和耐老化的材料。

（2）外墙饰面砖的勾缝，应采用聚合物水泥砂浆材料。

（3）粘贴外墙面砖时，宜优先采用聚合物水泥砂浆或聚合物水泥素浆作胶结材料，也可采用掺减水剂、防水剂的水泥砂浆或水泥素浆，但此时胶结层均不宜过厚。

（4）由于全国各地民用建筑均大力推广建筑节能做法，特别是外墙往往设计有外保温系统，因此外墙防水设计标准应进一步提高，因此外墙饰面层还应结合外墙节能系统具体构造设计做法，进行节能和防水系统综合设计，满足外墙使用功能需要。

3 防水施工管理

3.1 防水施工进度管理

3.1.1 编制防水施工进度计划

1. 编制依据

防水施工进度计划编制，是根据国家有关施工验收规范、各省市施工操作规程及单位工程施工组织设计，依据工程项目施工合同、施工进度目标、设计文件，结合施工现场条件、有关技术经济资料进行编制。

2. 编制程序

收集编制资料，确定进度控制目标，计算防水工程的工程量、所需劳动力数量，确定防水工程开工和完工时间，编制专项施工工艺流程，编制防水施工进度计划和说明书。

3. 编制内容

按照项目部单位工程施工总进度计划的控制点，制定防水专项进度计划。一般应包括下列内容：

进度计划图表，选择采用双代号网络图、横道图，其图表中宜有资源分配内容。

进度计划编制说明：主要内容有进度计划编制依据，计划目标、关键线路说明、资源需求。

编制防水施工进度计划中，主要包括各分项工程工序之间的逻辑关系。材料采购数量，材料运抵现场的时间，所需劳动力数量和进入现场的时间，其作用是科学控制施工进度，便于所需材料分批采购，合理安排劳动力，动态控制施工成本费用。

3.1.2　防水施工进度控制方法

1. 采用动态控制原理

由于防水施工进度控制是一个不断进行的动态控制，实际进度同计划进度有偏差，因此，要随时分析产生偏差的原因，随时采取相应的措施，随时调整原来进度计划，使实际进度同计划进度相吻合。

2. 防水施工进度控制方法

(1) 行政方法；会同项目部经理利用行政命令，进行指导、协调、考核，利用激励手段督促防水分项施工进度按照预定的计划实施。

(2) 经济方法：利用分包合同或其他经济责任状，对作业班组或劳务队人员进行控制约束，采取提前奖励拖后处罚的经济方法，确保进度按时完成

(3) 采用管理技术方法：在防水施工中通过采用施工人员多年自行总结的适用性操作办法，确保既定计划目标能够实现。

3.1.3　防水施工进度控制措施

1. 组织措施

通过科学组织合理安排，将施工项目分解成若干细节，落实到作业班组或劳务队，达到预定计划要求。

2. 技术措施

在防水专项施工中，通过采用新工艺、新技术和新材料以及适用操作办法，加快施工进度，缩短施工持续时间。

3. 合同措施

以合同形式确保进度按时完成，按期完成进行经济奖励，工期拖后经济处罚。

4. 经济措施

确保防水专项工程进度的资金落实，对施工人员采用必要的奖惩手段。

3.1.4 防水施工进度计划实施

防水施工进度计划应切实可行，同时应具备下列严密的计划保证系统

1. 编制日、周、(旬) 作业计划

2. 签发施工任务书，将每项具体任务向作业班组或劳务队下达。

3. 跟踪每日施工过程，做好每日施工工作记录。

4. 做好施工协调调度工作，随时掌握计划实施情况，协调各方关系，排除各种困难，加强薄弱环节管理。

5. 采用科学化手段，如横道图法、S形曲线图法等方法，通过调查、整理、对比等步骤对施工计划进行检查。

3.1.5 防水施工进度计划调整

1. 防水施工进度计划在执行过程中会出现波动性、多变性和不均衡性，因此，当实际进度与计划进度存在差异时，就必须对计划进行调整，确保目标按计划实现。

2. 防水施工中，通过分析施工过程中某一分项偏差对后续工作的影响，分析网络计划实际进度与计划进度存在的差异，采取改变某些工序的逻辑关系，缩短某些工序的持续时间的方法，使实际工程进度同计划进度相吻合。

3. 具体措施

(1) 管理措施：增加施工工作面，增加施工时间，增加劳动力，增加施工机械和专用工具。

(2) 技术措施：改进防水施工工艺和施工方法，工序安排上采用小流水施工，缩短防水工艺技术间歇时间。

(3) 经济措施：对施工人员采用小包干和奖惩手段，对于加快的防水施工进度所造成的工程成本的增加应给予补偿。

(4) 其他措施：加强施工人员的思想工作，加强爱岗敬业和职业道德的教育，改善施工人员生活条件，创造较好的劳动环境

和条件等。

3.2　防水施工劳力资源管理

3.2.1　作业班组（劳务队）管理

1. 作业交底管理

按照设计图纸向作业班组或劳务队进行设计，按照施工方案向作业班组或劳务队进行施工总体安排交底，按照质量验收规范和操作规程向作业班组或劳务队进行施工工序交底。

2. 作业过程管理

组织作业班组或劳务队施工人员科学合理的完成施工任务。在施工中加强操作人员之间的协调，加强对于每道工序之间的协调管理，随时消除工序衔接不良问题，避免操作人员窝工。在施工中随时检查每道工序的质量，发现不符合验收标准及时纠正。

3. 安全和文明施工管理

随时检查施工人员是否按照规定安全生产，消灭影响安全的隐患，对于施工现场进行文明施工和环境保护的检查和整改。

4. 材料管理

对施工所用的材料应加强管理，实行按施工消耗量定额发料，每道工序完毕及时将剩余的材料回收，周转工具及材料应增加周转次数，减少丢失现象，努力降低材料消耗。

5. 经济核算

加强作业班组或劳务队的经济核算，有条件的分项应实行分项工程一次包死，制定奖励与处罚相结合的经济政策，调动操作工人的积极性。

6. 后勤管理

按时发放工人工资和必要的福利和劳保用品，建立统一的职工宿舍，具备系统的生活饮用水和水冲式卫生设施，改善操作工人的居住条件；配备完善的餐饮器具，建立业余职工学校，定期对操作工人进行技术培训；配备一定的报纸、书籍和娱乐工具，充实操作工人业余生活。

3.2.2 劳动力资源管理

防水工程应根据该专项工程的特点和专项施工进度计划要求，编制劳动力资源需求使用计划，报项目经理批准后执行。

应对项目劳动力资源进行劳动力动态平衡与成本管理，实现防水专项工程劳动力资源的精干高效，对于使用作业班组或专项分包劳动力应制定有针对性的管理措施。

3.2.3 劳动力配置

防水工程劳动力的配置，应根据施工组织设计总体进度安排、实际工程量和拟采用的施工工艺确定。

1. *屋面防水系统用工*

屋面防水系统用工具体安排为：屋面卷材防水系统用工见表3-1，屋面涂膜防水系统用工见表3-2，屋面刚性材料防水系统用工见表3-3，接缝密封防水系统用工见表3-4。

屋面卷材防水系统用工　　表3-1

基层清理	铺贴卷材	保护层施工	运输配料	用工小计（人次）
10	12	15	6	43

屋面涂膜防水系统用工　　表3-2

基层清理	涂刷涂膜	保护层施工	运输配料	用工小计（人次）
10	8	15	6	39

屋面刚性材料防水系统用工　　表3-3

基层清理	刚性材料防水层施工	保护层施工	运输配料	用工小计（人次）
10	18	15	12	55

接缝密封防水系统用工　表 3-4

基层清理	接缝密封施工	保护层施工	运输配料	用工小计（人次）
4	4	4	4	16

2. 地下防水系统用工

地下防水系统用工安排为：地下卷材防水系统用工见表 3-5，地下涂膜防水系统用工见表 3-6，堵漏防水系统用工见表 3-7，地下刚性材料防水系统用工见表 3-8。

地下卷材防水系统用工　表 3-5

基层清理	铺贴卷材	保护层施工	运输配料	用工小计（人次）
10	14	8	8	40

地下涂膜防水系统用工　表 3-6

基层清理	涂膜防水层施工	保护层施工	运输配料	用工小计（人次）
10	8	12	6	36

堵漏防水系统用工　表 3-7

基层清理	堵漏防水层施工	保护层施工	运输配料	用工小计（人次）
6	6	4	4	20

地下刚性材料防水系统用工　表 3-8

基层清理	刚性材料防水层施工	保护层施工	运输配料	用工小计（人次）
10	18	15	12	55

3.2.4　防水专业工长主要工作

1. 技术准备工作

（1）学习设计施工图纸，掌握技术要求和具体施工做法，了解拟用材料的性能指标。

(2) 学习熟悉防水专项施工方案，提前掌握防水专项施工部署。

2. 操作前准备工作

(1) 工作面的准备：作业面清理完毕，“三通一平”具备完善，脚手架或吊篮准备妥当。

(2) 施工机具准备：水平和垂直机械均能正常运行，操作工具按照施工要求配备完善。

(3) 材料准备：材料按照施工平面图的布置堆放，每日上工前将需用材料运至操作面附近。

(4) 掌握作业班组或劳务队技工和壮工配备情况，了解施工作业班组或劳务队施工能力。

(5) 根据施工方案和工作面情况划分流水段，确定防水专项工序同相关工序的搭接次序、部位和时间。

3. 工作交底

(1) 计划交底：每道工序开始和结束时，对施工的工作量进行交底和统计。

(2) 操作方法交底：对施工图纸做法和具体操作工艺进行交底。

(3) 安全交底：对操作过程中安全注意事项、安全技术、机械电器使用安全交底，环保和文明施工进行交底，

(4) 质量要求交底：对每分项工程自检、交接检和专检质量要求和检验具体时间进行交底。

4. 经济交底

(1) 根据国家和企业内部劳动定额，向作业班组或劳务队作用工量交底，下达施工任务书。

(2) 根据国家和企业内部施工材料消耗量定额，向作业班组或劳务队作材料用量和定额用工数量的交底，明确具体材料不得超过限额使用量，提高人工功效，杜绝待工现象。

5. 操作过程中的具体检查和指导

防水专业工长应检查操作准备是否达到要求，检查施工人员

是否按照交底操作，随时提醒操作人员按照进度及时注意质量、安全、文明施工。

6. 做好施工日志

防水专业工长对每日完成的工作量、劳动力使用和材料使用情况做好记录，对每日操作中发现的质量、安全问题做好记录，每日现场工作会议和业主、监理、设计方提出的同防水专业相关的施工问题做好记录。

7. 专项工程验收

当每道工序完成后，防水专业工长应按照要求进行质量、工作量验收，作为作业班组或劳务队结算和操作人员发放工资的依据。

3.3　防水材料管理

3.3.1　防水材料采购

1. 材料采购

材料采购是保证材料供应的基础，要了解工程结构、施工进度等情况，编制材料采购供应计划，切实掌握工程所需材料的品种、规格、数量和使用时间，对所需防水材料的生产厂家、经营单位、运输单位等要密切联系，密切协作。

项目部内部施工生产、技术、材料、计划、财务等部门的密切配合，做好材料采购工作。

2. 材料市场经济信息

应了解材料市场商情，掌握供应商、货源、价格等信息。对材料市场经济信息、供需动态等进行搜集、整理、分析。材料市场信息经过整理后，进行比较分析和综合研究，制定出经济合理的采购策略和方案。

3. 市场采购

（1）订货前，供需双方均需具体落实材料资源和需用总量。

（2）供需双方就供货的品种、规格、质量和供货时间、供货方式等事宜，进行具体协商，并解决有关问题，统一意见后，由供需双方签订供货合同。

(3) 选择供货单位的标准为材料质量符合设计要求，价格较低、费用较省、交货及时、售后服务体系完善。

(4) 选择供货单位的方法：可采用直观判断法、采购成本比较法、综合评分法、材料采购招标法。

4. *材料现场管理*

(1) 材料供应计划：分项工程开工前，应向项目部材料负责人提供材料供应计划，计划上明确提出所需防水材料的品种、规格、数量和进场的时间。

(2) 材料进场验收，当所需防水材料进场时，防水专业工长应会同材料负责人和技术负责人共同进行验收。验收包括材料品种、规格、型号、质量、数量等，并办理验收手续。

(3) 材料领发：凡是有施工材料消耗量定额或工程量清单的材料，均应凭限额领料单领取材料，防水分项工程施工完成后，剩余材料应及时退回。

(4) 材料使用监督：在施工过程中，防水专业工长应对工人使用材料进行动态监督，指导施工操作人员正确合理使用材料，发现浪费现象及时纠正。

3.3.2 防水材料ABC分类管理

ABC分类管理法，又称ABC分析法、重点管理法。主要是分析对施工生产起关键作用的占有资金多的少数品种，还有起重要作用的占用资金较多的品种和起一般作用的占用资金少的多数品种的规律。在管理中要抓好关键，照顾重点，兼顾一般。ABC分类法是以实际消耗量为依据的。突出重点，合理使用资金，使工作有主次，储备有重点。

(1) 统计防水分项工程消耗的材料在一定时期内的品种项数和各品种相应的金额，登入分析卡；将分析卡排列的顺序编成按金额大小的消耗金额序列表，按金额大小分档次；根据序列表中的材料，计算各种与金额所占总品种与总金额的百分比。

（2）划分ABC类别，以每个品种的金额大小为主，进行ABC的分类。

屋面防水工程材料ABC分类见表3-9；地下防水工程材料ABC分类见表3-10；外墙和厕浴间防水工程材料ABC分类见表3-11。

屋面防水工程材料ABC分类　表3-9

项　目	A	B	C
防水砂浆	水泥、砂	外加剂	界格条、密封胶
防水混凝土	水泥、砂、石	外加剂	脱模剂、界格条、塑料薄膜互或养护剂
防水卷材	卷材	胶粘剂、基层处理剂	密封胶、压条、螺钉、橡胶垫片
防水涂膜	防水涂料	增强胎体、基层处理剂、稀释剂	界格条、密封胶
瓦	主瓦、配件瓦	挂瓦条、顺水条	水泥、砂、卷材、铜丝、水泥钉

地下防水工程材料ABC分类　表3-10

项　目	A	B	C
防水砂浆	水泥、砂	外加剂	界格条、密封胶
防水混凝土	水泥、砂、石	外加剂	止水带、止水条、塑料薄膜或养护剂、
防水卷材	卷材	胶粘剂、基层处理剂	密封胶、压条、螺钉、橡胶垫片
防水涂膜	防水涂料	增强胎体、基层处理剂、稀释剂	界格条、密封胶
渗、排水	滤水管、砂、石	隔离材料	

外墙和厕浴间防水工程材料 ABC 分类 表 3-11

项目	A	B	C
防水砂浆	水泥、砂	外加剂	界格条、密封胶
防水混凝土	水泥、砂、石	外加剂	脱模剂、界格条、塑料薄膜或养护剂、
防水涂膜	防水涂料	基层处理剂、稀释剂	界格条、密封胶

3.3.3 部分防水材料用量估算

1. 屋面防水卷材用量估算

屋面防水卷材用量估算见表 3-12。

屋面防水卷材用量估算表 表 3-12

卷材种类	卷材 (m^2/m^2)	基层处理剂 (kg/m^2)	基层胶粘剂 (kg/m^2)	接缝胶粘剂 (kg/m^2)	密封材料 (kg/m^2)	备注
沥青卷材	3.6	0.45	0.7			三毡四油
三元乙丙卷材	1.15~1.2	0.2	0.4	0.1	0.01	
氯化聚乙烯卷材	1.15~1.2	0.2	0.4	0.05	0.01	
氯化聚乙烯橡塑共混卷材	1.15~1.2	0.15	0.45	0.1	0.01	
PVC 卷材	1.1	0.4			0.01	热焊接法工
热熔卷材	1.1.5~1.2	0.1			0.01	热融法施工
冷粘改性卷材	1.1.5~1.2	0.05	0.45		0.01	

2. 屋面防水涂膜材料用量估算

屋面防水涂膜材料用量估算见表 3-13。

屋面防水涂膜材料用量估算表 表 3-13

涂膜种类	厚度 (mm)	涂料用量 (kg/m^2)	密封材料 (kg/m^2)	增强胎体 (m^2/m^2)
聚氨酯涂料（固含量 94%）	2	2.3~2.6	0.2	
丙烯胶涂料（固含量 65%）	2	3.2~4.0	0.2	2.4
硅橡胶涂料（固含量 50%）	2	3.8~4.5	0.2	2.4

续表

涂膜种类	厚度（mm）	涂料用量（kg/m^2）	密封材料（kg/m^2）	增强胎体（m^2/m^2）
高聚物改性水乳型涂料（固含量65%）	3	6.2	0.1	2.4
PVC涂料	3	3.5～4	0.1	2.4
沥青基防水涂料（固含量50%）	8	12～15	0.1	2.4

3．屋面油毡瓦用量估算

屋面油毡瓦用量估算见表3-14。

屋面油毡瓦用量估算　表3-14

屋面工程	面积用量	重量
每平方米屋面	2.33m^2 瓦材	2.5kg

3.3.4　防水材料包装、储运和保管

1．防水卷材

（1）防水卷材应按照不同品种、规格、等级分别堆放在阴凉通风的室内，堆放地点应干燥，避免雨淋和受潮；防水卷材应远离火源，储存环境温度不得高于45℃。

（2）为防止防水卷材在施工现场不易展平，影响同基层的粘贴，应在运输和保管中不得斜放或横压，采用立堆立放的方式，其高度不易超过两层。

（3）高聚物改性沥青和合成高分子防水卷材均为高分子化学材料，在储运和保管中应避免与化学介质及有机溶剂等有害物质接触，防止被某些化学介质及溶剂溶解或腐蚀。

（4）进场的防水材料应及时入库，建立台账，定期盘点。

2．防水涂料

（1）防水涂料应用带盖的铁桶或塑料桶密封包装，双组分防水涂料应按产品配合比分别密封包装，两种组分的包装应有明显区别。

(2) 防水涂料包装桶上应有以下标志：生产厂名、商标、产品名称、标号、品种、制造日期及生产班次、质量等级、采用的标准编号、保管与运输注意事项、生产许可证号等，还要附有产品合格证。

(3) 防水涂料在运输中应轻拿轻放，绑扎牢固不可倒置，设置防止坠落和滑动的措施，避免与化学介质及有机溶剂等有害物质接触，防止被某些化学介质及溶剂溶解或腐蚀，避免雨淋和阳光暴晒。

(4) 防水涂料应按照不同品种、规格、等级分别堆放在阴凉通风的室内，堆放地点应干燥，避免雨淋和受潮；防水涂料应远离火源，储存环境温度不得高于5~35℃，冬季注意防冻。储存防水涂料的库房内不得调配涂料，以免易燃、易爆、有毒气体挥发逸散到室内空间，造成安全事故，防水涂料应在产品保质期内使用，保管涂料的仓库内应有防火消防设施。防水涂料入库后，应及时建立台账，定期盘点。

(5) 水乳型涂料和溶剂型涂料运输与贮存温度不得低于0℃。

(6) 聚氨酯防水涂料为非易燃易爆品，能安全运输。该产品贮存于室内通风干燥处；如使用不完，其包装容器应立即盖紧，尤其是A组切勿较长时间暴露于空气中，以防自聚。

3. 密封材料

(1) 密封材料应分类贮存在通风、阴凉的室内，环境温度不应高于50℃；水乳型密封材料的贮存环境温度不应低于0℃。

(2) 密封材料的贮运、保管应避开火源、热源，避免日晒、雨淋。

(3) 密封材料贮运、保管过程中应防止碰撞、挤压，保持包装完好无损。

4. 平瓦

平瓦在运输、贮存、施工中应注意瓦材的完整性。每块瓦均应用草绳花缠出厂，运输车箱用柔软材料垫稳，搬运轻拿、轻放，不得碰撞、抛扔，堆放整齐，平瓦侧放靠紧，堆放高度不超过5

层，脊瓦呈人字形堆放。

3.4　防水施工专用机具配置

常用防水工程施工机具分为以下几类，即防水卷材一般机具、热熔卷材机具和热焊卷材机具和冷粘机具，防水涂膜专用工具，接缝密封专用工具，还有防水混凝土和防水砂浆及金属板材屋面安装需用工具，堵漏及注浆工具，根据使用材料及作业方法选择相应的作业机具。

3.4.1　沥青防水卷材热熔法施工机具

沥青防水卷材热熔法施工机具见表3-15。

沥青防水卷材热熔法施工机具表　　表3-15

机具名称	规格型号	用　途
防水加热沥青锅		加热玛琋脂
高压吹风机	300W	清理基面
平铲	铁制平头铲	清理基面
长柄刷	—	涂刷冷底子油
剪刀	普通	裁剪卷材
彩色粉绳袋	—	弹基准线
油壶		浇灌玛琋脂
笊篱		熬制沥青时搅拌捞渣
皮卷尺	50m	度量尺寸
钢丝刷		清理基面
扁油刷	50mm	涂封口油刷
铁压刀	—	焊缝压实
铁锤	普通	卷材收头钉水泥钉
消防器具	灭火器	消防灭火
检测工具	—	检测、测量

3.4.2 改性沥青防水卷材热熔法施工机具

改性沥青防水卷材热熔法施工机具见表3-16。

改性沥青防水卷材热熔法施工机具表 表3-16

机具名称	规格型号	用途
移动式乙炔喷枪		烘烤卷材
高压吹风机	300W	清理基面
平铲	铁制平头铲	清理基面
扁油刷或滚刷	—	涂刷底油
剪刀	普通	裁剪卷材
彩色粉绳袋	—	弹基准线
煤油喷灯	MD-2.5~3.5	烘烤卷材
汽油喷灯	QD-2.5~3.5	烘烤卷材
皮卷尺	50m	度量尺寸
钢丝刷		清理基面
扁油刷	50mm	涂封口油刷
铁压刀	—	焊缝压实
铁锤	普通	卷材收头钉水泥钉
消防器具	灭火器	消防灭火
检测工具	—	检测、测量

3.4.3 高分子防水卷材和改性沥青防水卷材冷粘法施工机具

高分子防水卷材和改性沥青防水卷材冷粘法施工机具见表3-17。

高分子防水卷材和改性沥青防水卷材冷粘法施工机具表 表3-17

机具名称	规格	用途
高压吹风机	300W	清理基面
扫帚	普通	清理基面
平铲	铁制平头铲	清理基面

续表

机具名称	规格	用途
电动搅拌器	300W	搅拌胶粘剂等
滚刷	$\phi60\times300$mm	涂布胶粘剂
铁桶	5L	装胶粘剂
压辊	小型	压实卷材接缝
手持压滚	$\phi40\times50$mm	压实卷材
扁油刷	50mm	卷材接缝涂胶
剪子	普通	裁剪卷材
皮卷尺	50m	度量尺寸
钢卷尺	2m	度量尺寸
彩色粉绳袋	—	弹基准线
嵌缝挤压枪		嵌填缝隙用
检测工具	—	检测、测量

3.4.4 PVC 卷材热风焊接施工机具

PVC 卷材热风焊接施工机具见表 3-18；PVC 卷材自动行进式热风焊机技术参数见表 3-19。

PVC 卷材热风焊接施工机具表　　表 3-18

名称	用途	名称	用途
自动热风焊机	焊接卷材	压辊	边焊边压实
电缆	输电	铁铲	铲除基层突起物
扫帚	清理基层用	粉线包	弹出基准线
剪刀	裁剪卷材	钢卷尺	保持测量精度
胶盆	盛胶粘剂	毛刷	刷涂胶粘剂
胶锤	砸实突起部分	美工刀	裁剪卷材
热焊锲铁	局部焊接用	空气压缩机	热风焊
射钉枪	封口固定用		

PVC 卷材自动行进式热风焊机技术参数表 表 3-19

项　目	性能指标	项　目	性能指标
行进速度（m/min）	1～12	焊接厚度（mm）	1～4
排风量（L/min）	400～600	焊接机功率（kW）	1.5
热风温度范围（℃）	常温	焊接机总质量（kg）	26
焊缝宽度（mm）	50		

3.4.5 高分子涂膜涂刷主要施工机具

高分子涂膜涂刷主要施工机具见表 3-20。

高分子涂膜涂刷主要施工机具表 表 3-20

名　称	用　途	名　称	用　途
电动搅拌器（300W）	混合甲乙料用	磅秤	配料称量用
拌料桶	混合甲乙料用	油漆刷	涂布胶粘剂
小型油漆桶	装混合料用	高压吹风机（300W）	清理基面
塑料刮板	涂布胶粘剂	小抹子	清理基面
滚刷	涂布胶粘剂	笤帚	清理基面

3.4.6 嵌填密封材料施工机具

嵌填密封材料的施工机具见表 3-21。

嵌填密封材料的施工机具表 表 3-21

机具名称	用　途
钢丝刷、平铲、扫帚、毛刷、吹风机	清理接缝部位基层用
棕毛刷、容器桶	涂刷基层处理剂
铁锅、铁桶或塑化炉	加热塑化密封材料
刮刀、腻子刀	嵌填密封材料
鸭嘴壶、灌缝车	嵌填密封材料
手动或电动挤出枪	嵌填密封材料
搅拌筒、电动搅拌器	搅拌多组分密封材料
磅秤、台秤	配制时计量用

3.4.7 防水混凝土施工机具设备

防水混凝土施工机具设备见表3-22。

防水混凝土施工机具设备表　　表3-22

机具名称	规格型号	用途
搅拌运输车		
拖式泵	HBR-60	运送混凝土
搅拌机	JS500	搅拌混凝土
抹光机		混凝土抹光
振捣器		
铁抹子		混凝土二次抹压
滚子或振动滚杠		混凝土压实、整平
串筒、溜槽		
平板振动器		混凝土防水层表面振捣
磅秤		混凝土配合比称量
坍落度筒		

3.4.8 金属夹芯板材屋面施工机具

金属夹芯板材屋面施工机具见表3-23。

金属夹芯板材屋面施工机具表　　表3-23

机具名称	规格型号	用途
手提式切割机		金属板材
电动封边机		
电动扳手		拧动螺丝
手提式电焊机		局部同周边焊接连接
手提电钻		金属板材上开孔打眼
拉铆枪		固定拉铆钉
云石锯		
嘴钳		

续表

机具名称	规格型号	用途
手提式混压机		金属板材封边
铁锤		
定位扒手		
胶锤		
钢丝线、钢丝绳		
紧线器		

3.4.9 瓦屋面主要施工机具

瓦屋面主要施工机具见表3-24。

瓦屋面主要施工机具表 **表3-24**

机具名称	型号	机具名称	型号
砂浆搅拌机	J750	墨斗	
钢卷尺		钉锤	
运输小车		灰铲	
铁锹		螺丝刀	

4 防水施工技术管理

4.1 防水工程技术标准

建筑防水工程技术规范有《屋面工程技术规范》（GB 50345—2004）和《地下工程防水技术规范》（GB 50108—2001）；施工规范有《屋面工程质量验收规范》（GB 50207—2002）和《地下防水工程质量验收规范》（GB 50208—2002）。

4.1.1 屋面建筑防水材料标准

屋面建筑防水材料标准应按表 4-1 的规定选用。

现行屋面建筑防水材料标准 **表 4-1**

类别	标准名称	标准号
沥青和改性沥青防水卷材	1. 石油沥青纸胎油毡、油纸	GB 326—89
	2. 石油沥青玻璃纤维胎油毡	GB/T 14686—93
	3. 石油沥青玻璃布胎油毡	JC/T 84—1996
	4. 铝箔面油毡	JC/T 504—1992（1996）
	5. 改性沥青聚乙烯胎防水卷材	JC/T 633—1996
	6. 沥青复合胎柔性防水卷材	JC/T 690—1998
	7. 自粘橡胶沥青防水卷材	JC/T 840—1999
	8. 弹性体改性沥青防水卷材	GB 18242—2000
	9. 塑性体改性沥青防水卷材	GB 18243—2000
高分子防水卷材	1. 聚氯乙烯防水卷材	GB 12952—2003
	2. 氯化聚乙烯防水卷材	GB 12953—2003
	3. 氯化聚乙烯—橡胶共混防水卷材	JC/T 684—1997
	4. 三元丁橡胶防水卷材	JC/T 645—1996
	5. 高分子防水卷材（第一部分片材）	GB 18193.1—2006

续表

类别	标准名称	标准号
防水涂料	1. 聚氨酯防水涂料 2. 溶剂型橡胶沥青防水涂料 3. 聚合物乳液建筑防水涂料 4. 聚合物水泥防水涂料	GB/T 19250—2003 JC/T 852—1999 JC/T 864—2000 JC/T 894—2001
密封材料	1. 建筑石油沥青 2. 聚氨酯建筑密封膏 3. 聚硫建筑密封膏 4. 丙烯酸酯建筑密封膏 5. 硅酮建筑密封膏 6. 建筑防水沥青嵌缝油膏 7. 聚氯乙烯建筑防水接缝材料 8. 建筑用硅酮结果密封胶	GB 494—85 JC/T 482—92（1996） JC/T 483—92（1996） JC/T 484—92（1996） GB/T 14683—93 JC/T 207—1996 JC/T 798—1997 GB 16776—1997
刚性防水材料	1. 砂浆、混凝土防水剂 2. 混凝土膨胀剂 3. 水泥基渗透结晶型防水材料	JC 474—92（1999） JC 476—2001 GB 18445—2001
防水材料试验方法	1. 沥青防水卷材试验方法 2. 建筑胶粘剂通用试验方法 3. 建筑密封材料试验方法 4. 建筑防水涂料试验方法 5. 建筑防水材料老化试验方法	GB 328—89 GB/T 12954—91 GB/T 13477—92 GB/T 16777—1997 GB/T 18244—2000
瓦	1. 油毡瓦 2. 烧结瓦 3. 混凝土平瓦	JC/T503—92（1996） JC 709—1998 JC 746—1999

4.1.2 地下建筑防水材料标准

地下建筑防水材料标准应按表 4-2 的规定选用。

现行地下建筑防水材料标准 **表4-2**

类 别	标 准 名 称	标 准 号
防水涂料	1. 聚氨酯防水涂料	GB/T 19250—2003
	2. 聚合物乳液建筑防水涂料	JC/T 864—2000
	3. 聚合物水泥防水涂料	JC/T 894—2001
	4. 溶剂型橡胶沥青防水涂料	JC/T 852—1999
	5. 水乳性沥青防水涂料	JC/T 408—2005
防水卷材	1. 聚氯乙烯防水卷材	GB 12952—2003
	2. 氯化聚乙烯防水卷材	GB 12953—2003
	3. 改性沥青聚乙烯胎防水卷材	GB 18967—2003
	4. 氯化聚乙烯—橡胶共混防水卷材	JC/T 684—1997
	5. 高分子防水材料（第一部分 片材）	GB1 8173. 1—2006
	6. 弹性体改性沥青防水卷材	GB1 8242—2000
	7. 塑性体改性沥青防水卷材	GB 18243—2000
密封材料	1. 聚氨酯建筑密封膏	JC/T 482—1992（96）
	2. 聚硫建筑密封膏	JC/T 483—1992（96）
	3. 丙烯酸建筑密封膏	JC/T 484—1992（96）
	4. 建筑防水沥青嵌缝油膏	JC 207—1996
	5. 建筑用硅酮结构密封胶	GB 16776—2003
	6. 混凝土建筑接缝用密封胶	JG/T 881—2001
其他防水材料	1. 高分子防水材料（第二部分 止水带）	GB 18173. 2—2000
	2. 高分子防水材料（第三部分 遇水膨胀橡胶）	GB 18173. 3—2002
	3. 膨润土橡胶遇水膨胀止水条	JC/T 141—2001
	4. 高分子防水卷材胶粘剂	JC 863—2000
刚性防水材料	1. 砂浆、混凝土防水剂	JC 474—92（99）
	2. 膨胀剂技术标准	JC 476—2001
	3. 水泥基渗透结晶型防水材料	GB 18445—2001
	4. 无机防水堵漏材料	JC 900—2002
	5. 建筑表面用有机硅防水剂	JC/T 902—2002

续表

类 别	标 准 名 称	标 准 号
防水材料试验方法	1. 沥青防水卷材试验方法	GB 328—89
	2. 建筑胶粘剂通用试验方法	GB/T 12954—91
	3. 建筑密封材料试验方法	GB/T 13477—92
	4. 建筑防水涂料试验方法	GB/T 16777—1977
	5. 建筑防水材料老化试验方法	GB 18244—2000

4.1.3 防水工程材料现场抽样复检

1. 屋面建筑防水工程材料现场抽样复检

屋面建筑防水工程材料现场抽样复检应符合表4-3的规定。

屋面建筑防水工程材料现场抽样复检项目　　表4-3

材料名称	现场抽样数量	外观质量检验	物理性能检验
沥青防水卷材	大于1000卷抽5卷，每500～1000卷抽4卷，100～499卷抽3卷，100卷以下抽2卷，进行规格尺寸和外观质量检验。在外观质量检验合格的卷材中，任取一卷作物理性能检验	孔洞、硌伤、露胎、涂盖不匀、折纹、皱折、裂纹、裂口、缺边，每卷卷材的接头	纵向拉力，耐热度，柔度，不透水性
高聚物改性沥青防水卷材	同沥青防水卷材	孔洞、缺边、裂口、边缘不整齐，胎体露白、未浸透，撒布材料粒度、颜色，每卷卷材的接头	拉力，最大拉力时延伸率，耐热度，低温柔度，不透水性
合成高分子防水卷材	同沥青防水卷材	折痕，杂质，胶块。凹痕，每卷卷材的接头	断裂拉伸强度，扯断伸长率，低温弯折，不透水性
石油沥青	同一批至少抽一次	—	针入度，延度，软化点

续表

材料名称	现场抽样数量	外观质量检验	物理性能检验
沥青玛琋脂	每工作班至少抽一次	—	耐热度，柔韧性，粘结力
高聚物改性沥青防水涂料	每10t为一批，不足10t按一批抽样	包装完好无损，且标明涂料名称、生产日期、生产厂名、产品有效期；无沉淀、凝胶、分层	固含量，耐热度，柔性，不透水性，延伸
合成高分子防水涂料	同高聚物改性沥青防水涂料	包装完好无损，且标明涂料名称、生产日期、生产厂名、产品有效期	固体含量，拉伸强度断裂延伸率，柔性，不透水性
胎体增强材料	每 $3000m^2$ 为一批，不足 $3000m^2$ 按一批抽样	均匀，无团状，平整，无折皱	拉力，延伸率
改性石油沥青密封材料	每2t为一批，不足2t按一批抽样	黑色均匀膏状，无结块和未浸透的填料	耐热度，低温柔性，拉伸粘结性，施工度
合成高分子密封材料	每1t为一批，不足1t按一批抽样	均匀膏状物，无结皮，凝胶或不易分散的固体团状	拉伸粘结性，柔性
平　瓦	同一批至少抽一次	边缘整齐，表面光滑，不得有分层、裂纹、露砂	—
油毡瓦	同一批至少抽一次	边缘整齐，切槽清晰，厚薄均匀，表面无孔洞、硌伤、裂纹、折皱及起泡	耐热度，柔度

续表

材料名称	现场抽样数量	外观质量检验	物理性能检验
金属板材	同一批至少抽一次	边缘整齐，表面光滑，色泽均匀，外形规则，不得有扭翘、脱膜、锈蚀	—

2. 地下防水工程材料现场抽样复验

地下建筑防水工程材料的现场抽样复验应符合表4-4的规定。

地下建筑防水工程材料现场抽样复验表　　表4-4

材料名称	现场抽样数量	外观质量检验	物理性能检验
高聚物改性沥青防水卷材	大于1000卷抽5卷，每500～1000卷抽4卷，100～499卷抽3卷，100卷以下抽2卷，进行规格尺寸和外观质量检验。在外观质量检验合格的卷材中，任取一卷作物理性能检验	断裂、皱折、孔洞、剥边缘不整齐，胎体露白、未浸透，撒布材料粒度、颜色，每卷卷材的接头	拉力，最大接力时延伸率，低温柔度，不透水性
合成高分子防水卷材	同高聚物改性沥青防水卷材	折痕、杂质、胶块、凹痕，每卷卷材的接头	断裂拉伸强度，扯断伸长率，低温弯折，不透水性
沥青基防水涂料	每工作班生产量为一批抽样	搅匀和分散在水溶液中，无明显沥青丝团	固含量，耐热度，柔性，不透水性，延伸率
无机防水涂料	每10t为一批，不足10t按一批抽样	包装完好无损，目标明涂料名称，生产日期，生产厂家，产品有效期	抗折强度，粘结强度，抗渗性

续表

材料名称	现场抽样数量	外观质量检验	物理性能检验
有机防水涂料	第 5t 为一批，不足 5t 按一批抽样	同无机防水涂料	固体含量，拉伸强度，断裂延伸率，柔性，不透水性
胎体增强材料	每 $3000m^2$ 为一批，不足 $3000m^2$ 按一批抽样	均匀，无团状，平整，无折皱	拉力，延伸率
改性石油沥青密封材料	每 2t 为一批，不足 2t 按一批抽样	黑色均匀膏状，无结块和未浸透的填料	低温柔性，拉伸黏结性，施工度
合成高分子密封材料	同改性石油沥青密封材料	均匀膏状物，无结皮、凝结或不易分散的固体团块	拉伸黏结性，柔性
高分子防水材料止水带	每月同标记的止水带产量为一批抽样	尺寸公差；开裂，缺胶，海绵状，中心孔偏心；凹痕，气泡，杂质，明疤	拉伸强度，扯断伸长率，撕裂强度
高分子防水材料遇水膨胀橡胶	每月同标记的膨胀橡胶产量为一批抽样	尺寸公差；开裂，缺胶，海绵状；凹痕，气泡，杂质，明疤	拉伸强度，扯断伸长率，体积膨胀倍率

4.2　施工图纸会审管理

当施工图纸全部或分阶段出图后，首先由设计单位进行设计交底，了解设计概况和技术要求，在此基础上由施工项目部技术负责人组织技术、施工、造价等专业人员进行施工图纸的学习和核对。

4.2.1 图纸会审步骤

1. 专业初审

专业初审是由土建技术负责人、造价人员和专业工长按照现行设计和施工验收规范、标准、规程和导则，对施工图纸有关防水部分进行初步审查，将发现的图面错误和疑问整理出书面材料。

2. 会审

会审是在专业初审基础上，由项目部土建技术负责人组织内部技术人员、造价人员和专业工长对土建部分、装饰部分、给排水、电气、暖通空调等专业共同审核，消除图纸差错，协调各专业设计图纸之间的图纸矛盾，形成书面资料。

3. 综合会审

综合会审是在总承包单位进行图纸会审的基础上，由业主组织总承包方及业主分包方如（机械挖土、深基坑支护、保温、室内高级装饰、建筑幕墙和水电、暖通、智能化等专业）进行图纸会审，解决各专业相互矛盾问题，做好技术协调工作。

4.2.2 图纸审查内容

1. 审查复核屋面防水等级、设防原则和要求，是否符合屋面技术规范和屋面工程质量验收规范的要求。审查复核地下防水等级、设防原则和要求，是否符合地下防水技术规范和地下防水工程质量验收规范的要求。

2. 审查复核屋面防水系统是否进行细部构造设计，具体要求如下：

（1）水泥砂浆找平层的厚度和技术要求、其找坡方法和排水坡度。

（2）卷材防水层的细部构造、节点增强处理。

（3）涂膜防水层的细部构造、节点增强处理。

（4）刚性防水层的细部构造、节点增强处理、伸缩缝位置，外加剂的掺量、配合比。

（5）屋面工程接缝密封和收头密封防水处理。

（6）瓦屋面材料规格、搭接宽度，排水坡度、屋脊和天沟的构造做法。

3. 审查复核地下防水系统是否进行细部构造设计，具体要求如下：

（1）混凝土垫层的厚度和技术要求。

（2）卷材防水层的细部构造、节点增强处理。

（3）涂膜防水层的细部构造、节点增强处理。

（4）刚性防水层的细部构造、节点增强处理、外加剂的掺量、配合比。

（5）地下防水工程接缝密封防水处理。

（6）地下水位情况，降低地下水位措施。

4. 渗排水层材料每层材料规格配合比，渗排水层每层厚度，滤水管直径和具体位置。

5. 注浆材料性能要求，注浆所用设备，注浆方式，注浆孔直径和间距等。

6. 外墙防水基层做法，防水层具体要求和节点做法。

7. 厕所涂膜防水层的基层做法，防水层细部构造，节点增强处理。

4.3 防水施工方案内容要求

4.3.1 防水施工方案编制依据

防水工程施工前，需要编制防水工程施工方案，编制方案应描述编制依据，如现行国家规范规程和技术标准，设计要求，材料性能指标，使用部位，施工工艺，有关质量要求，安全要求。防水工程施工方案是施工操作的主要依据，是防水工程质量和安全施工的保证措施，也是防水工程经济核算的重要依据。

施工方案编制内容包括工程说明、编写依据、执行的规范、标准及规程。工期目标，安全文明施工目标，质量目标，科技进步目标、施工部署及准备，技术准备，劳动力组织及安排，主要施工机械工具型号、数量及进场计划，施工平面图布置，分项工程施工工艺，分项工程施工进度计划，工程形象进度控制点，主要材料计划，主要工序施工要点，工程质量保证措施，冬、雨期施工措施，安全施工措施，文明施工及环境保护措施。详见下列防水施工方案编制格式。

4.3.2 施工方案说明

1. 工程名称________________

建设单位________________

设计单位________________

勘察单位________________

监理单位________________

施工单位________________

工程质量监督单位____________

安全生产监督单位____________

2. 地址：该工程位于____省____市____区____路____号

3. 建筑面积____、层数____、标准层层高____ m，±0.000相当于绝对标高____ m。

4. 工程造价______万元人民币。其中屋面防水工程造价为______万元人民币，地下防水工程造价为______万元人民币，外墙及厕浴间防水工程造价为______万元人民币。

5. 防水工程施工面积

屋面工程防水施工面积_______

地下工程防水施工面积_______

外墙防水施工面积_______

厕所（浴室）防水施工面积_______

其他部位防水施工面积_______

4.3.3　施工方案编写依据

1. 设计文件（施工图纸、图纸会审记录和设计变更纪录）。

2. 现行的建筑工程施工质量验收规范、标准及规程。

3. 现行的建筑施工安全技术规范及规程。

4. 建设工程施工合同（工程招标文件）。

5. 施工现场情况（道路、供电、供水是否通畅，场地是否平整）。

6. 单位工程施工组织设计。

4.3.4　工作目标

1. 质量目标

质量评定：达到 ________ 标准。

质量目标：严格执行检验制度，全面实施过程控制。

2. 安全及文明施工目标

3. 科技进步目标

4.3.5　施工部署及准备

1. 技术准备

组织本工程拟采用的新材料试验工作和新技术调研工作。

组织图纸会审，熟悉施工组织设计，编制专项施工工艺。

2. 劳动力组织及安排

（1）劳动力计划

根据进度安排，投入足够的劳动力，日平均施工___人，高峰时期日平均___人。

（2）劳动力安排

编制主要劳动力计划表。

3. 主要施工机械工具型号、数量及进场计划

4. 现场材料数量及进场计划

5. 分项工程施工工艺

（1）施工方案设想

根据施工组织设计要求，将防水工程分为__平行施工段，即__轴～__轴为第一施工，然后__轴～__轴为为第二施工段，__轴～__轴为三施工段，__轴～__轴为第__施工段，__个施工段分别投入__作业班组（劳务队）进行平行施工。

（2）屋面工程采用先高后低的施工流向。

外墙防水工程由上而下进行施工，分层依次或平行施工。

地下防水工程采用先平面后立面的施工方法。

在分项工程之间，为充分利用空间以缩短工期，组织立体交叉流水。

4.3.6 分项工程施工进度计划

根据招标文件要求及结合企业施工实力，确定工期为___天（日历日）。

计划开工日期__年 __月__日

计划竣工日期__年 __月__日

为确保工期目标的实现，特设以下工程形象进度控制点：

1. 施工屋面防水系统时（正置式）

第一控制点：主体结构完成 __年__月__日

第二控制点：防水层完成 __年__月__日

第三控制点：找平层完成 __年__月__日

第四控制点：防水层完成 __年__月__日

2. 施工屋面防水系统时（倒置式）

第一控制点：主体结构完成 __年__月__日

第二控制点：防水层完成 __年__月__日

第二控制点：防水板完成 __年__月__日

第四控制点：保护层完成 __年__月__日

3. 施工地下防水工程系统时

第一控制点：混凝土垫层完成 __年__月__日

第二控制点：防水层完成 __年__月__日

第三控制点：保护层完成 __年__月__日

4. 施工厕浴间防水工程系统时

第一控制点：混凝土基层完成 __年__月__日

第二控制点：防水层完成 __年__月__日

第三控制点：保护层完成 __年__月__日

4.3.7 工程质量保证措施

1. 质量组织与管理
2. 质量控制措施
3. 质量通病防治措施

4.3.8 安全施工措施

1. 安全管理体系
2. 安全生产制度
3. 安全教育制度
4. 安全技术防护措施
5. 施工现场临时用电安全措施

4.3.9 现场成品保护及环境保护措施

1. 成品保护措施
2. 环境保护措施
3. 环境与职业健康安全应急预案

4.4 防水工程技术交底

防水分项工程技术交底分为设计交底、施工方案交底和施工要点交底。

4.4.1 防水层设计交底

防水层设计交底要点就是将施工图纸中有关防水层材料、厚度、细部做法，通过文字或详图形式向作业班组或劳务队进行交底。其中，屋面防水层设计交底要点见表4-5；地下防水层设计交底要点见表4-6；外墙和厕浴间防水层设计交底要点见表4-7。

屋面防水层设计交底要点表　　表4-5

项　目	内　容
屋面找平层	基层处理，厚度，配合比，接缝间距和尺寸，细部构造
屋面卷材防水层	基层处理，卷材防水层材料规格、厚度、道数，细部构造
屋面涂膜防水层	基层处理，涂膜材料规格、厚度，细部构造
屋面细石混凝土防水层	基层处理，细石混凝土厚度，配合比，接缝间距和尺寸，细部构造
密封材料密封	基层处理，密封材料尺寸，细部构造
平瓦屋面	基层处理，平瓦规格，平瓦搭接方式和尺寸，屋脊、檐口做法
油毡瓦屋面	基层处理，油毡瓦规格，搭接方式和尺寸，屋脊、檐口做法
金属板材屋面	基层处理，金属板材规格，屋脊、檐口做法，细部构造

地下防水层设计交底要点表　　表4-6

项　目	内　容
垫　层	地基处理，厚度，配合比，细部构造
卷材防水层	基层处理，卷材防水层材料规格、厚度、道数，细部构造
涂膜防水层	基层处理，涂膜材料规格、厚度，细部构造
刚性混凝土防水层	基层处理，混凝土厚度，配合比，接缝间距和尺寸，细部构造
密封材料密封	基层处理，密封材料尺寸，细部构造
渗排水、盲沟排水	滤水层材料规格、配合比，滤水层标高、厚度，滤水管标高、直径、坡度，隔离层标高、厚度

外墙和厕浴间防水层设计交底要点表　　表4-7

项　目	内　容
找平层	基层处理，厚度，配合比，接缝间距和尺寸，细部构造
涂膜防水层	基层处理，涂膜材料规格、厚度，细部构造
密封材料密封	基层处理，密封材料尺寸，细部构造

4.4.2　防水施工方案交底

防水施工方案交底内容包括工程概况，建筑防水设计要求，质量要求，工期要求，施工部署，工序安排，工程质量保证措施，安全施工及消防措施，现场文明和环境保护施工措施。

4.4.3　防水施工要点交底

防水工程施工要点交底，就是将每种防水层的工序安排，基层处理，施工工艺，细部构造。通过文字或详图形式向作业班组或劳务队进行交底，屋面防水层施工要点交底见表4-8；地下防水工程施工要点交底见表4-9；外墙和厕浴间防水层施工要点交底见表4-10。

屋面防水层施工要点交底表　　　　**表4-8**

项　目	施　工　要　点
屋面找平层	工序安排，基层处理，施工工艺，养护方法，细部构造
屋面卷材防水层	工序安排，基层处理和含水率要求，卷材防水层粘贴方法（空铺、条铺、满粘），细部构造
屋面涂膜防水层	工序安排，基层处理和含水率要求，防水层涂刷方法，每遍间隔时间、细部构造
屋面细石混凝土防水层	基层处理，振捣方法，养护方法，细部构造
密封材料密封	基层处理，嵌填工艺，细部构造
平瓦屋面	基层处理，挂瓦条和顺水条固定方法，挂瓦工艺，细部构造
油毡瓦屋面	基层处理，瓦铺贴工艺，细部构造
金属板材屋面	基层处理，施工工艺，细部构造

地下防水工程施工要点交底表　　　　**表4-9**

项　目	施　工　要　点
防水混凝土	工序安排，基层处理，振捣方法，养护方法，细部构造
水泥砂浆防水层	工序安排，基层处理，施工工艺，养护方法，细部构造

续表

项目	施工要点
卷材防水层	工序安排，基层处理和含水率要求，卷材防水层粘贴方法（空铺、条铺、满粘），细部构造
涂膜防水层	工序安排，基层处理和含水率要求，防水层涂刷方法，细部构造
渗排水、盲沟排水	管沟开挖方法，滤水层施工工艺，隔离层施工工艺

外墙和厕浴间防水层施工要点交底表　　表 4-10

项目	施工要点
找平层	工序安排，基层处理，施工工艺，养护方法，细部构造
涂膜防水层	工序安排，基层处理和含水率要求，防水层涂刷方法，每遍间隔时间、细部构造
密封材料密封	基层处理，嵌填工艺，细部构造

4.5 施工技术资料管理内容及要求

4.5.1 基本内容

施工技术资料由施工管理资料、施工质量验收资料和施工检测、试验资料组成，是记录工程建设施工阶段过程的重要资料。

1. 施工管理资料

施工管理资料是记录施工过程中组织、管理、监督实体形成情况资料文件的统称。主要包含工程质量管理、施工记录、材质证明文件、施工试验等内容。

2. 施工验收资料

施工验收资料是各方责任主体对工程施工各阶段工序质量进行确认验收，并签署验收意见，形成资料文件统称。

3. 施工检测、试验资料

施工检测、试验资料是施工阶段各方责任主体在施工过程中，为保证原材料、半成品、成品和设施、设备质量、品质性能，而采取第三方检验手段加以证明形成资料的统称。主要包括各种性能检验报告等。

4.5.2　施工管理资料

1. 工程概况表

本表是对工程基本情况的简要描述，应包括单位（子单位）工程的一般情况、建筑结构形式、安装设施等。

主要包括工程名称、建设地点、各责任主体及责任人、建筑面积、主要结构类型、建筑层数、主要装饰情况、主要设备、设施情况等。

2. 施工现场质量管理检查记录

施工现场质量管理检查记录应开工时填写，将有关文件原件附后，报项目总监理工程师（或建设单位项目负责人）检查，并作出检查结论。主要检查建立健全质量保证体系和质量责任制度情况；核查施工技术标准、标准计量准备工作；审查资质证书，完善总、分包合同管理；对施工图纸、施工技术文件的有效性进行审查等工作。

3. 图纸会审记录

（1）图纸会审记录：监理、施工单位应将各自提出的图纸问题及意见，按专业整理、汇总报建设单位，由建设单位提交设计单位做交底准备。

（2）图纸会审记录应由建设、设计、监理和施工单位的项目相关负责人及有关人员参加。设计单位对各专业问题进行交底，单位负责将设计交底内容按专业汇总、整理，形成图纸会审记录；

（3）图纸会审应由建设、设计、监理和施工单位的项目相关负责人签认，形成正式图纸会审记录。不得擅自在会审记录上涂改或变更其内容。

4. 设计变更记录

（1）工程设计变更经任何一方提出，必须经设计单位确认，建设单位同意后发出。任何单位未经设计变更，不得更改设计文件。

(2) 设计单位应及时下达设计变更通知单，其内容详实、明确，必要时应附图，并逐条注明应修改图纸的图号。设计变更通知单应由设计专业负责人以及建设（监理）和施工单位的相关负责人签认。

(3) 不同工程使用同一设计变更，必须注明工程名称编号及复印或抄件加盖公章，并由各方技术负责人签字。

(4) 分包工程的设计变更应通过总包单位办理。

5. 工程洽商记录

可以由任意一方提出，须经设计单位确认，建设单位同意后发出。

(1) 工程洽商记录应分专业办理、内容应详实，必要时应附图，并逐条注明应修改图纸的图号。工程洽商记录应由设计专业负责人以及建设、监理单位的相关负责人签认。

(2) 设计单位如委托有关单位办理签认，应办理委托手续。

4.5.3 施工组织设计、施工方案资料

1. 单位工程施工组织设计应在正式施工前编制完成，并经施工企业的技术负责人审批。

2. 主要分部（分项）工程、工程重点部位、技术复杂或采用新技术的关键工序，应编制专项施工方案，也可分阶段编制施工方案。冬、雨期施工应编制季节性施工方案。

3. 施工组织设计及施工方案编制内容应齐全，首先进行内部审核、报监理（建设）单位审批手续。

4.5.4 技术交底记录

1. 技术交底记录应包括组织设计交底、专项施工方案技术交底、分项工程施工技术交底、“四新”（新材料、新产品、新技术、新工艺）技术交底和设计变更技术交底。主要内容应具体，达到施工规范、规程、质量标准的要求及措施。各项交底应有文字记

录，必要时附图表示，交底双方签认应齐全。

2. 重点和大型工程施工组织设计交底，应由施工企业的技术负责人把主要设计要求、施工措施以及重要事项对项目部主要管理人员进行交底。

3. 专项施工方案技术交底，应由项目专业技术负责人负责，根据专项施工方案对专业工长进行交底。

4. 分项工程施工技术交底，应由专业工长对专业作业班组（或专业分包劳务队）进行交底。

5. "四新"技术交底，应由项目技术负责人向专业工长进行交底。

6. 设计变更技术交底，应由项目技术负责人根据变更要求，并结合具体施工步骤、措施及注意事项等对专业工长进行交底。

4.5.5 施工日志

施工日志分建筑与结构（含装饰装修）、建筑设备安装两种，应以单位工程为记载对象，从工程开工起至工程竣工，按专业由专业人员负责逐日记载，并保证内容真实、完整，文字简练，时间连续。

4.5.6 材料出厂质量证明及进场检（试）验报告

1. 各种材料出厂合格证及进场检（试）验报告，主要包括建筑材料、成品、半成品、构配件、设备等建筑工程所使用的工程材料，均应有出厂质量证明文件（包括产品合格证、质量合格证、检验报告、试验报告、产品生产许可证和质量保证书等）。质量证明文件应反映工程材料的品种、规格、数量、性能指标等，并与实际进场材料相符。实施强制性产品认证的材料应提供有关证明。

2. 质量证明文件（合格证、测试报告）的复印件与原件内容一致，应按类别、规格、品种、型号分别整理，使用合格证或复印件贴条按进场顺序贴好，加盖原件存放单位公章，注明原件存放处，并有经办人签字和时间。

3. 建筑工程采用的主要材料、半成品、成品、构配件、器具设备应进行现场验收，有进场检验记录；涉及安全、功能的有关材料，应按相应工程施工质量验收规范相关规定，进行复试见证取样，有相应试（检）验报告。

4. 涉及结构安全和使用功能的材料，需要代换且改变设计要求时，应有设计单位签署的认可文件。

5. 凡使用的新材料、新产品，应由具备鉴定资格的单位或部门出具鉴定证书，同时具有产品质量标准和试验要求，使用前应按其质量标准和试验要求进行试验或检验。新材料。新产品还应提供安装、维修、使用和工艺标准等相关技术文件，并报建设主管部门备案。

6. 材料供应单位或加工单位负责提供所供材料原材料的质量证明文件，施工单位则需收集、整理和保存材料供应单位或加工单位提供的质量证明文件和进场后进行的检（试）验报告。各单位应对各自范围内工程资料的汇集、整理结果负责，并保证工程资料的可追溯性。

7. 各种防水材料技术资料主要要求如下：

（1）水泥：水泥必须有质量证明文件，包括温度、凝结时间、安定性、强度等内容。水泥生产单位应在水泥出厂 7 天内提供除 28 天强度以外的各项试验结果，水泥 28 天强度结果应在水泥发货日起 32 天内补报。

水泥进场应对安定性进行复试。

用于承重结构的水泥；水泥出厂超过 3 个月（快硬硅酸盐水泥为一个月）和进口水泥以及存放条件不当影响质量的水泥，在使用前按规范规定必须进行复试，有试验报告。承重结构的混凝上和砌筑砂浆用水泥应实行见证取样和送检。

（2）砂与碎石

砂、石使用前应按产地、品种、规格、批量取样复试，试验报告内容应包括颗粒级配、密度、含泥量、表观密度等。

（3）外加剂

外加剂主要包括减水剂、早强剂、缓凝剂、泵送剂、防水剂、防冻剂、微膨胀剂、引气剂和速凝剂等。

外加剂必须有质量证明书或合格证、有相应资质的检测部门出具的检测报告、产品性能和使用说明书等。应按规定取样复试，具有复试报告。承重结构混凝土使用的外加剂应实行见证取样和送检。

(4) 掺合料

掺合料主要包括粉煤灰、粒化高炉矿渣粉、沸石粉、硅灰和复合掺合料等、

掺合料必须有出厂质量证明文件。用于结构工程的掺合料应按规定取样复试。

(5) 轻骨料

轻骨料必须有质量证明文件，并按规定复试，有复试报告。

(6) 预拌混凝土（砂浆）

1) 预拌混凝土（砂浆）供应单位必须向施工单位提供以下资料：

配合比通知单；预拌混凝土（砂浆）出厂合格证；预拌混凝土运输单（正本)。

2) 预拌混凝土（砂浆）供应单位除向施工单位提供上核实资料外，应保证以下资料的可追溯性：

试配记录、水泥出厂合格证和试（检）验报告、砂和碎石试验报告、轻集料试（检）验报告，外加剂和掺合料产品合格证和试（检）验报告、混凝土抗压强度报告（出厂检验混凝土强度值应填入预拌混凝土出厂合格证)、抗渗试验报告（试验结果应填入预拌混凝土出厂合格证)、混凝土坍落度测试记录。

3) 施工单位应形成以下资料：

混凝土开盘鉴定、浇灌申请书；混凝土抗压强度报告、砂浆强度报告；抗渗试验报告。

混凝土（砂浆）试块强度（现场）统计、评定记录。

(7) 防水材料

防水材料主要包括防水涂料、防水卷材、胶粘剂、止水带(条)、膨胀胶条、密封膏、密封胶、水泥基渗透结晶性防水材料等。

1）防水材料必须有出厂质量合格证、有相应资质的检测部门出具的检测报告、产品性能和使用说明书。

2）防水材料进场后应进行外观检查，合格后按规定取样复试。屋面、地下工程、外墙和厕浴间使用的防水材料应实行见证取样和送检。

3）质量不合格或不符合设计要求的防水材料不允许在工程中使用。

4）新型防水材料，应有省级以上相关部门、单位的鉴定文件，并有专门的施工工艺操作规程和代表性的抽样试验记录。

8. 成品、半成品、构配件（含预制构配件）进场后，应由监理（建设）单位会同施工单位对进场材料进行检查验收，填写《材料、构配件进场检验记录》。主要检验内容包括：

（1）出厂质量证明文件及检测报告是否齐全；

（2）实际材料数量、规格和型号等是否满足设计和施工计划要求；

（3）外观质量是否满足设计要求或规范规定；

（4）按规定须抽检的成品、半成品、构配件是否及时抽检等。

（5）按规定应进场复试的工程材料，必须在进场检查验收合格后取样复试。

（6）成品、半成品、构配件（含预制构配件）生产单位应保存各种原材料的合格证、复试报告以及构件的性能试验报告等材料，并应保证各种资料的可追溯性。

4.5.7 施工记录

施工记录包括通用施工记录和专用施工记录。是在施工过程中为确保工程质量、安全进行的各种检查、记录的统称。

1. 交接检查记录

不同施工单位、不同工种之间工程交接，应进行交接检查，填写《交接检查记录》。移交单位、接收单位和见证单位共同对移交工程进行验收，并对质量情况、遗留问题、工序要求、注意事项、成品保护等进行记录。

2. 隐蔽工程检查记录

隐蔽工程检查记录包括通用施工记录和专用施工记录，适用于各专业。按规范规定须进行隐检的项目上，报请监理（建设）方完工后应立即组织验收，各项记录和图示必须有监理（建设）、施工单位签字，并有结论性意见。个别重要分项验收应有设计或勘察单位参加并签字。施工单位应填报《隐蔽工程检查记录》。

4.5.8　施工试验记录

施工试验记录是根据设计要求和规范规定进行试验，记录原始数据和计算结果（试验单位应向委托单位提供手工签认的电子版试验数据），并得出试验结论的资料统称。

1. 施工试验记录（通用）

按照设计要求和规范规定应做施工试验，且本规程应施工试验表格的，应填写《施工试验记录（通用）》。

2. 采用新技术、新工艺及特殊工艺时，对施工试验方法和试验数据进行记录，也可用此表。

5 屋面防水工程施工

屋面防水工程包括找平层施工、找坡层施工、卷材防水施工、涂料防水施工、刚性防水施工、瓦屋面防水施工、接缝密封防水施工等工序。

5.1 屋面找平层施工

5.1.1 屋面找平层概述

屋面找平层是指在结构层上面或防水层上面起到找平作用并作为防水层依附的层次，其质量的好坏关系到防水层的防水效果，为了保证防水层不受各种变形的影响，随着新型建筑材料开发和技术的发展，聚合物砂浆或干粉砂浆在屋面找平层中逐步推广应用，抗裂性和柔韧性好的聚丙烯抗裂纤维水泥砂浆也有很大市场，因此应根据不同的防水层确定不同的找平层施工方法。

1. 基本做法

屋面找平层一般采用水泥砂浆找平层或细石混凝土整体找平层。

2. 系统特点与技术性能

找平层应具备足够的强度和刚度，变形小，还要有足够的排水坡度，排水流畅；表面平整，坚固干燥，表面不起砂，不起皮，不酥松，不开裂。找平层材料来源广泛，价格低廉。

3. 适用范围

适用于建筑平屋面卷材或涂膜防水层的基层；细石混凝土找平层用于较为松软的防水层基层或结构层刚度差的装配式结构基层。

4. 找平层圆弧半径

找平层圆弧半径应根据卷材种类按表5-1选用。

找平层圆弧半径　　**表5-1**

卷材种类	圆弧半径（mm）	卷材种类	圆弧半径（mm）
沥青防水卷材	100～150	合成高分子防水卷材	20
高聚物改性沥青防水卷材	50		

5. 防水层对找平层的要求

防水层对找平层的要求见表5-2。

防水层对找平层的要求明细表　　**表5-2**

找平层	卷材防水层		涂料防水层	密封材料	刚性防水层	
	实铺	点空铺			混凝土防水层	砂浆防水层
坡度	足够排水坡	足够排水坡	足够排水坡	无要求	一般要求	一般要求
强度	较好强度	一般要求	较好强度	坚硬整体	一般要求	较好强度
表面平整	不积水	不积水	平整无抹痕不积水	一般要求	一般要求	一般要求
起砂起皮	不允许	少量允许	严禁出现	严禁出现	无要求	无要求
表面裂缝	少量允许	不限制	不允许	不允许	无要求	无要求
干净	一般要求	一般要求	一般要求	严格要求	一般要求	一般要求
干燥	干燥	干燥	干燥	严格干燥	无要求	无要求
光面或毛面	光面	毛面	光面	光面	毛面	毛面
混凝土原浆面	直接铺贴	直接铺贴	刮浆平整	刮浆平整	直接施工	直接施工

5.1.2　屋面找平层施工

1. 施工条件

找平层施工前，屋面基层或防水层应进行检查验收，并办理验收手续。

2. 施工准备

(1) 水泥：不低于32.5级水泥。

(2) 砂：宜用中砂、含泥量不大于3%，不含有机杂质，砂应级配良好。

(3) 碎石粒径范围应在5~10mm，含泥量应在1%以内。

(4) 机具准备

机械：砂浆搅拌机、混凝土搅拌机。

工具：运料手推车、铁锹、铁抹子、水平刮杠、水平尺、滚杠、计量设备。

3. 工艺流程

基层处理→细部处理→做出标筋→设置分格缝→铺装水泥砂浆或细石混凝土→振捣抹压水泥砂浆或细石混凝土→养护。

4. 找平层施工要点

(1) 基层清理：将结构层、防水层上表面的松散杂物清扫干净，凸出基层表面的灰渣等粘结杂物要铲平，浇水湿润基层。

(2) 当基层是装配式钢筋混凝土板时，首先应用C20混凝土灌缝，各种穿过屋面的预埋管、烟囱、女儿墙、伸缩缝等根部，做好防水密封处理并抹出圆弧。

(3) 找平层施工按设计方案定出标高和坡度。拉线找坡，然后沿屋面纵横方向贴饼、一般按纵向每隔1~2m冲筋一道。

(4) 设置找平层分格缝

在整体或板状保温材料上抹水泥砂浆找平层时，应及时施工并按最大间距3~6m为界线设置分格缝，分格缝宽度一般为20mm，女儿墙周边分格缝为30mm宽，该分格缝与防水分格缝宜贯通。

(5) 抹找平层前，应适当洒水湿润基层表面。铺装找平层水泥砂浆，一般配合比为1:2.5或1:3，按分格块铺装，用刮扛沿着冲筋控制高度找正刮平，找坡后用木抹子搓平，铁抹子压光。当水泥砂浆初凝后也就是人手指摁上去有痕迹但不下陷为度，再用铁抹子压第二遍即可。

（6）养护：找平层抹平压实以后24h可浇水养护，一般养护期为7d，经干燥后其上面可施工防水层。

5. 细石混凝土找平层强度

细石混凝土找平层强度不低于C20。其施工方法参见屋面普通防水混凝土部分。

5.2　卷材防水层施工

5.2.1　卷材防水层概述

1. 本章节内容适用于防水等级为Ⅰ～Ⅳ级的屋面防水卷材防水层施工

2. 防水卷材的铺粘方向应符合下列规定

（1）屋面坡度小于3%时，卷材宜平行屋脊铺贴。

（2）屋面坡度在3%～15%时，卷材可平行或垂直屋脊铺贴。

（3）屋面坡度大于15%或受振动屋面时，高聚物改性沥青防水卷材和高分子防水卷材可平行或垂直屋脊铺贴，卷材屋面的坡度不宜超过25%。当坡度超过25%时，应对卷材采取固定措施。

（4）上下层卷材不得相互垂直铺粘，上下层卷材间的搭接缝错开1/3幅宽。

（5）卷材防水层上有重物覆盖或基层变形较大时，应优先采用空铺法、点粘法、条粘法或机械固定法，但距屋面周边800mm内以及叠层铺贴的各层卷材之间应满粘。

（6）防水层采取满粘法施工时，找平层的分格缝处宜空铺，空铺的宽度宜为100mm。

3. 屋面防水卷材搭接缝施工符合下列要求

（1）屋脊的搭接缝顺流水方向搭接，屋脊的搭接缝顺年最大频率风向搭接。

（2）高聚物改性沥青防水卷材、合成高分子防水卷材的搭接缝，宜选用材性相容的密封材料封严，或加粘80～100mm同质材料的盖口条封严。

(3) 天沟、檐沟内卷材应顺向铺设，尽量避免卷材长边搭接，搭接缝留在侧面，不能留在沟底。

4. 卷材防水屋面基层与突出屋面结构交接处做法

卷材防水屋面基层与突出屋面结构交接处，如女儿墙、立墙、天窗壁、变形缝、烟囱等的根部，水落口、檐口、檐沟、屋脊转角处，均应做成圆弧。水落口周围应做成略低的凹坑。

5. 施工方法分类

按照卷材种类，施工方法可分为冷粘法、热粘法、热熔法、自粘法和热风焊接法等。

6. 冷粘法铺贴卷材应符合下列规定

(1) 胶粘剂涂刷应均匀，不露底，不堆积。胶粘剂每遍涂刷间隔时间应掌握好。

(2) 铺贴的卷材下面的空气应排尽，并辊压粘结牢固。

(3) 铺贴的卷材应平整顺直，搭接尺寸准确，不得扭曲、皱折。

(4) 接缝口应用密封材料封严，宽度不应小于100mm。

7. 自粘法铺贴卷材应符合下列规定

(1) 铺贴卷材前基层表面应均匀涂刷基层处理剂，干燥后应及时铺贴卷材。

(2) 铺贴卷材时，应将自粘胶底面的隔离纸全部撕净。

8. 卷材热风焊接施工应符合下列规定

(1) 卷材的焊接面应清扫干净，无水滴、油污及附着物。焊接前卷材的铺设应平整顺直，搭接尺寸准确，不得扭曲、皱折。

(2) 焊接时应先焊长边搭接缝，后焊短边搭接缝。

(3) 控制热风加热温度和时间，焊接处不得有漏焊、跳焊、焊焦或焊接不牢现象。焊接时不得损害非焊接部位的卷材。

(4) 水泥砂浆或细石混凝土保护层与防水层之间应设置隔离层。细石混凝土保护层应密实，表面抹平压光，分格缝按照面积不大于36m^{2}范围留设。刚性保护层与女儿墙、山墙之间应预留宽度为30mm的缝隙，缝隙用密封材料嵌填严密。

（5）浅色涂料保护层应厚薄均匀，不得漏涂，并与卷材粘结牢固。

9. 防水卷材施工工艺和适应范围

防水卷材施工工艺和适应范围见表5-3。

防水卷材施工工艺和适应范围　表5-3

铺贴方法	具 体 做 法	适 应 范 围
满粘法	又称全粘法，即在铺粘防水卷材时，卷材与基面全部粘结牢固的施工方法，通常热熔、冷粘、自粘法使用这种方法粘贴卷材	屋面防水面积较小，结构变形不大，找平层干燥
空铺法	铺贴防水卷材时，卷材与基面仅在四周一定宽度内粘结，其余部分不粘。施工时檐口、屋脊、屋面转角、伸出屋面的出气孔、烟囱根等部位，采用满粘，粘结宽度不小于800mm	适应于基层潮湿，找平层水汽难以排出及结构变形较大的屋面
条粘法	铺贴防水卷材时，卷材与屋面采用条状胶粘剂粘结，每幅卷材粘结面不少于2条，每条粘结宽度不少于150mm，檐口、屋脊、伸出屋面管口等细部做法同空铺法	适应结构变形较大、基面潮湿、排气困难的层面
点粘法	铺贴防水卷材时，卷材与基面采用胶粘剂点粘，每平方米范围内至少有5个粘结点，每点面积不少于100mm×100mm，屋面四周粘结，檐口、屋脊、伸出屋面管口等细部做法同空铺法	适应于结构变形较大，并基面潮湿，排气有一定困难的屋面

10. 防水卷材的铺粘方法

防水卷材的铺粘方法见表5-4。

防水卷材的铺粘方法 表5-4

工艺类别	名称	做法	适应范围
热施工工艺	热熔法	采用火焰加热，熔化防水卷材底部热熔胶进行粘结的方法	底层涂有热熔胶的高聚物改性沥青防水卷材，例如SBS、APP改性沥青防水卷材
	热风焊接法	采用热空气焊枪加热卷材搭接缝进行粘合的方法	合成高分子防水卷材搭接缝焊接，例如PVC高分子防水卷材
冷施工工艺	冷粘法	采用胶粘剂进行卷材与基面、卷材与卷材的粘结方法	高分子防水卷材、高聚物改性沥青防水卷材。例如三元乙丙、氯化聚乙烯、SBS改性沥青防水卷材
	自粘法	采用带有自粘胶的防水卷材，无需涂刷胶粘剂，直接粘贴基面	自粘高分子防水卷材，自粘高聚物改性沥青防水卷材
机械固定工艺	机械钉压法	采用镀锌钢钉或铜钉固定防水卷材的方法	多用于木基面上铺设高聚物改性沥青防水卷材或穿钉后热风焊接搭接缝，局部固定基面的高分子防水卷材
	压埋法	卷材与基面大部分不粘连，上面采用卵石压埋，但搭接缝及周边应满粘	用于空铺法、倒置式屋面

5.2.2 沥青卷材防水层施工

1. 沥青卷材防水屋面概述

长期以来，沥青防水卷材在屋面防水工程中占有主导地位，具有造价低，适应性强等优点。20世纪90年代以后，尽管全国大中城市由于环保需要，已经限制该种材料施工，但是在中小城市和广大乡镇区域的防水等级Ⅲ级以下的工程仍有一定市场。

沥青防水卷材是采用低软化点石油沥青或煤沥青浸渍原纸，制成油纸，然后用高软化点石油沥青或煤沥青涂盖在油纸两面，再涂撒隔离材料辊压制成的一种纸基防水卷材。近年来对沥青、胎体材料加以改进，已由单一纸胎油毡发展成多品种沥青防水卷材。沥青防水卷材按原纸每平方米的克数划分为标号，有200号、270号、300号、350号、500号等。

2. 基本做法

沥青防水卷材通过热玛瑞脂同基层粘接在一起形成一道防水层。

3. 系统特点与技术性能

沥青卷材原材料来源广泛，造价低，施工方便，适应范围广，缺点是耐老化性差，延伸率低，脆性大，施工时对环境有污染。

4. 适用范围

用于一些临时性建筑屋面防水、地下室及底板下面防潮和物品防潮包装，或用于柔性防水层与刚性防水层或保护层之间及屋面隔气层。

5. 沥青卷材防水层施工

(1) 施工条件

沥青防水卷材在雨天、雪天、五级风及其以上时不得施工；环境气温低于5℃时不宜施工。

(2) 施工准备

1) 防水层作业前必须对基层（找平层）进行全面检查。找平层强度、顺水坡度、表面压实抹光程度必须符合要求；分格缝已设置，排汽屋面已按要求设置排汽孔，并将排汽管安装牢固，保持畅通，具备排汽功能。找平层必须清除杂物达到干净、干燥。

屋面上各种预埋件、支座、伸出屋面管道、落水口等设施已安装就位，屋面找平层已检查验收，找平层含水率符合要求。

2) 技术准备

掌握明确设计意图，如屋面的防水等级、选用材料、层次结构、质量标准、细部做法等；根据设计图纸要求编制施工方案。

掌握防水工序交叉作业情况、防水专项施工同其他专业工序配合等。

3）材料准备

防水材料进场应有生产厂家提供的产品合格证、检测报告。材料外表面或包装物应有明显标志，标明材料生产厂家、名称、规格、生产日期、执行标准、生产许可证号等。对较大工程或因施工条件限制需分批进场的材料，要分批检查检测。分批进场的防水卷材不宜低于1000m^2。

（3）屋面细部处理

水落口、天沟、檐沟、檐口及立面卷材收头等施工应符合下列规定：

1）水落口应牢固地固定在承重结构上。当采用金属制品时，所有零件均应做防锈处理。

2）天沟、檐沟铺贴卷材应从沟底开始，当沟底过宽、卷材需纵向搭接时，搭接缝应用密封材料封口。

3）卷材铺到混凝土檐口或立面的收头应裁齐后压入凹槽，凹槽内用密封材料嵌填封严，并用压条或带垫片金属钉固定，金属钉最大钉距不应大于900mm。

（4）沥青玛𤧛脂的配制和使用

沥青玛𤧛脂的配合比应视使用条件、坡度和当地历年最高气温，并根据所用的材料经试验确定；施工中应按确定的配合比严格配料，每工作班应检查软化点和柔韧性。

热沥青玛𤧛脂的加热温度不应高于240℃，使用温度不宜低于190℃。

冷沥青玛𤧛脂使用时应搅匀，稠度太大时可加少量溶剂稀释搅匀。

（5）沥青锅准备

熬制沥青的容器为沥青锅，沥青锅一般有两种，一种是在现场用砖砌筑沥青锅灶，并安放用钢板焊成的沥青锅，另一种是专用节能消烟沥青锅，由于该设施消烟除尘效果好，有利于现场文明施工，是目前主要设施。

6. 工艺流程

清理找平层→涂刷冷底子油→弹基准线→铺贴卷材→卷材收头及屋脊处理→保护层。

7. 施工要点

（1）清理找平层见找平层技术要求，卷材铺粘方法一般采用热熔法。

（2）涂刷冷底子油，采用汽油同沥青配好的液体。冷底子油在使用前应充分搅拌，冷底子油可采取喷涂法或涂刷法施工。喷、涂应均匀一致，不得漏刷露底，无堆积流淌。待其干燥后应及时铺贴沥青防水卷材。冷底子油配合比见表5-5。

冷底子油配合比表（重量比） 表5-5

项目		10号或30号建筑石油沥青（%）		性能	干燥时间（h）
		30	40		
溶剂（%）	汽油	70		快挥发性	5～10
	煤油或轻柴油		60	慢挥发性	12～48

（3）细部构造。防水节点增强处理参照高聚物改性沥青施工细部处理。

（4）弹基准线。根据卷材铺贴方向和搭接宽度，在铺贴起始位置基面上弹出基准线，基准线距离为卷材宽度减去搭接宽度。

（5）铺贴卷材：

1）按屋面坡度确定卷材铺粘方向，由低处向高铺贴；或长边顺水接茬，短边按风向，并按“先远后近”、“先平后立”的原则铺粘；平立面处交叉搭接，接缝留在底平面。搭接宽度应符合要求。平屋面粘贴面积应大于30%，坡屋面粘贴面积应大于70%，一般采用条粘法或点粘法铺贴，条粘时每幅卷材每边宽度不小于150mm，立面或坡面角度较大时应采用满粘法。

2）沥青玛瑺脂应涂刮均匀，不得堆积过厚。

粘结层厚度：热沥青玛瑺脂宜为1～1.5mm，冷沥青玛瑺脂宜为0.5~1mm；面层厚度：热沥青玛琋脂宜为2~3mm，冷沥青玛琋脂宜为1~1.5mm。

3）铺贴大面积卷材采用浇油法，先将卷材沿铺贴方向从始端摊展到末端丈量距离，用剪刀裁下该段卷材的实际铺贴长度后，再卷回开始一端，一人手提油壶向油毡铺贴方向成蛇形倒退浇油，另一人将卷材随后向浇油方向滚动前进，第三人随后在铺好的油毡上滚压赶走气泡，并对卷材两边用胶皮刮板刮平压实，使之展平并粘贴牢固。搭接缝部位宜以溢出热熔的沥青为度，溢出的沥青宽度以2mm左右并均匀顺直为宜。铺贴卷材时应平整顺直，搭接尺寸准确，不得扭曲。

（6）撒绿豆砂保护层：

用作保护层的绿豆砂必须清洁干燥，粒径在3~5mm，颗粒均匀耐风化。撒砂前，应将绿豆砂预热到100℃，先在卷材面层刮抹2~3mm厚的玛琋脂，当沥青卷材铺贴完毕，趁热用平铁锹将预热的绿豆砂均匀铺撒在热玛琋脂上，然后及时用铁压辊滚压，使其与玛琋脂粘结牢固，未粘结的绿豆砂应清扫干净。

5.2.3 高聚物改性沥青卷材防水层施工

1. 高聚物改性沥青防水卷材屋面概述

高聚物改性沥青是以高聚物为改性剂对沥青改性后的产品。高聚物改性沥青防水卷材（以下简称改性沥青防水卷材）是以玻纤毡、聚酯毡、黄麻布、合成膜、金属箔或两种复合材料为胎基，合成高分子聚合物（掺量不少于10%）改性沥青、优质氧化沥青为浸涂材料，粉状、片状、粒状或薄膜、金属箔等为覆面材料，制成可卷曲的片状防水材料。

改性沥青防水卷材与沥青防水卷材相比，前者的抗拉强度、耐热度及低温柔性均有一定的提高，并有较好的不透水性和抗腐蚀性，加上价格适中，现已成为新型防水卷材主导产品。目前广泛应用的产品，有弹性体改性沥青防水卷材（SBS），塑性体改性沥青防水卷材（APP），自粘结卷材；聚乙烯膜沥青防水卷材等。现以SBS改性沥青防水卷材屋面施工为例作详细施工过程介绍。

弹性体改性沥青防水卷材是以聚酯毡或玻纤毡为胎体，以热塑性弹性体（如SBS）改性沥青为浸渍涂盖材料复合而成，由于这类卷材不仅耐高、低温性能有明显提高，而且卷材的弹性和耐疲劳性也较好。

2. 基本做法

弹性体改性沥青防水卷材分为热粘法和冷粘法，热粘法是用汽油喷灯等加热工具对卷材靠基层一面进行烘烤加热，人工随后利用融化的沥青铺粘基层，冷粘法铺贴做法为用工厂内配置好胶粘剂先涂刷基层和卷材一面，随后粘贴改性沥青防水卷材的施工方法。

3. 系统特点与技术性能

弹性体改性沥青防水卷材防水层厚度较厚，有较好的耐穿刺，耐撕裂，耐疲劳性能，优良的弹性延伸率和较高的承受基层裂缝的能力，有一定的弥合裂缝的自愈力。低温下仍有优良性能。厚度在3mm以上的卷材可热融搭接，速度快，安全无污染，浸透力强，不需刷冷底子油。

4. 适用范围

广泛应用于屋面及地下防水工程，特别适用于北方寒冷地区和严寒地区。但是其温度敏感度大，不宜在坡度较大的屋面采用。

5. 施工条件

环境气温低于5℃时不宜施工。热熔法施工环境气温不宜低于-10℃。

6. 施工准备

施工准备同沥青防水卷材部分。

基层处理剂的选择应与卷材的材性相容，可采取喷涂法或涂刷法施工。喷、涂应均匀一致，待其干燥后应及时铺贴卷材。

7. 高聚物改性沥青防水卷材屋面施工

改性沥青防水卷材铺粘施工方法一般采用热熔法或冷粘法，详见表5-6。

改性沥青防水卷材铺粘施工方法　　表5-6

热熔法	冷粘法
幅宽内应均匀加热，熔融至光亮黑色，卷材基面均匀加热	基面涂刷基面处理剂
不得过分加热，以免烧穿卷材	卷材底面、基面涂刷粘结胶均匀，不漏底，不堆积
热熔后立即滚铺	根据胶粘剂性能及气温，控制涂胶后的最佳粘结时间，一般用手触及表面似粘非粘为最佳
滚压排气，使之平展，粘牢，不得有皱折	铺贴排气粘牢后，溢口的胶粘剂随即刮平封口

8. 热熔法施工要点

(1) 工艺流程

清理找平层→涂刷基层处理剂→铺贴附加防水层→弹基准线→铺贴卷材→收头及屋脊处理→保护层施工。

(2) 涂刷基层处理剂

基层处理剂可选用水溶型或溶剂型SBS改性沥青基层处理剂，氯丁胶乳改性沥青粘合剂或乳化沥青等。基层处理剂在使用前应充分搅拌，涂刷时应均匀涂（滚）刷，不得漏刷露底，无堆积流淌。基层处理剂实干后方能进行防水卷材铺贴。

水落口、天沟、檐沟、檐口等细部，应先铺一层同种材料的附加防水层，手持汽油喷枪烘烤后粘牢，当采用金属制品时，所有零件均应做防锈处理。

(3) 弹基准线

根据卷材铺贴方向和搭接宽度，在铺贴起始位置基面上弹出基准线，基准线距离为卷材宽度减去搭接宽度。

（4）铺贴卷材

1）按屋面坡度确定卷材铺粘方向，由低处向高铺贴；或长边顺水接茬，短边按风向，并按“先远后近”、“先平后立”的原则铺粘；平立面处交叉搭接，接缝留在底平面。搭接宽度应符合要求。平屋面粘贴面积应大于30%，坡屋面粘贴面积应大于70%，采用条粘法或点粘法，条粘时每幅卷材每边宽度不小于150mm；立面或度较大的斜面时应采用满粘法。

2）铺贴大面卷材时，卷材大面应朝下，根据卷材的搭接宽度弹出基准线，再将成捆的卷材抬至起始位置，拆掉外包装材料，置短边同基准线重合，长边对准长边基准线。热熔法施工时，应先将卷材底面朝下供火焰烘烤，汽油喷枪的喷嘴距卷材面的距离应保持在100~200mm左右，幅宽内加热应均匀，以卷材表面熔融至光亮黑色为度。卷材表面热熔后应立即滚铺卷材，滚铺时应排除卷材下面的空气，使之平展并粘贴牢固。厚度小于3mm的高聚物改性沥青防水卷材，严禁采用热熔法施工。铺贴屋面标高最低处的第一行，铺贴女儿墙、立墙根部、屋面标高最低处第一行卷材时，应将卷材展开后再烘烤铺贴。搭接缝部位宜以溢出热熔的改性沥青为度，溢出的改性沥青宽度以2mm左右并均匀顺直为宜。

（5）卷材末端收头处理做保护层，当改性沥青卷材本身无保护层时，可采用浅色涂料作保护层。

9. 冷粘法施工要点

（1）冷粘法施工特点：胶粘剂工厂内配置好，现场常温下施工，速度快，安全无污染，浸透力强，不需刷冷底子油，适合于厚度在3mm以下的高聚物改性沥青防水卷材。

（2）工艺流程

清理找平层→铺贴附加防水卷材→涂刷基层处理剂→弹基准线→铺贴卷材→收头及屋脊处理→保护层施工。

（3）涂刷基层处理剂：选用同卷材材性相同的溶剂型改性沥青胶粘剂涂刷基层。涂刷基层处理剂每平方米用量约1kg。

(4) 细部处理同沥青卷材节细部处理部分。

(5) 弹基准线同热熔法施工。

(6) 铺贴卷材：先用长把滚刷蘸满溶剂型 SBS 改性沥青胶粘剂均匀涂刷在找平层上。卷材空铺、点粘、条粘时，应按规定的位置及面积涂刷胶粘剂。当卷材铺到屋面周边 800mm 的部位均应满涂胶粘剂。随后或间隔 20～30min 铺贴卷材。铺贴卷材时应平整顺直，搭接尺寸准确，不得扭曲、皱折。冷粘法搭接：在搭接边满涂胶粘剂，用压辊滚压铺贴卷材时应排除卷材下面的空气，粘贴牢固。搭接缝口应用材性相容的密封材料封严。

(7) 防水层施工结束后，应进行清除边角余料杂物，疏通落水口，对损伤面、空鼓、翘边、皱折等缺陷及时修补。

(8) 屋面防水层完工经检查确已达到标准时，应进行淋水或蓄水检验。淋水检验不少于 2 小时，有条件的屋面蓄水 24h 检验。

(9) 保护层施工。

5.2.4 合成高分子（三元乙丙）卷材防水层施工

1. 合成高分子卷材施工概述

合成高分子防水卷材亦称高分子防水片材，是以合成橡胶、合成树脂或二者的共混体系为基料，加入适量的化学助剂、填充剂等，采用混炼、塑炼、压延或挤出成型、硫化、定型等加工工艺所制成的无胎加筋或不加筋的弹性或塑性片状可卷曲的防水材料。现以三元乙丙卷材为例介绍其施工要点。

2. 三元乙丙卷材施工要点

三元乙丙橡胶防水卷材是高弹性防水材料，以合成橡胶、合成树脂或两者共混为基料，加入适量的助剂和填料，经混炼压延或挤出等工序加工而成。以均质硫化型为主要产品，也有少量非硫化型，适用于机械固定法铺设的增强型，带背衬型，一般采用冷粘法施工。

卷材胶粘剂宜选用厂家配套胶粘剂及专用粘接胶，符合《高分子防水卷材胶粘剂》（JC 863—2000）中所规定的剪切状态下的粘合性，在常温下应不小于2.0N/mm和不小于1.5N/mm的指标。合成高分子防水卷材配套胶粘剂种类详见表5-7。

合成高分子防水卷材配套胶粘剂种类　表5-7

卷材名称	卷材与基层胶粘剂	卷材与卷材胶粘剂
三元乙丙防水卷材	CX-404胶粘剂	胶粘剂
氯化聚乙烯防水卷材	LYX-603-3	LYX-603-2
氯化聚乙烯-橡胶共混防水卷材	CX-404胶粘剂	氯丁系
氯丁橡胶防水卷材	氯丁胶粘剂	氯丁胶粘剂
聚氯乙烯防水卷材	FL型胶粘剂	
复合增强聚氯乙烯防水卷材	GY-88	PA-2
氯磺化聚乙烯防水卷材	配套胶粘剂	配套胶粘剂
三元乙丁防水卷材	CH-1	CH-1
丁基橡胶防水卷材	氯丁胶粘剂	氯丁胶粘剂
硫化橡胶防水卷材	氯丁胶粘剂	封口胶加固化剂
高分子橡塑防水卷材	R-1基层胶粘剂	R-1卷材胶粘剂

3. 基本做法

三元乙丙防水卷材施工方法一般采用冷粘法施工，即采用同卷材相配套的胶粘剂涂刷在基层上，随后将卷材粘结到基层上。

4. 系统特点与技术性能

该材料其分子结构稳定。故具有优良的耐臭氧、耐紫外线能力，抗拉强度高。具有耐老化、延伸率大，对基层伸缩或开裂变形的适应性强等特点。耐温范围在-40~80℃之间，可长期在严寒和酷热环境中使用。施工简单，冷作业，卷材厚度比高聚物改性沥青防水卷材薄，可单层使用。

5. 适用范围

三元乙丙防水卷材主要应用于建筑物屋面防水及地下工程防水。

6. 施工条件和施工准备

三元乙丙防水卷材施工条件和施工准备同沥青卷材部分，三元乙丙卷材参考用量见表5-8。

三元乙丙卷材胶粘剂用量表 表5-8

铺贴方法	用量（kg/m²）	铺贴方法	用量（kg/m²）
满铺法	0.33	条铺法	0.20
点铺法	0.22	空铺法	0.10

7. 工艺流程

基层处理→粘贴细部附加层→弹基准线→卷材反面及基层均涂刷胶粘剂→铺贴卷材→搭接边粘接滚压→搭接边密封→卷材收头固定→保护层施工。

8. 三元乙丙防水卷材施工要点

（1）基层处理

基层处理剂可选用有机溶剂稀释的低黏度聚氨酯稀溶液，也可用氯丁橡胶乳液，以隔绝基层的水分和增强合成高分子防水卷材与基层间的粘结能力。基层处理剂在使用前应充分搅拌，涂刷时应均匀涂（滚）刷，不得漏刷露底，无堆积流淌。基层处理剂实干后方能进行防水卷材作业。

细部处理。水落口、檐沟、檐口及立面卷材收头等施工同改性沥青卷材。水落口、檐沟、檐口等细部，应先铺一层同种材料的附加防水层。或局部刷一层聚氨酯涂膜作为附加层。

（2）卷材铺贴

在正式铺贴卷材前，将卷材从紧卷状态下展开静置12h，使其能够自由伸缩，消除卷材在生产过程中的拉应力，避免卷材铺贴后产生收缩应力。

（3）冷粘法铺贴卷材

卷材铺贴方向：卷材应平行屋脊从檐口处向上铺贴，无论单坡或双坡流水，铺贴方向搭接应顺水流方向。当立面同平面相交处，应先铺平面后铺立面。

先将胶粘剂搅拌均匀，用长把刷满蘸丁基橡胶胶粘剂涂刷在基层和卷材底面，涂刷应均匀。卷材接缝部分 80mm 范围内不涂刷胶粘剂，卷材空铺、点粘、条粘时，应按规定的位置及面积涂刷胶粘剂。根据胶粘剂的性能，应控制胶粘剂涂刷与卷材铺贴的间隔时间。待晾至一定时间以胶膜基本干燥手触不起丝或不粘附时开始铺贴卷材。而后将涂刷过胶粘剂的卷材用直径 40mm 塑料管材做芯材，再在卷心中插入一根 $\phi30$ 铁管，由两人使卷材端部粘结在预定位置，沿基准线铺展卷材，使卷材自然松弛的铺贴在基层上。铺贴卷材不得皱折，也不得用力拉伸卷材，并应用干净的长把滚刷从卷材一端开始沿卷材横向滚压一遍，以排除卷材下面的空气，辊压粘贴牢固。

（4）接缝与收头密封固定

防水卷材搭接部位，用沾有配套溶剂（甲苯、二甲苯、醋酸乙酯等）的棉纱擦洗卷材搭接部位，待搭接胶晾干后（一般在 10min 左右），将搭接部位粘牢、压实，并用橡皮锤轻轻敲击一遍。卷材搭接缝边端为中缝加封 120mm 宽的卷材压缝条。压缝条的两侧端部应用密封胶封严。卷材的收头处用卷材收头封边剂或聚合物水泥砂浆封严。

（5）淋水或蓄水检验

屋面防水层完工经检查确已达到标准时，应进行淋水或蓄水检验，淋水检验不少于 2h，有条件的屋面应蓄水 24h 检验是否有渗漏现象。

（6）保护层施工

当为非上人屋面时，保护层可涂刷丙烯酸涂料，如为上人屋面，则应做细石混凝土、水泥砂浆或块体保护层。

5.2.5　合成高分子（聚氯乙烯）卷材防水层施工

聚氯乙烯（PVC）防水卷材，是目前在世界上应用范围仅次于三元乙丙橡胶防水卷材的防水卷材。主要品种分为均质片和复合片两类。均质片为单一的聚氯乙烯柔性卷材，复合片的多以玻璃纤维毡或聚酯网（或毡）增强而制成的复合卷材。聚氯乙烯（PVC）防水卷材是由聚氯乙烯树脂为原料，掺加增塑剂、填充剂、抗氧化剂、紫外线吸收剂等助剂，经混炼、塑合挤出冷却、收卷等工艺加工而成。

聚氯乙烯的规格：卷材长度规格为10m、15m、20m。厚度规格为：1.2mm、1.5mm、2.0mm。

1. 基本做法

聚氯乙烯（PVC）防水卷材施工是利用自动行进的电热风焊机或手持电热风焊枪产生的高温热风，将热塑性防水卷材的搭接粘合面熔融，紧接着加以重压，将两片卷材融合为一体，形成柔性防水层，称为热风焊接法。

2. 系统特点与技术性能

聚氯乙烯（PVC）防水卷材原材料丰富、拉伸强度高、伸长率高，对基层伸缩或开裂变形适应性好；可焊性好，焊缝牢固，容易粘结；耐植物根系穿透，耐化学腐蚀，耐老化性能；低温柔性能好，可以在-20℃低温下保持一定柔韧性；操作方便，可以冷施工作业，机械化程度高，焊接施工不受季节影响，对工人技术要求高，材料价格较低。

3. 适用范围

用于新建、翻修屋面防水工程，也适用于水池、堤坝、隧道等土木工程的防水，尤其适用于有潮气的屋面。

4. 施工条件和施工准备

同沥青卷材部分。

5. 工艺流程

基层处理→铺贴细部附加层→弹基准线→空铺卷材→热风焊接搭接边→卷材收头机械固定→保护层施工。

6. 聚氯乙烯（PVC）防水卷材施工要点

(1) 细部附加层。在檐沟、檐口、水落口、泛水、变形缝和伸出屋面管道等部位，采用增设一层卷材附加层，附加层的铺设符合以下规定：

铺设天沟、檐沟部位的附加层超出沟沿至少100mm，宜用满粘，但与屋面交接处的附加层宜空铺，空铺宽度为200mm。

（2）弹基准线。在基层上弹出基准线，卷材搭接宽度和允许偏差在现场弹出尺寸线作为控制依据，然后展开卷材，成自然平整状对准弹好的基线铺贴，铺贴时不得拉紧卷材，不规则的防水部位进行适当剪裁。

（3）卷材铺贴。由屋面的最低标高处向屋脊方向进行卷材的铺贴施工。卷材先铺贴平面，后铺贴立面。铺贴高低跨屋面的卷材，先铺高跨屋面，后铺低跨屋面；在同一平面上铺贴卷材时，先铺离上料点较远的部位，后铺较近的部位。

（4）机械固定法铺贴卷材时，卷材与基层在中间和收口部位机械固定，屋面四周、特殊构造部位及立面均应满粘。

（5）焊接搭接缝。卷材与卷材的搭接采用热风焊接机进行热焊接，焊接机行走速度为1～2m/min，手持式电热风焊枪温度控制在200～300℃之间，焊缝形式可为单焊缝或为双焊缝。卷材短边和立面卷材搭接不能使用热风焊接机，该部位改用手持式电热风焊枪进行焊接。卷材接缝焊接应牢固。焊接前将缝表面的油污、尘土、水滴等附着物擦拭干净。卷材应铺放平整、顺直，接缝尺寸准确，焊接时先进行预焊，后进行施焊，焊嘴与焊接方向呈45°，热风吹熔PVC卷材焊接面至熔融状态，边施焊边用压辊压实，焊缝边缘有呈亮色熔浆溢出。施焊时注意气温和焊枪温度及速度，使焊缝平整，结合牢固，不能出现漏焊、跳焊、焊焦或焊接不牢现象。既不能过高也不能过低。卷材的搭接长边、短边搭接宽度均不小于60mm，有效焊接宽度不小于25mm。

（6）卷材收头密封固定：卷材距周边800mm范围内的卷材，铺至混凝土檐口或立面的卷材收头应裁齐后压入凹槽，并用金属压条或带垫片钢钉固定，最大钉距不应大于900mm，凹槽内用密封材料嵌填封严。卷材与基层粘接时把卷材折起，从折叠处分别在基层和PVC防水卷材表面用胶辊或毛刷涂刷一层胶粘剂，待胶粘剂干燥不沾手时，使粘结面合拢，压辊压实。

（7）采用机械固定法施工时，一般采用将女儿墙全部包裹的泛水收头方式，即卷材越过女儿墙顶平面铺至墙体外侧立面，裁减整齐后用金属压条加膨胀螺栓和钢钉钉压固定，固定件应与结构层固定牢固，固定件间距应根据使用环境和条件确定，并不应大于600mm。

（8）淋水或蓄水试验。屋面防水层完工经检查确已达到标准时，应进行淋水或蓄水检验。淋水检验不少于2h，有条件的屋面蓄水24h，检验是否有渗漏现象。

5.2.6　自粘防水卷材施工

自粘防水卷材其上表面覆以聚乙烯膜等，下表面预涂高聚物橡胶沥青压敏胶并用防粘纸隔离，在现场防粘纸撕去后使卷材直接粘接在基层或找平层上，形成卷材防水系统。

1. 基本做法

自粘法是采用带有自粘胶的防水卷材，既不需加热，也不需涂刷胶粘剂，完全靠自身胶粘剂同基层粘接，操作工艺简单方便，它是冷粘法操作工艺的进一步发展。

2. 系统特点与技术性能

自粘防水卷材有一定拉伸强度，断裂伸长率高，对基层伸缩或开裂变形适应性好；卷材同卷材之间搭边粘接成一体，密封性好，耐植物根系穿透，具有优良的自愈性；施工无污染，操作方便，机械化程度高。无须加热，无须涂刷胶粘剂，施工方便，有一定徐变能力。

3. 适用范围

适用范围同冷粘法卷材。

4. 施工条件和施工准备同沥青卷材部分

材料准备：自粘卷材分为自粘橡胶沥青防水卷材和自粘聚合物改性沥青聚酯防水卷材两种，面层分为聚乙烯膜（PE）、铝箔（AL）与无膜（N）三种；也有自粘型三元乙丙复合防水卷材。

自粘卷材规格：面积：$20m^2$、$10m^2$、$5m^2$；幅宽：920mm、1000mm；厚：1.2mm、1.5mm、2.0mm。

自粘卷材配套材料为基面处理剂、密封胶、封边膏、双面自粘胶带、金属压条等。

5. 工艺流程

基层处理→涂刷基层处理剂→粘贴细部附加层→弹基准线→卷材就位并撕去隔离纸→铺贴卷材→滚压排气→搭接缝加热滚压粘合→密封胶封搭接缝→卷材收头固定→保护层施工。

6. 自粘防水卷材施工要点

（1）基层处理：基层应坚硬、干燥、无尘土、无油污。凸起部位应铲平，凹陷部位及基层裂缝应用聚合物砂浆抹平。

（2）基层处理剂开桶后应充分搅拌，用喷涂或滚涂的方法均匀涂刷基层，不得露底或堆积。基层处理剂参考用量为 $0.2kg/m^2$，基层处理剂处理后的基层应保持清洁，如有污染变脏，应重新涂刷处理，待基层处理剂基面完全干燥后铺贴自粘卷材。

（3）节点细部处理：对阴阳角、雨水口、出墙（顶）管应做附加层，具体做法与高聚物改性沥青防水卷材相同。

（4）弹基准线铺贴卷材：铺贴前应先在基面弹一条白色基准线，然后由低向高铺贴自粘卷材：由四人使卷材端部放置在预定起始位置，一人将自粘胶隔离纸揭开撕去，另二人沿基准线抬起移动展开铺贴卷材，使卷材自然松弛的铺贴在基层上。铺贴卷材不得皱折，也不得用力拉伸卷材，第四人跟在铺卷材人后面，用长辊从卷材一端开始沿卷材横向滚压一遍，以排除卷材下面的空气。

当在立面或大坡度屋面由低向高施工；可用喷灯对拟铺贴面稍加加热，紧接着进行铺贴，使卷材同基层粘接牢固。

（5）搭接缝密封及卷材收头：卷材与卷材的搭接采用热风焊接机进行热焊接，也可对被搭接边用火烘烤，用小平铲刮掉铝箔等隔离材料，再进行粘接。

无论是凹槽收头，还是垂直收头，应对收头处采用密封胶密封，然后用金属压条固定，固定螺钉和顶端缝用密封膏封严。

(6) 淋水或蓄水检验：检查所有自粘卷材面有无撕裂、刺穿、气泡，复合要求后进行淋水或蓄水检验。淋水试验不少于2h，蓄水试验为24h。

5.2.7 聚乙烯丙纶卷材防水层施工

1. 基本做法

聚乙烯丙纶复合卷材是用聚乙烯树脂加入抗老化剂、稳定剂、助粘剂等为主的防水层，卷材两侧表面用强度很高的丙纶长丝无纺布加强热复合挤塑压延而成，施工方法不同于纯高分子胶粘剂进行粘结的方式。常采用水泥胶粘剂进行卷材与基层粘结和卷材与卷材搭接粘结。

2. 系统特点与技术性能

聚乙烯丙纶复合卷材抗拉强度高，耐化学性、耐候性、柔韧性好，其表面粗糙，易粘接，可与聚合物水泥材料在凝固过程中直接粘合。缺点是卷材厚度过薄，耐穿刺性差，耐紫外线性能差，其上应设置刚性保护层；当外界温差变化大时，丙纶纤维布变形也较大，施工时布易产生翘曲现象，最好同其他防水材料复合使用。

3. 适用范围

特别适用于在潮湿的基层施工。如在屋面施工，则应在其上增加保护层，环境温度为 -40 ~ 60℃。地下防水工程也适用。

4. 施工条件和施工准备同沥青防水卷材

材料准备：材料规格有 300g/m^2，400g/m^2，500g/m^2，600g/m^2，厚度为1.2 ~ 1.5mm，应根据防水等级选用。

5. 工艺流程

基层处理→配制水泥胶粘剂→粘贴细部附加层→铺贴卷材→搭接边清理滚压→搭接边密封→卷材收头固定→保护层施工。

6. 聚乙烯丙纶复合卷材施工要点

(1) 基层处理：同高聚物沥青卷材部分。

（2）水落口、天沟、檐沟、檐口等细部应先铺一层同种材料的附加防水层。如果基层干燥，可以适量洒些清水湿润。

（3）配制水泥胶粘剂：一般水泥胶粘剂有三种，第一是由聚合物乳液、水泥和水配制而成，第二是由聚合物干粉、水泥和水配制而成，第三是由聚合物干粉砂浆和水配制而成。

按照重量比配制聚合物胶粘剂，配合比为水∶聚合物乳液∶水泥 =1.25～1.3∶1∶5，先将聚合物乳液放入备好的容器中，用搅拌器边搅拌边加水，待聚合物乳液全部溶解后，再加入水泥，继续搅拌至均匀无凝块，无沉淀即可使用，需在4h内用完。当为平面部位和干燥基层用水可多些，如为立面和潮湿基层，用水量可少些。

（4）卷材铺贴

将整卷卷材置于铺贴起始位置，展开卷材，丈量铺设长度，再回卷一半卷材，并临时固定防止其回卷，而后在回卷了的基层表面涂刮聚合物胶粘剂，随铺贴随时用刮板推平压实，防止反弹。保证粘结面积在95%以上，表面无皱褶无空鼓，卷材铺贴方向：卷材应平行屋脊从檐口处向上铺贴，无论单坡或双坡流水，铺贴方向搭接应顺水流方向。当立面同平面相交处，应先铺平面后铺立面。

（5）搭接边用同样材料粘结，清理滚压。卷材的收头处（四周）和需增强的特殊部位用卷材收头封边剂或聚合物胶粘剂封实。

（6）淋水或蓄水检验。屋面防水层完工经检查确已达到标准时，应进行淋水或蓄水检验，淋水检验不少于2h，有条件的屋面蓄水24h检验。

（7）保护层一般采用水泥砂浆或细石混凝土保护层。

5.3　屋面涂膜防水层施工

5.3.1　屋面涂膜防水层概述

1. 适用范围

涂膜防水工程适用于防水等级为Ⅲ级、Ⅳ级的单独一道屋面防水，也可以作为Ⅰ级、Ⅱ级屋面多道防水设防中的涂膜防水层施工。

2．涂膜防水层组成

主要有基层处理剂、防水涂料、增强材料、隔离材料、保护材料等组成。

3．基层处理剂

基层处理剂主要有合成树脂类、合成橡胶类、改性沥青类（溶剂或乳液型）基层处理剂。

4．防水涂料

防水涂料其作用是构成涂膜防水的主要材料，主要有沥青类、聚合物改性沥青类、合成高分子类防水涂料。具体为采用高聚物改性沥青防水涂料，合成高分子防水涂料，聚合物乳液防水涂料，聚合物水泥防水涂料等。

5．增强材料

增强材料作用是提高防水层抵抗基层发生的微小变形能力，延长防水层的使用寿命，主要材料有玻璃纤维、合成纤维（聚酯或丙纶等）。

6．隔离材料

隔离材料作用是当防水层上有刚性防水层时，防止混凝土收缩影响到防水层的使用功能，隔离材料一般有油毡、无纺布或低强度的砂浆等。

7．保护材料

保护材料作用是保护防水层免受破坏，对屋面起装饰作用，主要材料有反射涂料、水泥砂浆、聚合物砂浆或细石混凝土等材料。

8．防水涂膜施工符合下列规定

（1）防水涂膜应分层分遍涂布，待先涂的涂层干燥成膜后，方可涂后一遍涂料，不得一次涂成，上下二遍涂料涂布方向应互相垂直。

（2）铺设胎体增强材料时，当屋面坡度小于3%时，应平行于屋脊铺设；屋面坡度在3%～15%时，可平行或垂直屋脊铺设；屋面坡度大于15%时，应垂直于屋脊铺设。

（3）胎体增强材料长边搭接宽度不应小于50mm，短边搭接宽度不应小于70mm。

（4）采用二层胎体增强材料时，上下层不得相互垂直铺设，搭接缝应错开，其间距不应小于幅宽的1/3。

（5）檐沟、檐口、泛水和立面涂膜防水层的收头，应用防水涂料多遍涂刷，或用密封材料封严。

（6）涂膜与卷材或刚性材料复合使用时，涂膜宜放在下部，涂膜防水层上设置水泥砂浆、细石混凝土时，二者之间应设隔离层。

（7）合成高分子涂膜的上部，不得采用热熔型卷材或涂料。

（8）防水涂膜施工环境气温条件应符合表5-9的要求

施工环境气温条件　　表5-9

材料名称	施工环境气温（℃）
高聚物改性沥青涂料	溶剂型 -5~35，水溶型 5~35
合成高分子防水涂料	反应型和水乳型 5~35，溶剂型 -5~35
聚合物水泥防水涂料	5~35

9．涂膜防水的操作方法

防水涂膜的操作方法有抹压法、涂刷法、涂刮法、机械喷涂法等。其施工方法及适应范围见表5-10。

涂膜防水的操作方法和适应范围　　表5-10

操作方法	具体做法	适应范围
抹压法	涂料用刮板刮平，待平面收水但未结膜时用铁抹子压实抹光	用于固体含量较高，流动性较差的涂料
涂刷法	用扁油刷、圆滚刷蘸防水涂料进行涂刷	用于立面防水层，节点的细部处理
涂刮法	先将防水涂料倒在基面上，用刮板来回涂刮，使其厚度均匀	用于黏度较大的高聚物改性沥青防水涂料和合成高分子防水涂料的大面积施工
机械喷涂法	将防水涂料倒在设备内，通过压力喷枪将防水涂料均匀喷出	用于各种涂料及各部位施工

5.3.2 高聚物改性沥青涂膜施工

1. 高聚物改性沥青涂膜施工概述

高聚物改性沥青涂料是指用合成橡胶、再生橡胶对沥青改性而制成的涂料，分为水乳型、溶剂型和热熔型三种。溶剂型高聚物改性沥青涂料涂布后通过溶剂的挥发，固化成膜形成防水层。

2. 基本做法

可采用一布三~四涂、二布四~六涂、三布五~六涂等，其增强胎体材料既是防水层又是增强层。

3. 系统特点与技术性能

用再生橡胶对沥青涂料改性，可以改善沥青的低温脆性，抗裂性，增加涂料的弹性；用合成橡胶对沥青涂料进行改性，可以改善沥青的水密性，耐化学腐蚀性和耐候性；用 SBS 对沥青涂料改性，可以改善沥青的弹塑性，耐老化性和耐低、高温性能。

4. 适用范围

适用于建筑屋面防水工程。特别是造型复杂、卷材不宜展开铺贴、且防水等级不高的屋面。

5. 高聚物改性沥青涂膜施工

(1) 施工条件

基层施工完毕，检查验收，办理完隐蔽工程验收手续。所有伸出屋面的管道、水落口等必须安装牢固，不得出现松动、变形、移位等现象。

(2) 施工准备

1) 机具设备

机械设备：搅拌器，吹尘器，铺布机具，物料提升设备等。

2) 主要工具：大棕毛刷（板长 24 ~ 40cm）、长把滚刷、油刷、大小橡皮刮板、笤帚、料桶、搅拌桶、剪刀、磅秤、抹子、铁锹等。

6. 工艺流程

高聚物改性沥青防水涂料工艺流程（以二布六涂为例）：

基层处理→涂刷基层处理剂→附加层涂刷→刷第一遍涂料铺贴→铺第一层胎体增强材料，刷第二遍涂料→刷第三遍涂料→刷第四遍涂料，同时铺第二层胎体增强材料→涂刷第五遍涂料→涂刷第六遍涂料→保护层施工。

7. 高聚物改性沥青涂膜施工要点

（1）基层处理

首先将屋面清扫干净，不得有浮灰、杂物、油污等，表面如有裂缝或凹坑，应先用水泥砂浆进行抹严抹平。屋面与突出屋面结构连接处等部分阴阳角，做成半径为20mm的圆弧或钝角。

（2）涂刷基层处理剂

对于水乳型防水涂料，其基层处理剂可用掺0.2%～0.5%乳化剂的水溶液或软化水将涂料稀释，其用量比例一般为：防水涂料：乳化剂水溶液（或软水）=1:0.5～1。对于溶剂型防水涂料，可将待涂刷的涂料用相应的溶剂稀释后使用；也可用冷底子油作为基层处理剂，基层处理剂应涂刷均匀，无露底，无堆积。涂刷时，应用刷子用力薄涂，使涂料尽量刷进基层表面的毛细孔中。

（3）附加层涂刷

对一头（防水收头）、二缝（变形缝、分格缝）、三口（水落口、出入口、檐口）及四根（女儿墙根、设备根、管道根、烟囱根）等部位，均加做一布二油附加层，使粘贴密实，然后再随同大面一起做防水层涂刷。

（4）刷第一遍涂料

第一遍涂料应分条进行涂刷，每条宽度应与胎体增强材料宽度一致，以免操作人员踩踏刚涂好的涂层。涂刷应均匀，不得过厚或堆积，避免露底或漏刷。人工涂布一般采用蘸刷法。涂布时先涂立面，后涂平面。涂刷时不能将气泡裹进涂层中，如遇起泡应立即用针刺消除。

（5）铺贴第一层胎体增强材料，刷第二遍涂料

第一遍涂料经2～4h表干（不沾手）后即可铺贴第一层胎体

布，同时刷第二遍涂料。铺设胎体增强材料时，胎体长边搭接宽度不应小于50mm，短边搭接宽度不应小于70mm，布幅两边每隔1.5~2.0m间距各剪15mm的小口，以利铺贴平整。收口处要贴牢，防止胎体露边、翘边等缺陷，排除气泡，并使涂料浸透布纹，防止起鼓，不得有皱折现象。

胎体增强材料的铺设可采用湿铺法或干铺法。湿铺法就是边倒料、边涂刷、边铺贴的操作方法。施工时，在已干燥的涂层上，将涂料仔细刷匀，然后将成卷的胎体增强材料平放，推滚铺贴于刚刷上涂料的屋面上，用滚刷滚压一遍，务必使全部布眼浸满涂料，使上下两层涂料能良好结合。干铺法就是在上道涂层干燥后，边干铺胎体增强材料，边均匀满刮一道涂料。使涂料进入网眼渗透到已固化的涂膜上。采用干铺法铺贴的胎体增强材料，如表面有部分露白时，即表明涂料用量不足，就应立即补刷。

(6) 刷第三遍涂料

上遍涂料实干后（约12~14h）即可涂刷第三遍涂料，要求及做法同涂刷第一遍涂料。

(7) 刷第四遍涂料，同时铺第二层胎体增强材料

上遍涂料表干后即可刷第四遍涂胶料，同时铺第二层胎体增强材料。同第一层胎体增强材料错缝粘贴不应小于幅宽的1/3。

(8) 涂刷第五遍涂料

上遍胶料实干后，即可涂刷第五遍涂料。

(9) 淋水或蓄水检验

第五遍涂料实干后，涂膜厚度达到设计要求时，可进行蓄水试验。方法是临时封闭水落口，然后蓄水，蓄水深度按设计要求，时间不少于24h。无女儿墙的屋面可做淋水试验，试验时间不少于2h，如无渗漏现象，即认为合格。

(10) 涂第六遍涂料

经蓄水试验不渗漏后，可打开水落口将试验用水放净。晾干后再刷第六遍涂料。

(11) 做保护层

保护层应采用浅色涂料或细砂、云母、蛭石等散体材料作保护层。

5.3.3　聚氨酯防水涂膜施工

合成高分子防水涂膜是以合成橡胶或合成树脂为主要成膜物质，加入其他辅助材料配制而成，一般设计厚度为1.0~2.0mm，通过人工或机械喷涂在找平层表面，固化后形成有一定厚度的防水层，合成高分子防水涂膜既有纯涂膜防水层，也有夹铺胎体增强材料的涂膜防水层，其中聚氨酯（PU）、高弹性丙烯酸和硅橡胶等属于高性能防水涂料。合成高分子防水涂膜按成膜机理和溶剂种类又分为水乳型、溶剂型和反应型。首先介绍的聚氨酯防水涂膜料（PU）属于反应性涂料，分为双组分和单组分两种。

1. 基本做法

双组分聚氨酯防水涂膜是由基料和固化剂两种材料按照一定比例混合后，在助剂作用下经固化反应成膜的防水材料，单组分是在含异氰酸酯基的聚氨酯中加入其他助剂的预聚体，当其涂刷在基面上遇到空气中的水分子时，与水分子中的烃基发生化学反应固化成膜。

2. 系统特点与技术性能

聚氨酯防水涂膜（PU）是高弹性防水材料，具有使用寿命长、拉伸强度高、断裂延伸率大，对基层伸缩或开裂变形的适应性强等特点。耐腐蚀、耐油、耐磨，有一定耐碱能力，有优异的着色性和弹性，其缺点是耐老化较弱，需要增加保护层、双组分在现场配料需要计量准确。

3. 适用范围

适用范围广，既适用于屋面又能适用于地下室，既能适用于卫生间浴室，也可在室外运动场作面层。

4. 施工条件（以双组分为例）和施工准备

同高聚物改性沥青涂料。

5. 材料准备

聚氨酯防水材料用量见表5-11；聚氨酯防水材料辅助材料见表5-12。

聚氨酯防水材料用量 表5-11

名 称	用量（kg/m^2）	用 途
甲组分（预聚体）	1~1.5	用于涂膜
乙组分（固化剂）	1.5~2	用于涂膜
底涂乙料	0.15~0.2	用于底膜
胎体增强材料	若干	用于附加层或防水层
密封材料	若干	用于嵌缝密封
浅色涂料或装饰涂料		做保护层

聚氨酯防水材料辅助材料 表5-12

名 称	规 格	用 途
磷酸或苯磺酰氯	化学纯	固化过快时作缓凝剂用
二月桂酸二丁基锡	化学纯或工业纯	固化过慢时作促凝剂用
二甲苯	工业纯	涂料的稀释剂和工具的清洗剂
乙酸乙酯	工业纯	清洗手上凝胶
聚合物	工业	配制水泥砂浆
水泥	32.5	配制水泥砂浆
粗砂	粒径2~3mm	粘结过渡层

6. 工艺流程

基层处理→涂刷基层处理剂→涂刷附加层→大面积涂刷涂料→保护层施工。

7. 聚氨酯防水涂膜施工要点

(1) 基层处理

清理基层表面的尘土、砂粒、砂浆硬块等杂物，并扫净浮尘。

修补凹凸不平处。

（2）涂刷基层处理剂

基层处理剂应在大面积涂刷防水涂膜前施工。具体做法如下：

甲、乙组分混合：其配料方法是将聚氨酯甲、乙组分和二甲苯按1:1.5:2（重量比）配合比及投料顺序配合、搅拌至均匀，配制量视需要确定，用多少配制多少，按一个方向均匀涂布在找平层上，一般平面共刮涂4遍，立面可刮涂5遍，平均总厚度为2mm。

（3）附加层施工

对水落管、天沟、变形逢、泛水等局部部位采用一般是一布二涂做法，具体做法见大面积施工方法。

（4）大面积聚氨酯防水涂膜施工

1）第一遍涂料施工：在基层处理剂基本干燥固化后（即为表干不粘手），用塑料刮板或橡皮刮板均匀刮涂第一遍涂膜，厚度为0.6~0.8mm，涂量约为0.8kg/m^2。涂刷应厚薄均匀一致，不得有漏涂、起泡等缺陷，若遇起泡，采用针刺消泡。

2）第二遍刮涂施工：待第一遍涂料固化，实干时间约为24h，刮涂第二遍涂料。刮涂方向与第一遍垂直，刮涂量略少于第一遍，厚度为0.5~0.6mm，用量约为0.6kg/m^2，要求刮涂均匀。

3）待第二遍涂料实干后，依次刮涂第三遍、第四遍以及第五遍涂料，直至达到设计规定的厚度。

4）淋水或蓄水检验：第五遍涂料实干后，进行淋水或蓄水检验。当未出现渗漏时，即认为合格。

（5）保护层、隔离层施工

采用撒布材料做保护层时，筛去粉料、杂质等，在涂刷最后一层涂料时，边涂边均匀撒布粒料，以不露底为标准。待涂料干燥后，将多余的或粘结不牢的粒料清扫干净。

采用浅色涂料保护层时，需当涂膜固化后进行，均匀涂刷浅色涂料。

5.3.4 硅橡胶建筑防水涂膜施工

1. 硅橡胶建筑防水涂膜概述

硅橡胶建筑防水涂膜是以硅橡胶乳液等为原料，加入抗老化剂、稳定剂、填料、色料等助剂，经研磨混合而成的单组分水乳型防水涂料，硅橡胶建筑防水涂膜分为Ⅰ型和Ⅱ型，每种型号又分为1号和2号，用于屋面有1号和2号复合交替涂布固化而成，总遍数不少于五遍。

2. 基本做法

硅橡胶防水涂料常与刚性防水材料复合使用，其防水层构造是先在屋面板表面浇筑掺入微膨胀剂的补偿收缩混凝土或铺抹补偿收缩水泥砂浆，其上涂布硅橡胶涂膜防水层，形成刚柔复合防水屋面。一般采用涂刷法或涂刮法，也可采用机械喷涂法，但要严格掌握每次涂刷厚度，不能堆积流淌，要多次薄涂成活。

3. 系统特点与技术性能

硅橡胶防水涂料以水为介质，无毒无味，不燃烧，无污染，施工方便；成膜光顺柔软，有良好的弹性和延伸性；同各种材质的基面粘结良好。

4. 适用范围

Ⅰ型常用于长期承受水压且浸泡的地下室和北方寒冷地区屋面，Ⅱ型用于厕浴间和南方温暖地区屋面。

5. 施工准备

(1) 施工条件同高聚物沥青防水涂膜部分。

涂膜防水层基层应坚实光滑、平整，找平层表面坡度应达到设计要求，基层含水率不大于15%，但不能有明水。

(2) 材料准备。

(3) 硅橡胶建筑防水涂膜施工用量见表5-13。

6. 工艺流程

基层处理→涂刷基层处理剂→附加层施工→刷第一遍1号涂料→铺贴第一层胎体增强材料，刷第二遍2号涂料→刷第三遍2号涂料→铺贴第二层胎体增强材料，刷第四遍涂料→刷第五遍1号遍涂料→淋水或蓄水试验。

硅橡胶建筑防水涂膜施工用量　　表5-13

涂料类型	使用区域	涂料用（kg/m²）		遍数	防水层形式
Ⅰ型	北方或寒冷地区	1.6~1.8	1号涂料0.6~0.7	2~3	五~六遍涂膜、一布五涂
			2号涂料1.0~1.1	2~3	
Ⅱ型	南方或温暖地区	1.8~2.0	1号涂料0.7~0.8	2~3	二布六涂
			2号涂料1.1~1.2	2~3	

7. 硅橡胶建筑防水涂膜施工要点（以一布五涂为例）

（1）基层处理

将屋面基层清扫干净，不得有浮灰、杂物或油污，事先修补表面质量缺陷。

（2）涂刷基层处理剂

用软化水（或冷开水）按1:1比例（防水涂料:软化水）将涂料稀释后涂刷基层，使涂料尽量涂进基层毛细孔中，不得漏涂。

（3）附加层施工

檐沟、落水口、出入口、烟囱、出气孔、阴阳角等部位，应用1号涂料做底涂，待其固化后随后做2号涂料并随后铺贴胎体附加层，成膜厚度不少于1mm，收头处用涂料或密封材料封严。

（4）大面积分层涂布防水涂料与铺贴胎体增强材料

1）刷第一遍1号涂料：要求表面均匀，涂刷不得过厚或堆积，不得露底或漏刷。涂布时先涂立面，后涂平面，如遇起泡应立即用针刺消除。

2）刷第二遍2号涂料：第一遍涂料经过2~4h达到表干不沾手后，即可铺贴第一层胎体增强材料，同时刷第二遍涂料。涂料涂布应分条或按顺序进行。分条进行时，每条宽度应与胎体增强材料宽度一致，以免操作人员踩踏刚涂好的涂层。

3）刷第三遍2号涂料：上遍涂料实干后（约12~14h）即可

涂刷第三遍涂料，要求及做法同涂刷第一遍涂料。

4）刷第四遍2号涂料：第三遍涂料经2~4h表干不沾手后，即可铺贴第二层胎体增强材料，同时刷第四遍涂料。

5）刷第五遍1号涂料，上遍涂料表干后即可刷第五遍涂料。

(5) 淋水或蓄水检验

第五遍涂料实干后，进行淋水或蓄水检验。根据工程特点也可采用二布六涂施工方法。

(6) 保护层施工

经蓄水试验合格后，可以按照设计要求施工保护层。

5.4　刚性防水屋面施工

5.4.1　刚性防水屋面施工概述

刚性防水层包括普通细石混凝土防水层，收缩补偿细石混凝土防水层。它是通过减少混凝土孔隙率，堵塞渗水通道，来达到防水抗渗目的。

基本做法，同普通混凝土基本一致。

(1) 刚性防水屋面一般采用结构找坡，坡度为2%~3%。

(2) 细石混凝土防水层内宜掺加减水剂、防水剂、膨胀剂等外加剂以及掺合料，应按配合比准确计量，并应用机械拌合机械振捣。

(3) 穿越刚性防水层的管道、设备基础或预埋件，应在防水层施工前安装、调试完毕，并做好柔性密封处理。严禁在完工后的刚性防水层上凿孔开洞；刚性防水层内严禁埋设管线。

(4) 刚性防水层应设置分格缝，分格缝纵横间距应在3~6m之间，分格缝内应嵌填密封不定型材料，细石混凝土防水层与基层间宜设置隔离层。

(5) 刚性防水层施工环境气温宜为5~35℃，并应避免在负温度或烈日暴晒下施工。

5.4.2　普通细石防水混凝土施工

1. 普通细石防水混凝土概述

普通细石防水混凝土就是在混凝土中掺入防水剂，形成不溶水的胶体化合物和络合物，以堵塞混凝土在收缩时产生的毛细孔，增加混凝土的密实性，阻断渗水通路，从而提高抗渗性能。

2. 基本做法

是由普通细石混凝土加入减水剂、防水剂等非膨胀性外加剂浇筑而成的混凝土。

3. 系统特点与技术性能

普通细石混凝土防水层价格便宜，来源广泛，但其表观密度大，抗拉强度低，极限拉应变小，易产生温度裂缝和干缩裂缝，宜作为多层防水层中的一道防水设置。

4. 适用范围

细石混凝土防水层适用于防水等级为Ⅰ～Ⅲ级的屋面防水，不适用设有松散材料防水层以及受较大震动或冲击的坡度大于15%的建筑屋面。

5. 材料准备

工程使用的水泥，粗、细骨料，水，外加剂有合格证，确定混凝土配合比。已按进度计划数量进场，需复检的材料已有复测检测报告。

6. 工艺流程

清理基层→隔离层施工→绑扎钢筋→浇筑混凝土→混凝土二次压光→分格缝清理及刷处理剂→嵌填密封材料→保护层施工。

7. 细石混凝土防水层施工要点

(1) 隔离层施工

在找平层上干铺塑料薄膜、玻纤布或卷材做隔离层，也可铺抹低强度等级砂浆做隔离层。

(2) 绑扎钢筋

纵横双向布置直径为4～6mm的HPB235钢筋，并将钢筋绑扎成间距为100～200mm的钢筋网片，网片应置于普通细石混凝土防水层的上部，钢筋网片在分格缝处应断开。

（3）安装细石混凝土分格缝板条和模板

细石混凝土防水层分格缝应纵横对齐，上口宽30mm，下口宽20mm，采用刨光的木板条、塑料板条或金属板条。细石混凝土防水层分格缝应设置在屋面板的支撑端、屋面转折处、防水层与突出屋面结构的交接处，其纵横间距不大于6m。分格板条安装位置应正确，固定应牢固。

（4）浇筑混凝土

1）混凝土水灰比不应大于0.55，每立方米混凝土中水泥和掺合料用量不应小于330kg/m^3，砂率宜为35%～40%，灰砂比宜为1:2～1:2.5。

2）拌制混凝土：散装水泥、砂、石投料前过磅，根据混凝土配合比投料搅拌。先投料干拌0.5～1min，加入水后搅拌1～2min。在雨季，必须每天测定含水率，调整水的用量。现场非泵送混凝土坍落度控制在6～8cm，泵送预拌混凝土坍落度控制在14～16cm。

3）混凝土运输：混凝土运输应保持连续性，间隔时间不超过1.5h，应防止漏浆和离析。浇筑前如出现离析，进行二次拌合；在夏季或运输距离长时，适当加入缓凝剂。

4）混凝土浇筑：混凝土应连续浇筑。摊平振捣抹压，用滚筒来回滚压，直至表面出现浮浆且不再沉落，并及时用铁抹子抹压光滑平整。

5）混凝土二次压光：收水后采用人工或抹光机械进行二次压光找平，保证混凝土表面致密，提高抗渗性能。

6）混凝土养护：屋面防水混凝土的养护一般采用自然养护法，即在自然条件下，采取浇水湿润或防风、防水等措施养护；露天养护时，为保持一定的湿度，需在混凝土表面覆盖草垫等遮盖物，并定期浇水（覆盖塑料薄膜除外），养护天数不少于14d，露天自然养护浇水次数参考见表5-14，养护初期严禁上人踩踏。

露天自然养护浇水次数　　表 5-14

气温	10℃		20℃		30℃		40℃	
浇水次数	2	3	4	6	6	9	8	12
	阴影	日照	阴影	日照	阴影	日照	阴影	日照

注：1. 气温指当日中午的标准气温。

2. 此表只作为计算用水量的参考。

7）为防止混凝土开裂，混凝土分格缝也可采用待混凝土浇筑完成1～3d后采用切割机切缝，切割深度宜为防水混凝土层厚度的1/3。切割缝完毕及时对分格缝清理，然后涂刷处理剂。分格缝表面应平整、密实、干燥，不得有蜂窝、麻面、起皮和起砂现象。嵌填密封材料。分格缝的底部填放背衬材料，上部用密封材料密封。密封材料嵌填完成后不得碰损及污染，固化前不得踩踏。

8）保护层施工。分格缝密封材料上应设置宽度不小于200mm的卷材保护层。

5.4.3　掺纤维补偿收缩防水混凝土施工

1. 掺纤维补偿收缩防水混凝土概述

由于使用功能的要求，屋面工程向着超长超宽和大面积方向发展，屋面的结构刚性自防水显得非常重要，如何减少混凝土开裂现象，从而提高混凝土防水等级，掺合成纤维的收缩补偿混凝土施工技术应运而生。根据混凝土设计规范规定，框架结构当梁板长度超过55m以上为超长混凝土。具体做法是采用小膨胀量的膨胀混凝土补偿收缩混凝土结构，膨胀剂的水化产物—钙矾石晶体能填充堵塞混凝土的毛细孔，改变了混凝土的孔径级配，在水泥凝结硬化过程中产生体积增大的水化产物，抵消部分温度收缩应力，并在局部适当加大膨胀量形成膨胀加强带。另外在混凝土中掺加改性聚丙烯纤维，每立方混凝土掺加0.9kg/m^3（数千万条乱向分布短纤维），形成了一个三维支撑的纤维网架系统，以吸收混凝土内部由于温差、干湿变化等因素引起的内应力，经施工养护时间14d。结合使用环境和混凝土耐久性的要求，保持混凝土梁板的密实均匀，消除混凝土中有害裂缝。

2. 基本做法

在超长混凝土结构中间部分设置了一道或两道2m宽膨胀加强带，采用带内外不同配合比混凝土同时浇筑的方法。

3. 系统特点与技术性能

在约束条件下膨胀能转化成预压应力，改善混凝土内部的应力状态。在钢筋限制作用下膨胀能转化成预压应力，可抵消混凝土收缩产生的拉应力，从而防止和减小了混凝土因收缩产生的裂缝。改性聚丙烯纤维在混凝土中起到抵抗水泥干缩裂缝和抵抗后期温度裂缝的作用，混凝土连续浇筑以保持梁板的整体性，提高混凝土的韧性、抗裂性、抗渗性、抗冲击性能和抗冻性能。

4. 适用范围

适用于有防水要求的混凝土屋面和楼面。

5. 施工条件

同普通防水混凝土部分。

6. 施工准备

(1) 材料

1) 水泥：混凝土选用普通硅酸盐水泥，0.08mm筛余控制在4%～8%。单方水泥用量应尽量降低。

2) 最好选用矿渣和粉煤灰双掺技术，其中矿渣质量应符合国家标准《用于水泥和混凝土中粒化高炉矿渣粉》(GB/T 18046—2000)，粉煤灰选用Ⅰ级或Ⅱ级，其质量符合国家标准《用丁水泥和混凝土中的粉煤灰》(GB/T 1596—2005)，0.045筛余应≤20%。

3) 砂：采用0.3～3mm中砂，应严格控制砂中的砾石含量以及含泥量，其砂率控制在35～40%，含泥量控制在1%以下。

4) 碎石：采用5～15mm连续级配的石灰石。

5) 纤维：易于分散的长度为19mm的改性聚丙烯纤维，每立方混凝土掺入量为0.9kg。

6）水：采用饮用水或清洁水。

7）为保持混凝土硬化性能，单位用水量应控制在 < 180kg/m^3。

（2）坍落度

泵送混凝土坍落度控制在 180 ± 20mm。非泵送混凝土坍落度控制在 60 ~ 80mm。

（3）凝结时间：根据浇筑混凝土数量和施工机械安排及施工季节，可以将混凝土凝结时间确定为 8 ~ 16h。

7. 工艺流程

基层清理→设好标高控制点→膨胀带两侧均用钢丝网分隔固定→膨胀带一侧混凝土浇筑→膨胀带内混凝土浇筑→膨胀带另一侧混凝土浇筑→机械找平→人工二次压光→养护。

8. 掺纤维补偿收缩防水混凝土施工要点

（1）钢筋及模板

拟浇筑部位的钢筋绑扎完毕并验收合格，膨胀带内加强抗裂钢筋已绑扎就位。模板支设完毕并经过验收，在预留的柱插筋上用油漆留设水平标高的标记。按设计要求位置用钢丝网隔离设置膨胀加强带，并牢固地固定在双层双向钢筋上。

（2）混凝土搅拌

预拌混凝土搅拌设备，由于掺加了纤维和微膨胀剂，混凝土搅拌时间不应低于 3min，在运输时由于车的自转，混凝土坍落度有增大趋势，预拌站应控制加水量和出机坍落度，以维护混凝土的匀质性。

（3）混凝土的浇筑

混凝土浇筑，如为长方向，浇筑顺序宜从一端向另一端推进，浇筑到膨胀加强带时，应改换高一强度等级的混凝土配合比浇筑膨胀加强带内混凝土；也可以采用膨胀加强带内外混凝土分别各用一台混凝土输送泵浇灌的方法，无论何种浇灌方法，均应使膨胀带内外混凝土能够很好地结合在一起。混凝土要平行轴线摊铺，布料要均匀。施工作业时在现浇面应铺设马道，不得直接站在钢筋上操作，防止踩弯钢筋。

(4) 混凝土振捣

泵送混凝土易于密实，振捣时应快插慢拔，防止石子下沉表面浮浆过厚，保持混凝土匀质性。

(5) 混凝土表面处理

混凝土经振捣、初步人工找平、压实后，采用机械抹光提浆机处理混凝土表面，进一步使混凝土表面匀质、密实，控制收缩应力，达到初步平整。待表面收水硬化后进行第二次人工压光。

(6) 养护

混凝土终凝后，混凝土面全部覆盖毛毡保湿养护 14d，安排专人负责定期浇水，保证混凝土的湿度，防止塑性收缩开裂现象和温度裂缝的产生。

5.5　瓦屋面施工

5.5.1　瓦屋面施工概述

1. 瓦屋面的种类

瓦屋面的种类有：平瓦屋面、油毡瓦屋面、金属板材屋面等。

瓦屋面“以构造防水为主，材料防水为辅；以排水为主，以防水为辅”。其排水坡度见表 5-15。

瓦屋面排水坡度　　**表 5-15**

屋面种类	屋面排水坡度（%）
平瓦屋面	≥20
油毡瓦屋面	≥20
金属板材屋面	≥10

2. 基本做法

平瓦可采用在基层上设置泥背的方法铺设。平瓦、油毡瓦可铺设在钢筋混凝土或木基层上，金属板材可直接铺设在钢檩条上。

当平瓦屋面坡度大于50%或油毡瓦屋面坡度大于150%时，应采取固定加强措施。

5.5.2 平瓦屋面施工

1. 基本做法

平瓦主要是指传统的黏土瓦和混凝土瓦，混凝土瓦由水泥、集料和水为主要原材料，经拌合挤压成型或其他方法成型制成的屋面瓦和配件瓦，通过砂浆粘结或通过水泥钉或铜丝铺设固定在屋面挂瓦条上的屋顶坡面，满足瓦屋面排水功能。黏土瓦做法同混凝土瓦，但由于国家推广逐步禁止使用黏土砖瓦的政策，因此黏土瓦使用范围将越来越少。

2. 系统特点与技术性能

平瓦屋面坡度一般在20% ~50%，坡度过小易发生排水不畅，坡度过大，将会增加挂瓦难度。

3. 适用范围

平瓦屋面单独使用时可用于防水等级为Ⅲ级、Ⅳ级木基层的坡屋面和钢筋混凝土屋面防水。同防水卷材或防水涂膜复合使用时可用于防水等级为Ⅱ级、Ⅲ级的坡屋面。

4. 施工条件、施工准备

同防水混凝土屋面。

5. 工艺流程

清理基层→卷材防水层施工→钉顺水条→钉挂瓦条→铺瓦→检查验收→淋水试验。

6. 平瓦屋面施工要点

(1) 清理基层

木椽条基层应符合设计要求，并进行防腐处理，防水层施工前应清理干净。

混凝土基层应设置找平层，找平层应平整、干燥，无裂缝、起皮、起砂现象。

(2) 卷材防水层施工

1）平瓦屋面应在基层上面自下而上平行屋脊铺贴一层卷材，搭接顺流水方向，其搭接宽度不宜小于100mm。并用顺水条将卷材压钉在基层上。

2）钉顺水条做法：先在两山墙边内侧50mm处弹平行山墙的直线，然后根据两山墙距离弹顺水条位置线。顺水条应分档均匀，间距≤500mm，铺钉牢固平整。

3）钉挂瓦条：

① 挂瓦条的间距：要根据平瓦的尺寸和一个坡面的长度经计算确定，黏土瓦一般间距为280～300mm。木挂瓦条断面一般采用30mm×30mm或30mm×25mm防腐木条。长度一般不小于3根椽条间距。接头在椽木上，接头要错开，同一椽木条上不得连续超过3个接头；钉置时，要随时校核挂瓦条间距尺寸的一致。在一个坡面两端，拉通线钉挂瓦条。挂瓦条应分档均匀、铺钉平整、牢固平直、搭接紧密，确保檐口平直通顺。

② 挂瓦条做法：先在距屋脊30mm处弹一平行屋脊的直线，确定最上一条挂瓦条的位置，再在距檐口50mm处弹一平行屋脊的直线，确定最下一条挂瓦条的位置，然后再根据瓦片和搭接要求，均分弹出中间部位的挂瓦条位置线。挂瓦条的间距要保证上一层瓦的挡雨檐将下排瓦的钉孔盖住。

③ 檐口第一排挂瓦条，要保证瓦头出檐（或出封檐板）外50～70mm；屋脊处的两个坡面附近各挂一根挂瓦条，要保证挂瓦后，脊瓦搭盖最上一排平瓦尾的宽度不小于40mm。钉接封椽板时，要比挂瓦条高20～30mm，以保证椽口的第一排瓦的平直。

4）铺瓦：

① 摆瓦：基层检验合格后，方可将挑选合格的瓦运上屋面。上瓦至屋架承重的屋面上时，为消除屋架受力不均匀现象，前后两坡应同时摆瓦。摆瓦一般有“条摆”和“堆摆”两种。“条摆”要求隔3根挂瓦条摆一条瓦，每米约22块，摆放稳妥。“堆摆”要求一堆9块瓦，间距为左右隔两块瓦宽，上下隔2根挂瓦条，均

匀错开，摆放稳妥。

② 铺挂瓦：挂瓦次序从檐口由下到上，自左向右同时进行。在基层上采用泥背铺设平瓦时，泥背应分两层铺抹，待第一层干燥再铺抹第二层，并随铺平瓦。

③ 在混凝土基层上铺设平瓦时，应在基层表面抹1∶3水泥砂浆找平层。当设有卷材或涂膜防水层时，防水层应铺设在找平层上；当设有保温层时，防水层应铺设在保温层上。上下排平瓦的瓦头和瓦尾的搭扣长度50～70mm；瓦后爪均应挂在挂瓦条上，与左边、下边两块瓦落槽密合，随时注意瓦面、瓦楞平直。檐口瓦用镀锌钢丝（或铜丝）拴牢在檐口挂瓦条上。当屋面坡度大于50%或在大风、地震地区，每片瓦均需用镀锌钢丝（或铜丝）固定于挂瓦条上。檐口瓦应铺成一条直线，天沟处的瓦要根据宽度及斜度弹线锯料。整坡瓦应平整，行列横平竖直，无翘角和张口现象。沿山墙封檐的一行瓦，宜用掺加改性聚丙烯纤维的1∶2.5水泥砂浆做出披水线将瓦封固，木基层平瓦檐口做法见图5-1，混凝土基层檐口做法见图5-2。

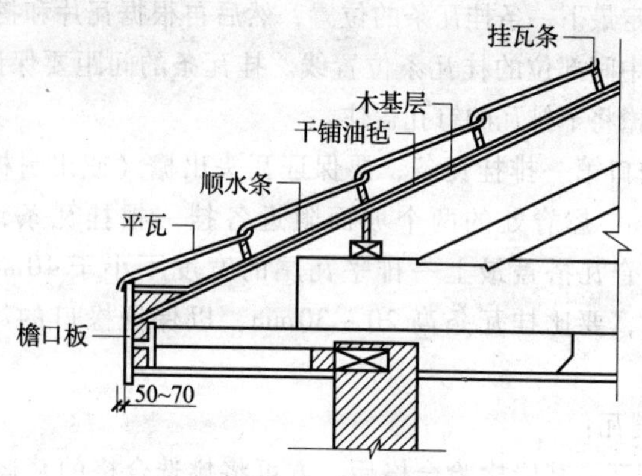

图5-1　木基层平瓦檐口做法

5）平瓦屋面节点泛水的施工

平瓦屋面的天沟、檐沟的防水层，可采用防水卷材、防水涂膜、金属板材等材料铺设。

平瓦屋面与立墙及突出屋面结构等交接处均应做泛水处理。山墙边泛水做法见图5-3、烟囱根泛水做法见图5-4，平瓦屋面屋顶窗见图5-5。

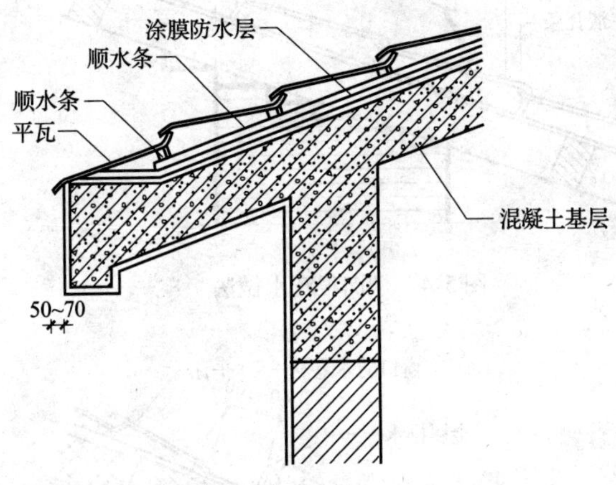

图5-2　混凝土基层檐口做法

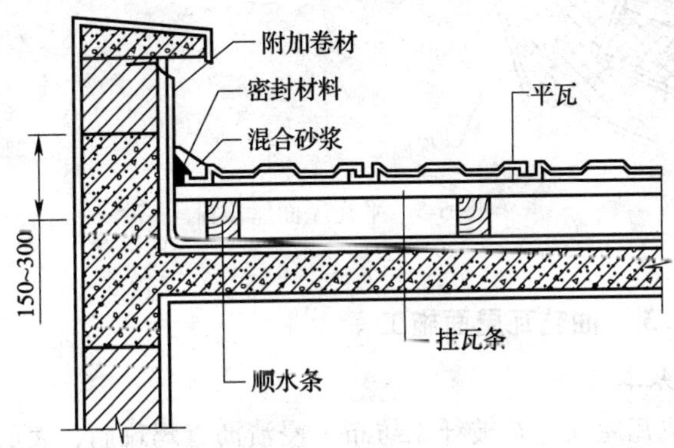

图5-3　山墙边泛水做法

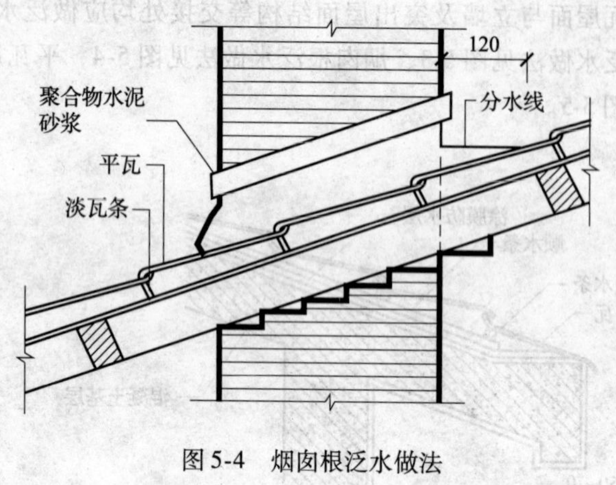

图 5-4　烟囱根泛水做法

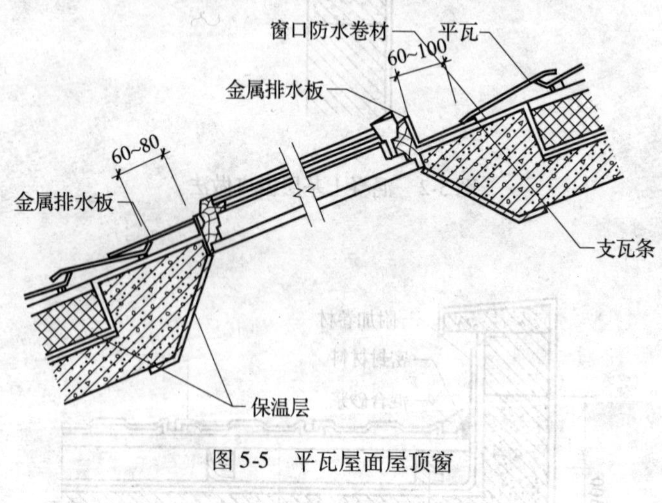

图 5-5　平瓦屋面屋顶窗

5.5.3　油毡瓦屋面施工

1. 基本做法

油毡瓦屋面是在玻纤无纺布上浸渍沥青玛瑅脂，表面撒布彩砂后，机械裁剪成瓦片形状的防水材料。油毡瓦屋面应在基层上面先铺设一层防水卷材，卷材铺设在木基层上时，可用油毡钉固定卷材；卷材铺设在混凝土基层上时，可用水泥钉固定卷材。

2. 系统特点与技术性能

油毡瓦屋面自重轻，材料来源广泛，施工简单，维修方便。

3. 适用范围

油毡瓦屋面单独使用时可用于防水等级为Ⅲ级木基层的坡屋面和钢筋混凝土屋面防水，同防水卷材或防水涂膜复合使用时，可用于防水等级为Ⅱ级基层的坡屋面和钢筋混凝土屋面防水。特别适用于城市对于原平屋面改为坡屋面的工程，屋面坡度一般为10% ~85%。

4. 施工条件

(1) 油毡瓦铺钉施工宜在5℃以上进行。雨、雪天、五级风以上不得进行油毡瓦施工。

(2) 基层验收合格并彻底清扫干净。

(3) 根据设计木基层应先铺设防水卷材；混凝土基层上应在表面抹1:3水泥砂浆找平层后设置卷材垫毡。

(4) 基层与突出屋面结构（细部构造节点）的交接处、基层的转角处、找平层及防水附加层均应符合设计要求。

5. 施工机具准备

(1) 清理基层工具

钢丝刷、扫帚、高压吹风机等。

(2) 铺贴油毡瓦工具

卷尺、弹线盒、线绳、剪刀、油漆刷、刮板、料桶、锤子、火焰喷枪、方尺等。

(3) 油毡瓦屋面用量

油毡瓦屋面用量参考见表5-16。

油毡瓦屋面用量参考表 **表5-16**

屋　面	面积用量（m^2）	重量（kg）
每平方米屋面	2.33瓦材	2.5

6. 工艺流程

基层处理→垫毡铺设固定→细部构造附加层铺设→大面积油毡瓦铺设→脊瓦铺设→验收。

7. 油毡瓦屋面施工要点

（1）涂刷冷底子油（木基层铺设卷材垫毡）

1）在混凝土基层上涂刷冷底子油两遍，第一遍横向涂刷，第二遍竖向涂刷，涂刷要求薄而均匀不露底。

2）在木基层上干铺卷材垫毡。卷材垫毡可采用沥青卷材或高聚物改性沥青防水卷材。铺设卷材垫毡时应平行屋脊铺设，并从标高最低处逐渐向高处铺设，卷材搭接缝应顺流水方向搭接，搭接宽度长边为100mm，短边为150mm，并用钉子在搭接缝中心线上固定，钉距为400mm，钉帽应盖在垫毡下面。

（2）细部构造附加层施工

无论是混凝土基层还是木基层，都要在烟囱、伸出屋面管道、阴阳角等部位用胶粘剂粘贴一层3mm厚改性沥青防水卷材，泛水高度不低于250mm。

（3）弹准基线

在屋面基层上所弹的垂直方向的中心线与屋脊垂直，垂直方向的每一条线之间的距离为125mm（二片型）或167mm（三片型）。第一条水平线要弹在距初始层油毡瓦的底部194mm处。其他水平弹线之间的距离为142mm。

（4）铺钉油毡瓦

1）大面铺钉油毡瓦

油毡瓦应自檐口向上铺设。第一层油毡瓦应伸出檐口10～20mm，切槽应向上指向屋脊，用钢钉和粘接材料同时固定；第二层油毡瓦应与第一层油毡瓦叠合，但切槽应向下指向檐口；第三层油毡瓦应压在第二层上，垂直方向露出切槽125mm，水平方向露出切槽142mm。油毡瓦之间切槽上下两层不能重合。每片油毡瓦钉4个钢钉；当屋面坡度大于150%时，应增加钢钉的数量和油毡瓦与基层的粘接点，油毡瓦铺钉示意见图5-6。

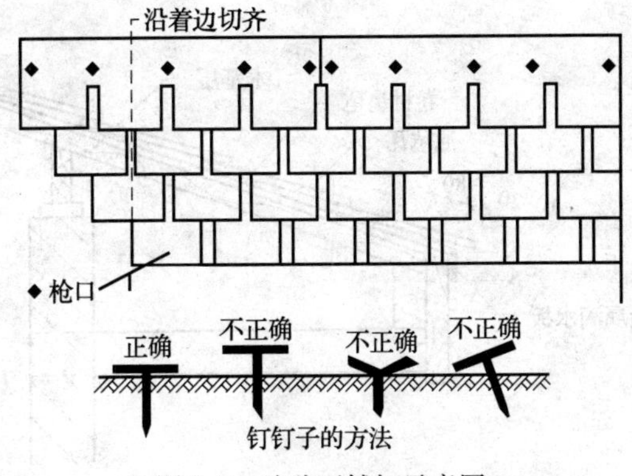

图 5-6　油毡瓦铺钉示意图

2）脊瓦的铺设方法

铺设脊瓦时，应将油毡瓦沿切槽剪开，分成四块作为脊瓦，并用两个钢钉固定。

脊瓦应顺年最大频率主导风向搭接，并应搭盖住两坡油毡瓦接缝的 1/3。脊瓦与脊瓦的压盖面不应小于脊瓦面积的 1/2，脊瓦的铺设方法示意见图 5-7。

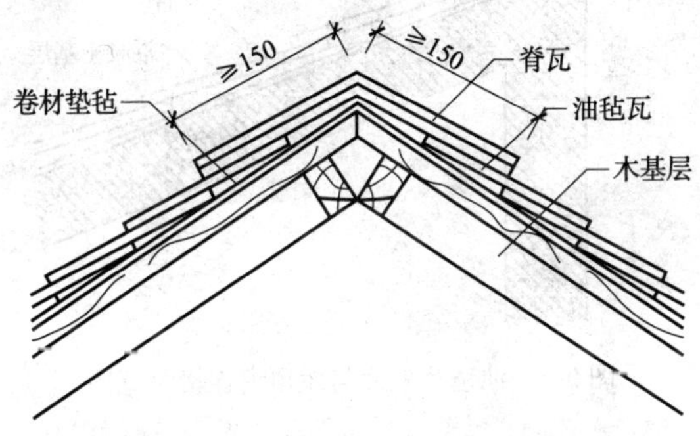

图 5 7　脊瓦的铺设方法示意图

（5）檐口施工做法示意见图 5-8；油毡瓦屋面与屋顶窗连接示意见图 5-9；油毡瓦屋面檐沟示意见图 5-10；油毡瓦屋面顶窗示意见图 5-11。油毡瓦与屋顶窗用镀锌薄钢板覆盖，钉入墙内预埋木砖上；泛水上口与墙间的缝隙应用密封膏封严。

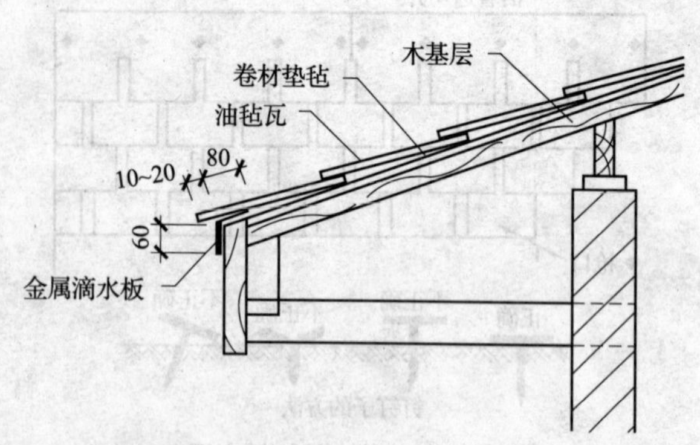

图 5-8　檐口施工做法示意图

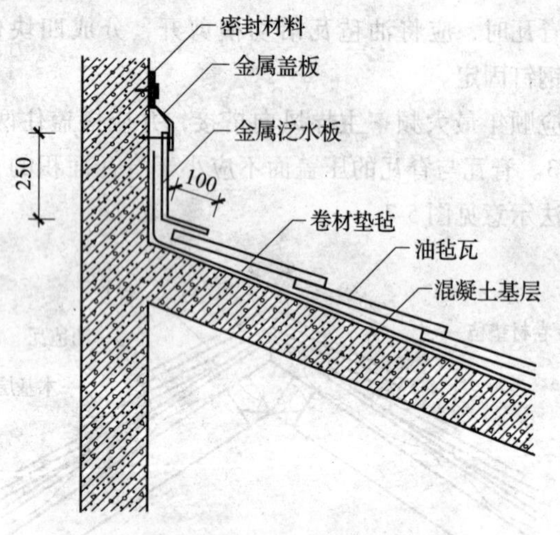

图 5-9　油毡瓦屋面与屋顶窗连接示意图

（6）当油毡瓦与卷材或涂膜防水层复合使用时，防水层应铺设在找平层上，防水层上再做细石混凝土找平层，然后铺设卷材垫毡一层，最上面铺设油毡瓦形成复合防水系统。

（7）淋水试验。油毡瓦屋面完工后，经外观质量检查符合设计要求后，即可进行淋水试验。淋水时间 2h，无渗漏为合格。

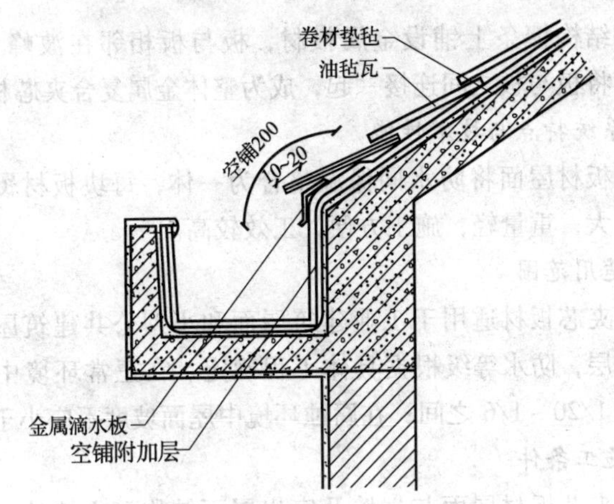

图 5-10 油毡瓦屋面檐沟示意图

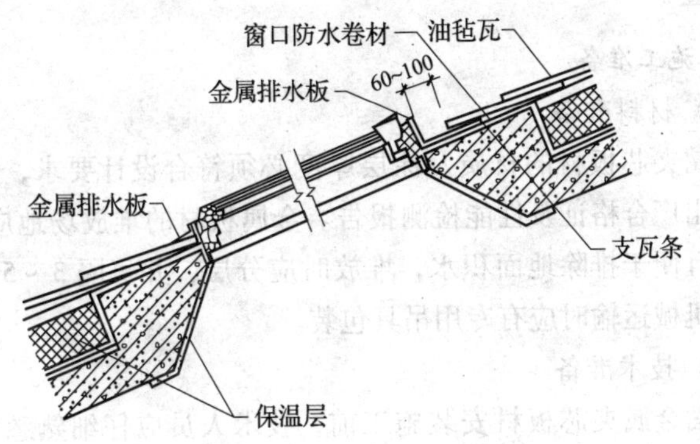

图 5-11 油毡瓦屋面顶窗示意图

5.5.4 金属夹芯板材屋面施工

1. 概述

金属夹芯板材是由两层彩色涂层钢板、中间加硬质聚氨酯、岩棉板或阻燃型聚苯乙烯板材，通过辊轧、粘结一次成型的金属板材。

2．基本做法

在钢结构檩条上铺设金属板材，板与板相邻在波峰上搭接，通过铆钉将板与板之间连接一起，成为整体金属复合夹芯板屋面。

3．系统特点与技术性能

金属板材屋面将防水同保温整合为一体，每块板材覆盖面积大，跨度大，重量轻，施工方便，工效较高。

4．适用范围

金属夹芯板材适用于工业建筑屋面和小型公共建筑屋面复合防水保温层，防水等级根据具体工程确定。在正常环境中屋面坡度一般为1/20～1/6之间；在腐蚀环境中屋面坡度不应小于1/12。

5．施工条件

金属夹芯板材屋面与立墙及突出屋面结构等交接处，均应做泛水处理。两板间应放置通长密封条；两板的搭接口处应用密封材料封严。

6．施工准备

（1）材料准备

金属夹芯板材的材质及涂层厚度必须符合设计要求，涂层完整。有出厂合格证及性能检测报告。金属板材的堆放场地应平坦、坚实，且便于排除地面积水，堆放时应分层，并每隔3～5m处加垫木，机械运输时应有专用吊具包装。

（2）技术准备

屋面金属夹芯板材安装施工前，技术人员应仔细熟悉生产加工图纸及施工方案。金属板材及各种配件进场后，要仔细核对其具体尺寸、规格、数量与施工图纸是否一致。提前绘制好屋面板材的排版布置图。

7．工艺流程

基层清理→配板→板材就位→板材连接→板材收头处理→淋水试验。

8．金属夹芯板材施工要点

（1）屋面板采用切边铺法时，上下两块板的板峰应对齐；不切边铺法时，上下两块板的板峰应错开一波。铺板应挂线铺设，使纵横对齐，横向搭接不小于一个波，长向（侧向）搭接，应顺年最大频率风向搭接，端部搭接应顺流水方向搭接，搭接长度不应小于200mm。屋面板铺设一般应从建筑物长方向一端开始，向另一端平行方向推进。板挑出墙面的长度不小200mm，压型板伸入檐沟内的长度不小于120mm，压型板与泛水的搭接宽度不小于200mm。

（2）每块金属板材两端支承处的板峰均应用螺栓与檩条固定，中间支承处应每隔一个板峰用螺栓与檩条固定。螺栓固定前，先垫好长短边的密封条，套上橡胶密封垫圈和不锈钢压盖一起拧紧。

（3）铺板时，两板长向搭接间应放置一条通长密封条，螺栓拧紧后，两板的搭接口处用密封材料封严。端头应放置二条密封条（包括屋脊板、泛水板、包角板等），密封条应连续不得间断。

（4）两板铺设后，两板的侧向搭接处还得用拉铆钉连接，所用铆钉均应用丙烯酸或硅酮密封胶封严，并用金属或塑料杯盖保护。

5.6 密封接缝施工

5.6.1 密封接缝施工概述

1. 密封材料分类

密封材料一般分为合成高分子密封材料和高聚物改性沥青密封材料两大类。密封材料用于填充缝隙，能将配件、零件包裹严密，具备防水特定功能。

2. 基本做法

在刚性防水层施工完毕，清理预留的各种接缝，然后在缝底部采用聚乙烯泡沫塑料棒等做背衬材料，表面嵌入密封材料。

3. 系统特点与技术性能

采用的密封材料应具有同结构有很好的粘结性，低温下柔韧性和抗变型能力，有良好的耐候性、耐热性、耐寒性、耐老化性。具有较好的水密性、气密性、弹塑性、粘结性和抗拉性能，施工性能优良，能够挤、注、涂、施、固化，无毒，存储稳定。在接缝位移时，密封材料不发生剥落。

4. 适用范围

密封材料适用于刚性混凝土分格缝，水落口、下水管口、泛水、穿过防水层的管道接口及钉孔的嵌缝密封，防水卷材的接头和搭接密封，室内预埋件和螺钉孔密封，地下工程变形缝的嵌缝密封，门窗幕墙安装的嵌缝密封，结构伸缩缝及道路桥梁伸缩缝嵌缝密封。

5.6.2 密封接缝施工

1. 施工条件

接缝凹槽尺寸符合要求，并提前清理干净。

密封材料严禁在雨天、雪天施工，五级风以上不得施工。溶剂型密封材料施工环境气温宜为0～35℃，乳胶型及反应固化型密封材料，施工环境气温宜为5～35℃。

2. 施工准备

当采用双组分密封材料时，应将两组分分别按重量比称量，然后倒入容器内搅拌，采用功率大，旋转速度慢的机械搅拌，以免卷入空气，搅拌时间一般不小于10min，直至色泽一致为止。

3. 工艺流程

缝内清理修整→嵌填背衬材料→粘贴防污胶条→涂刷基层处理剂→嵌填密封材料→揭出防污胶条→保护层施工。

4. 密封接缝材料施工要点

(1) 接缝密封的施工方法

接缝密封的施工方法有热灌法、冷嵌法两种，接缝密封施工方法见表5-17。

接缝密封施工方法　　表 5-17

<table>
<tr><th colspan="2">名称</th><th>施工方法</th><th>适用条件</th></tr>
<tr><td colspan="2">热灌法</td><td>采用塑化炉加热，使密封材料熔化，加热温度为110～130℃，然后用灌缝车或鸭嘴壶将密封材料灌入接缝中，浇灌时温度不宜低于110℃</td><td>适用于平面接缝的密封处理</td></tr>
<tr><td rowspan="2">冷嵌法</td><td>批刮法</td><td>密封材料不需加热，手工嵌填时，可用腻子刀或刮刀先将密封材料批刮到缝槽两侧的粘结面，然后将密封材料填满整个接缝</td><td>适用于平面或立面接缝的密封处理</td></tr>
<tr><td>挤出法</td><td>可采用专用的挤出枪，并根据接缝宽度选用合适的枪嘴，将密封材料挤入接缝内。若采用桶装密封材料时，可将包装筒塑料嘴斜向切开作为枪嘴，将密封材料挤入接缝内</td><td>适用于平面或立面接缝的密封处理</td></tr>
</table>

（2）接缝槽内清理修整

接缝尺寸应符合设计要求后。一般缝宽为5～30mm，深度为宽度的0.5～0.7倍，若尺寸不符合设计要求，进行整修或采用聚合物砂浆修补。缝槽表面必须牢固、密实、平整、干净、干燥。

（3）嵌填背衬材料

接缝处的密封材料底部应设置背衬材料，采用热灌法施工时，应选用耐热性好的背衬材料，背衬材料宽度应比接缝宽度宽出20%，嵌入深度应为密封材料的设计厚度。背衬材料应选择与密封材料不粘结或粘结力弱的材料，如聚乙烯泡沫塑料条等。

背衬材料的嵌入可使用专用压轮嵌入，压轮的深度应为密封材料的设计厚度，嵌入时背衬材料的搭接缝及其与缝壁间不得留有空隙。

（4）粘贴防污胶条

在接缝两侧防水层面上，顺缝边沿粘贴防污胶条，既保证密封边缘齐整，也可防止涂刷基层处理剂或嵌填密封材料时污染防水层上表面。防污胶条应能接受撕拉而不致中途拉断。

（5）涂刷基层处理剂

密封防水处理连接部位的基层，应涂刷单组分或双组分基层处理剂。采用双组分基层处理剂时，应根据有效时间确定使用量。基层处理剂的涂刷宜在铺放背衬材料后进行，基层处理剂应选用与密封材料相容的材料，或用密封材料加稀释剂涂刷。如涂刷时间超过24h，则应重新涂刷一次。

（6）嵌填密封材料

1）热灌法嵌填

热熔型改性沥青密封材料采用热灌法灌缝，需要在现场用塑化炉塑化或用特制铁锅加热，加热温度一般为110～130℃。

密封材料嵌填顺序为应由下向上连续进行，一般先灌垂直屋脊的板缝，后灌平行屋脊的板缝，在板缝纵横交叉处灌缝时，先浇灌垂直屋脊板缝，沿平行屋脊缝两侧各延伸150mm，并留成斜槎。浇灌时宜采用鸭嘴壶，灌缝应饱满，略高出板缝，浇灌后检查密封材料同接缝两侧面的粘结是否良好，是否有气泡，如有上述问题，可用喷灯和电烙铁烘烤后压实。

2）冷嵌法嵌填

合成高分子密封材料和改性沥青密封材料，均可采用冷嵌法嵌填密封接缝。

单组分密封材料可直接嵌填。多组分密封材料应根据规定的比例准确计量，拌合均匀。严格控制多组分密封材料的拌合量、拌合时间和拌合温度，应按所用密封材料的要求。未混合的多组分密封材料和未用完的单组分密封材料应密封存放。

密封材料可使用挤出枪或腻子刀嵌填。采用挤出枪嵌缝时，应根据接缝的宽度，选用口径合适的挤出嘴，均匀挤出密封材料嵌填，并由底部逐渐充满整个接缝。如果接缝宽度较大超过30mm或接缝底部是圆弧形时，宜采用两次嵌填或多次嵌填。采用腻子刀嵌填时，应先将少量密封材料批刮在缝槽两侧，分次将密封材料嵌填在缝内，并防止裹入空气。接头应采用斜槎。最后在表干前用腻子刀对密封材料修整。

（7）细部构造

1）普通细石混凝土和补偿收缩混凝土防水层应设分格缝，缝中应嵌填密封材料，上部铺贴防水卷材。详见屋面分格缝示意图5-12。

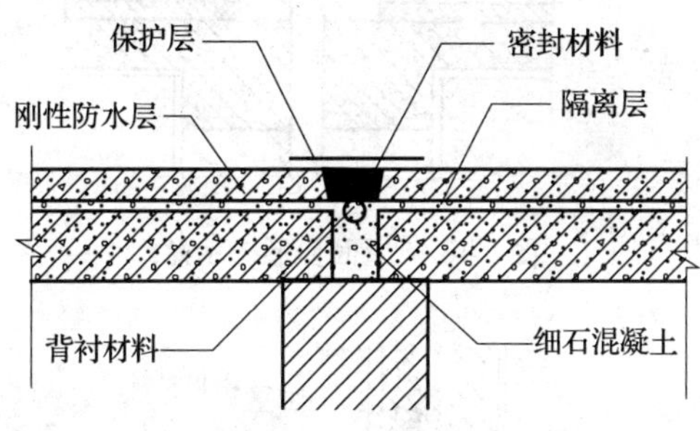

图5-12 屋面分格缝示意

2）刚性防水层与山墙、女儿墙交接处应留宽度为30mm的缝隙，并用密封材料嵌缝；泛水处铺防水卷材加强，收头嵌入凹槽内固定密封，使用涂膜防水层时应多道涂刷加强嵌缝密封。刚性防水层与变形缝两侧墙体交接处应留宽度为30mm缝隙，并用密封材料嵌缝密封，泛水处铺设防水卷材或涂膜防水加强层，变形缝内填充沥青麻绳或泡沫塑料，填放衬垫材料用防水卷材封盖，顶部扣压混凝土或金属盖板，屋面变形缝示意见图5-13。

3）伸出屋面管道与刚性防水交接处，应留缝隙并有密封材料嵌缝，并设柔性防水加强层，收头应固定密封。

4）屋面落水口防水构造应符合下列规定：

落水口杯埋设标高，应考虑水落口设防时增加的附加层和柔性密封层的厚度，以及排水坡度加大的尺寸。落水口周围直径500mm范围内的坡度不应小于5%，并应用密封材料密封，其厚度不应小于2mm。落水口与基层接触处，应留宽20mm、深20mm凹槽，槽内嵌填密封材料。屋面水落口示意见图5-14。

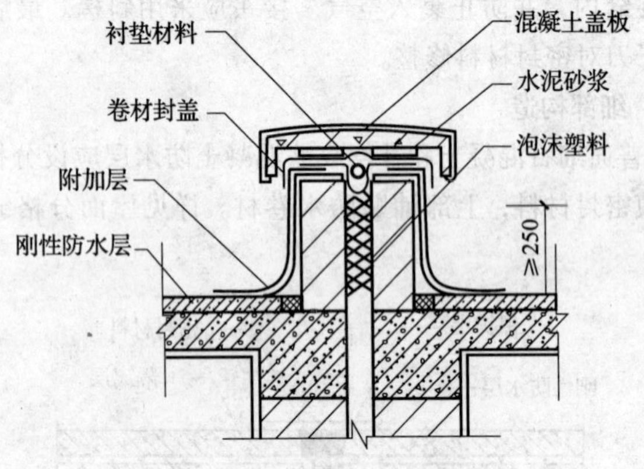

图 5-13　屋面变形缝示意

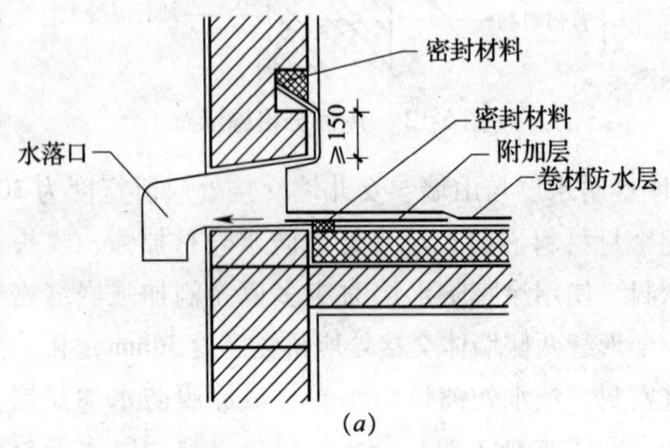

(*a*)

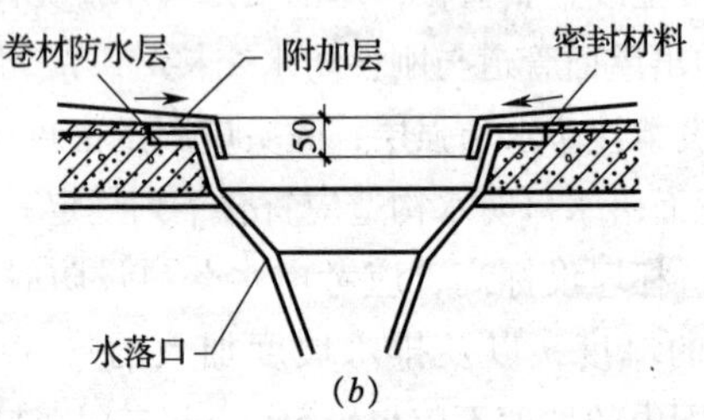

(*b*)

图 5-14　屋面水落口示意图

6 外墙及厕浴间防水施工

6.1 外墙防水施工

6.1.1 外墙防水概述

1. 外墙防水现状

很长一段时间以来，建筑物外墙主要考虑的是其作为承重构件和围护分隔作用，一般未在外墙外侧设计防水层，造成外墙普遍出现渗漏现象，影响了建筑物使用寿命和使用功能，随着建筑节能标准的提高，尤其是民用建筑工程普遍采用节能50%设计标准，北方地区居住建筑逐渐采用65%设计标准后，外墙大多数推行外保温系统，外墙外防水系统就应及时的提高等级和完善，因此外墙的系统防水做法应引起高度重视。

当前，外墙普遍采用饰面墙砖做装饰层，但由于设计、施工、材料等各方面的原因，以及因结构沉降，温差变形引起墙体产生裂缝，致使外墙渗漏水的现象十分突出，成为建筑物的质量通病，渗漏水分对墙体的浸蚀，特别是通过裂缝向墙体渗透，将会引起混凝土内部钢筋的锈蚀，加快混凝土碳化；渗漏水分通过墙面进入室内，引起墙面结露潮湿霉菌繁殖，既会使室内物体霉变，又恶化了居住环境，影响人体健康，并对室内高档装饰物品造成极大损失，甚至影响到建筑物的使用功能及其使用寿命。

2. 外墙渗漏原因分析

（1）外墙砂浆找平层砂浆质量不被重视，仅仅是一道抹灰层刮糙拉毛，未反复找平压光，这样造成砂浆找平层孔隙率较大，加上墙面养护困难，砂浆找平层干缩裂缝现象严重，使得失去了一层挡水的作用。

（2）由于外墙面砖的自身特点，铺贴时为便于调整平整度和水平线，采用传统的非满浆粘贴工艺，每块饰面砖的边缘10mm内粘结砂浆不饱满，这样形成饰面层存在大量的纵横缝隙，形成渗漏的通道。

（3）外墙面砖质量较差，经风吹日晒釉面已有细微裂缝，雨水已可渗入砖体内部；一旦遇到下雨，由于温度突然降低，这些缝隙在负压状态就形成有虹吸作用的毛细通道，墙体大量地吸水和蓄水，所以出现雨停后内墙还会持续渗水多日的现象。

（4）混凝土墙体与砖墙交接部位、门窗框与墙体交接处四周嵌填不严密或存有裂缝，有的密封材料甚至酥松脱落。脚手架预留孔洞，以及外墙配电箱等薄弱部位，也是外墙防渗漏部位集中部位。预防外墙渗漏是一个系统工程，必须从主体施工阶段就采取各种技术措施，形成多点多道设防。

3. 聚合物水泥防水涂料特点

聚合物水泥防水涂料设计机理是基于有机聚合物乳液失水而成为具有粘结性和连续性的弹性膜层，柔性的聚合物填充在水泥硬化体的空隙中，使水泥硬化体更加致密而又富有弹性，涂膜具有较好的延伸率；水泥吸收乳液中的水而硬化，水泥硬化体又填充在聚合物中，使其具有更好耐久性和更好的基层适应性，柔性的聚合物与水泥硬化体相互渗透而牢固地粘结成一个坚固有弹性的防水层。它的抗拉强度变化规律为，当涂膜受拉时最大拉伸强度呈现在受拉前期（一般合成高分子涂膜最大强度呈现在断裂时），类似于加筋型防水卷材的力学性能变化规律。当基层出现裂缝变形时，容易产生剥离区，而不跟随裂缝变形，易保证防水效果。调节聚合物乳液与水泥填料配比，将得到一系列不同强度和延伸率的材料，如柔性防水涂料、弹性腻子、密封材料等。

4. 有机硅乳液憎水剂特点

憎水剂是以有机硅乳液为主要成膜物质，以水为溶剂，无色透明，无毒不燃，透气性、保色、抗污染性能为好。经憎水剂处理过的墙面形成一层肉眼观察不到的憎水膜，雨水打在墙上呈水珠滚落状，使墙面始终处于干燥状态，而且不改变原基底颜色，不增光，不增色，饰面完全保持原来风貌，同时该材料能渗透到墙内一定深度，因而受紫外线照射及大气老化影响小，使用寿命长。

6.1.2 外墙有机硅防水涂料施工

1. 基本做法

第一种做法是先在结构墙体外表面分层抹压水泥砂浆或混合砂浆，经养护7天后，再连续喷涂有机硅防水涂料两遍作为饰面层。当采用镶贴外墙面砖时，选择聚合物水泥（JS复合）防水涂料做嵌缝腻子和补漏材料，在面砖外表面喷涂无色透明的有机硅防水涂料两遍。如外墙设有分隔缝，则应在缝中先衬垫聚乙烯泡沫塑料条，表面用密封材料抹压严密。形成外墙防水施工。

2. 系统特点与技术性能

一般采用防水涂膜作为一层防水层，操作简便，防水效果好。

3. 适用范围

适用于砖混结构和框架轻质填充外墙。

4. 施工准备

（1）基层要求抹平、压光、坚实平整、不起砂并具有一定的强度，阴阳角处抹成极小圆弧角。

（2）基层要求干燥，含水率不超过9%。

（3）将基层面上的灰尘、杂物、残留的灰浆硬块清理干净，突出的部位凿平清净。

（4）不得在淋雨条件下施工；操作时严禁烟火。

（5）施工的环境温度不得低于5℃。

每个窗框侧边用高压喷水枪做压力冲水试验检查该处的抗渗能力，如果出现渗漏，必须返工直到不渗漏为止。

5. 工艺流程

基层处理→第一遍JS复合防水涂料勾缝→第二遍JS复合防水涂料勾缝→喷涂第一遍有机硅防水涂料→喷涂第二遍有机硅防水

涂料→淋水试验。

6. 外墙防水层施工要点

(1) 先对渗漏墙体部位进行现场查勘，采用雨天观察和对墙体淋水检查方法，确定渗漏部位，查明原因，确定修缮工序。

(2) 清除缝内浮灰杂物，对较宽且通长裂缝进行处理，必要时需用小型切割机切割裂缝，并用自来水或外墙清洁剂清洗干净。

(3) 认真检查外墙的饰面砖是否有脱落、空壳的现象，将严重空壳的面砖凿除，然后把脱落、空壳的面砖重新铺贴好。

(4) 遇有孔洞和明显裂缝须用 JS 复合防水涂料填平补齐填实密封。如发现窗周边渗漏，则将窗周边的建筑密封胶全部铲除，清理干净，用 JS 复合防水涂料腻子进行填充修补。

(5) 墙面经清理、修补后将整个外墙面砖缝用 JS 复合防水涂料调成腻子进行勾缝。在常温条件下施工，施工温度太高干燥太快易开裂，施工温度太低不易成膜，粘结性差。

(6) 经清理、修补干燥后，饰面墙即可喷有机硅防水涂料。

1) 将憎水剂和水按指定比例搅拌均匀，用清洁的农用喷雾器和刷子直接喷刷在干燥的墙面和其他需要防水处理的基面上。一般分二遍纵横连续涂刷，当第一涂施工完毕固化后再涂第二遍，一般涂层总厚度在 1~1.5mm。喷涂时要注意第一遍与第二遍喷涂间隔时间不可太长，如在第一遍涂层固化后再喷第二遍，固化后的涂膜已开始憎水第二遍就喷不上去了，喷上去也会滚落；喷涂时不得跳跃、无序或随意地乱喷，否则很容易出现少喷或漏喷现象，影响施工质量。

2) 喷涂顺序应有规范地进行，先从施工操作面的下端开始，沿水平方向从左到右或从右到左（应顺风向），形成横向施工涂层，这样逐渐喷涂至最上端，完成第一次涂层，再从施工面的最上端开始，沿垂直方向从上到下喷涂，形成纵向施工涂层，完成第二次涂层，两层呈“十字交叉”喷涂方向，这不但使墙面充分吸收乳液，防止漏喷，而且可以使防水涂料憎水剂尽可能多地渗入到整个施工基面的细微孔隙中，保证施工防水质量。

3）墙面的砖缝是防渗治理的重点，因接缝常呈凹槽形，和饰面材料不处在同一平面上，即使用“十字交叉”法喷涂也很难使凹缝处的微孔部喷到乳液。因此，门窗框四周、异形部位、接缝部位应先用刷子紧贴上下、左右往返充分涂刷，以保证施工质量。外墙大面积渗漏防治措施见表6-1。

外墙大面积渗漏防治措施 **表6-1**

原饰面材料	防治措施措施	用量（kg/m^2）
水泥砂浆	涂刷有机硅防水涂料	0.5
	有机硅水、白水泥、聚乙烯醇制成防水浆液	1
	防水性能好的外墙涂料	1
外墙涂料	涂刷有机硅防水涂料	0.5
	重新涂刷外墙涂料	1
水刷石	涂刷有机硅憎水剂防水涂料	0.5
干粘石	先用防水砂浆勾缝再喷涂有机硅防水涂料	0.5
无釉外墙面砖	防水砂浆或JS复合防水涂料勾缝	—
外墙釉面砖	喷涂有机硅防水涂料	0.5

6.2 厕浴间防水施工

6.2.1 厕浴间防水层概述

1．厕浴间防水层组成

厕浴间防水施工由结构层、找坡层、找平层、防水层和面层组成。结构层一般采用整体现浇混凝土，找坡层一般用轻质材料组成，找平层一般用水泥砂浆组成，防水层一般采用高分子防水涂膜组成，面层由水泥砂浆、陶瓷锦砖或陶质地砖组成。厕浴间由于需要土建和给排水专业交叉施工，因此防水层应在凿眼打洞及管道卫生器具安装完毕后施工。

2. 基本做法

当水泥砂浆找平层抹压平整养护7d后，基层的含水率低于9%时，根据室内用水量和地面长期潮湿程度，做双组分聚氨酯防水涂料或氯丁胶乳沥青防水涂料，随后做饰面层。

3. 系统特点与技术性能

室内面积小，卫生设施集中，管道与阴阳角多等，专业交叉，施工工序多，通常做法是采用涂膜作为防水层。

6.2.2 厕浴间地面防水层细部做法

1. 结构层

厕浴间地面结构层宜采用整体现浇钢筋混凝土板，板四周上翻250mm作为挡水台。

2. 找坡层

地面坡度应严格按照设计要求施工，做到坡度准确，排水通畅。找坡层材料一般用水泥混合砂浆，找坡层当平均厚度大于30mm时，宜用1:6水泥炉渣材料或陶粒混凝土等轻质材料。

3. 找平层

找平层要求采用1:2.5水泥砂浆。

（1）阴阳角、管道根处应抹成半径为100~150mm的圆弧。

（2）基层应干净、干燥，含水率不大于9%（能在湿基面上固化的防水涂料除外）。

4. 面层

（1）地面坡度一般为2%，坡向地漏处。在地漏周围半径为50mm范围内，其排水坡度应增大至5%，且地漏处标高应比周围地面低20mm。

（2）地面饰面层按设计要求做地面面砖等。

5. 厕浴间细部建筑做法

（1）立管：立管其靠楼板四周缝隙应将密封材料挤压在凹槽内，并用腻子刀用力刮压严实，使之饱满、密实、无气孔。

（2）将管道外壁200mm高的范围内，清除灰浆和油垢杂质，涂刷基层处理剂，并按设计规定涂刮防水涂料。另外，立管如为热水管、暖气管时，可根据立管的实际尺寸加高20~40mm的钢套管，钢套管同立管的1~5mm缝隙用防火材料封严。

（3）地漏：地漏上口四周用10mm×15mm密封材料封严，上面做隔膜防水层。

（4）大便器：大便器蹲坑防水做法如下：

1）大便器立管定位后，楼板四周缝隙用掺有聚丙烯抗裂纤维的1:3水泥砂浆堵严抹平。当缝隙大于20mm时，宜用C20细石混凝土堵严抹平。

2）立管接口处四周用密封材料周圈封严，上面防水层做至管顶部。

3）大便器尾部进水处与管接口处，用沥青麻丝及掺有聚丙烯抗裂纤维水泥砂浆封严，外做涂膜防水保护层。

6.2.3 厕浴间聚氨酯防水涂料施工

1. 工艺流程

清理基层→涂刷基层处理剂→涂刷附加层涂料→涂刮第一遍涂料→涂刮第二遍涂料→涂刮第三遍涂料→第一次蓄水试验→撒细砂粒→饰面层施工→第二次蓄水试验。

2. 聚氨酯防水涂料施工要点

（1）清理基层

将基层清扫干净；基层应做到找坡正确，排水通畅，表面平整、坚实，无起灰、起砂、起壳及开裂、干燥等现象。

（2）涂刷基层处理剂

基层处理剂为低黏度聚氨酯，可以起到隔离基层潮气，提高涂膜与基层粘结强度的作用。施工时，将聚氨酯甲料与乙料及二甲苯按1:1.5:1.5的比例配料，搅拌均匀。先涂刷阴阳角、管道根部，然后进行大面积涂刷。材料用量为0.15~0.20kg/m^2。涂刷后应干燥4h以上，才能进行下道工序的施工。

（3）涂刷附加层防水涂料

在地漏、管道根部、阴阳角涂刷一遍附加层防水涂料。配合比为甲料: 乙料 =1:1.5。

(4) 涂刮第一遍涂料

将聚氨酯防水涂料按甲料: 乙料 =1:1.5 的比例混合，用胶皮刮板均匀涂刮一遍。操作时要厚薄一致，用料量为 0.8 ~ 1.0kg/m^2，立面涂刮高度不应小于100mm。

(5) 涂刮第二遍涂料

待第一遍涂料固化干燥后，要按上述方法刮涂第二遍涂料。刮涂方向应与第一遍相垂直，用料量与第一遍相同。

(6) 刮涂第三遍涂料

待第二遍涂料涂膜固化后，再按上述方法涂刮第三遍涂料，用量为 0.4 ~ 0.5kg/m^2。三遍聚氨酯涂料涂刮后，用量总计为 2.5kg/m^{2}左右。防水层厚度不小于1.5mm。

(7) 第一次蓄水试验。待防水层完全干燥后，可进行第一次蓄水试验。蓄水试验 24h 后无渗漏时为合格。

(8) 撒细砂粒。在防水层表面需边涂聚氨酯防水涂料，边撒细砂粒（砂粒不得有棱角）增加防水涂膜与饰面层之间的粘结力，未粘结的砂粒应清扫回收。

(9) 饰面层施工。防水层蓄水试验无渗漏现象后，经质量检查合格，即可进行饰面层施工。

(10) 第二次蓄水试验。厕浴间装饰面层全部完工成后，工程竣工前还要进行第二次蓄水试验，以检验防水层未损坏。

6.2.4　厕浴间聚合物水泥防水涂料施工

1. 工艺流程

清理基层→涂刷底层防水层→细部构造附加层→涂刷中间防水层→涂刷表面防水层→第一次蓄水试验→饰面层施工→第二次蓄水试验→质量验收。

2. 聚合物水泥防水涂料配合比

聚合物水泥防水涂料配合比见表6-2；其材料用量见表6-3。

聚合物水泥防水涂料涂料配合比 **表 6-2**

涂 料 型 号		配合比（质量计）
Ⅰ型	底层涂料	液料: 粉料: 水 = 10: 7 ~ 10: 14
	中、面层涂料	液料: 粉料: 水 = 10: 7 ~ 10: 0 ~ 2
Ⅱ型	底层涂料	液料: 粉料: 水 = 10: 10 ~ 20: 14
	中、面层涂料	液料: 粉料: 水 = 10: 10 ~ 20: 0 ~ 2

聚合物水泥防水涂料材料用量 **表 6-3**

涂料型号	涂刷遍数	涂料用量（kg/m^2）	涂膜厚度（mm）
Ⅰ型	4	约 3.2	1.5
Ⅱ型	4	约 2	1.5

注：涂料用量均为液料和粉料原材料的用量，不计稀释加水量。

3. 聚合物水泥防水涂料施工要点

(1) 清理基层

表面必须清扫干净，不得有浮尘、杂物和积水等。

(2) 涂刷底层防水层

1) 底层用料：按上表提供的配合比配料，用手提电动搅拌器搅拌均匀，使其不含有未分散的粉料。

2) 用滚刷或油漆刷均匀地涂刷于基层表面，不得漏底，待涂层干涸后，才可进行下一道工序。

(3) 细部结构附加层

对地漏、管根、阴阳角等易发生漏水的部位，应先密封或做加强处理。此时可在这些薄弱的部位铺设一层胎体增强材料，附加层宽度不应小于 300mm，搭接宽度不应小于 100mm。

施工时应先在细部构造部位先涂一层聚合物水泥防水涂料，再铺胎体增强材料，其后再涂一层聚合物水泥防水涂料。

(4) 涂刷中间层及表面防水层

按聚合物水泥防水涂料材料用量表 6-3 提供的防水涂料配合比，将配制好的Ⅰ型、Ⅱ型聚合物水泥防水涂料均匀地涂刷于基层上，需多遍涂刷，使其达到设计规定的涂膜厚度。

(5) 第一次蓄水试验

在最后一遍防水层施工完48h后进行蓄水试验（蓄水高度宜为50~100mm），24h后无渗漏为合格。

(6) 饰面层施工

第一次蓄水试验合格后，即做饰面层施工。

(7) 第二次蓄水试验

在饰面层完工后，应进行第二次蓄水试验，确保厕浴间无渗漏。

7 地下防水工程施工

7.1 地下防水混凝土施工

7.1.1 地下防水混凝土施工概述

1. 防水混凝土分类

刚性防水材料分类常用的有普通防水混凝土、外加剂混凝土和补偿收缩混凝土等，防水混凝土分类见表7-1。

防水混凝土分类 表7-1

防水混凝土种类	最高（MPa）抗渗强度	特 点	适 用 范 围
补偿收缩混凝土	≥3.6	微膨胀，补偿收缩提高抗裂、抗渗能力	地下防水工程、隧道、水工、地下连续墙、后浇带、膨胀带
掺纤维的补偿收缩混凝土	≥3.0	提高韧性、抗裂、抗渗耐磨	地下防水混凝土
引气剂防水混凝土	≥2.2	改变毛细作用，抗冻性好	高寒、抗冻性较高的地下混凝土及市政工程
减水剂防水混凝土	≥2.2	混凝土流动性好	有早强要求和流动度要求的混凝土，适用钢筋密集构件
防水剂防水混凝土	≥3.5	增加密实性，提高抗渗性	水工、水电、游泳池、水箱等

续表

防水混凝土种类	最高（MPa）抗渗强度	特　点	适用范围
掺渗透结晶型外加剂防水混凝土	在原有基础上提高抗渗能力	堵塞渗水通路，提高抗渗性	耐化学腐蚀，抑制碱骨料反应，适用混凝土背水面
普通防水混凝土	≥2.0	提高水泥用量和砂率	一般混凝土工程

2. 膨胀剂和膨胀水泥防水混凝土

以膨胀剂加水泥或以膨胀水泥胶结料配制而成的防水混凝土，统称为膨胀防水混凝土，属补偿收缩混凝土范畴。

7.1.2 掺外加剂防水混凝土施工

1. 基本做法

外加剂防水混凝土，是以调整配合比或掺加外加剂的方法，提高自身密实性和抗渗性的一种特殊混凝土。防水混凝土施工配合比应通过试验确定，抗渗等级应比设计要求提高一级。

2. 系统特点与技术性能

掺外加剂防水混凝土属于自防水结构，抗渗等级不得小于 P6。其配制及施工均简便，施工方法同普通混凝土，使用寿命较长。

3. 适用范围

适用于防水等级为 1～4 级的地下整体式混凝土结构。不适用环境温度高于 80℃ 或处于耐侵蚀系数小于 0.8 的侵蚀性介质中使用的地下工程。

4. 施工条件

(1) 当地下水位较高时，地下防水工程施工期间，要做好降水、排水工作。

(2) 施工准备

钢筋、预埋件、穿墙管等细部构造已按设计要求绑扎固定。

混凝土配合比试配完成，并换算出施工配合比。

5. 工艺流程

底板钢筋绑扎→支设外侧模板→绑扎外墙钢筋→留设止水带→支设内侧模板→浇筑混凝土→混凝土表面找平压光→混凝土养护。

6. 掺加外加剂防水混凝土施工要点

(1) 钢筋下料及绑扎

钢筋的规格、型号、形状、尺寸等应符合设计要求。钢筋避免下料过长触及模板；钢筋相互间要绑扎牢固，以防浇捣混凝土时，因碰撞、振动使钢筋位移，造成露筋。绑扎时要注意使绑丝头弯向里侧。

(2) 钢筋保护层控制

1) 采用水泥砂浆垫块或花岗石碎片将钢筋垫起，确保钢筋保护层厚度符合设计要求。迎水面钢筋保护层厚度不得小于50mm。

2) 当采用铁马凳架设钢筋时，要在铁马凳上加焊止水环，或在铁马凳下加混凝土垫块。

3) 浇筑混凝土时，要有专人负责看管钢筋，发现有钢筋移位或松扣，应及时将钢筋调整归位并绑扎牢固。

(3) 模板支设

1) 模板应平整，拼缝严密，并应有足够的刚度、强度，吸水性要小，支撑牢固，装拆方便，以木模或竹胶模板为宜，也可以砌筑砖模。

2) 固定模板，固定模板用的螺栓穿过混凝土结构时，可采用工具式螺栓或螺栓加堵头，螺栓上应加焊止水环，止水环边缘距螺栓不小于3cm。拆模后采取加强防水措施，将留下的凹槽封堵密实，见图7-1。

(4) 掺外加剂防水混凝土配合比

1) 每立方米混凝土中水泥用量不得小于300kg/m^3；掺有活性掺合料时，水泥用量不得少于280kg/m^3。

2) 砂率宜为35%～40%，泵送混凝土中砂率可增至45%，灰砂比宜为1∶1.5～1∶2。

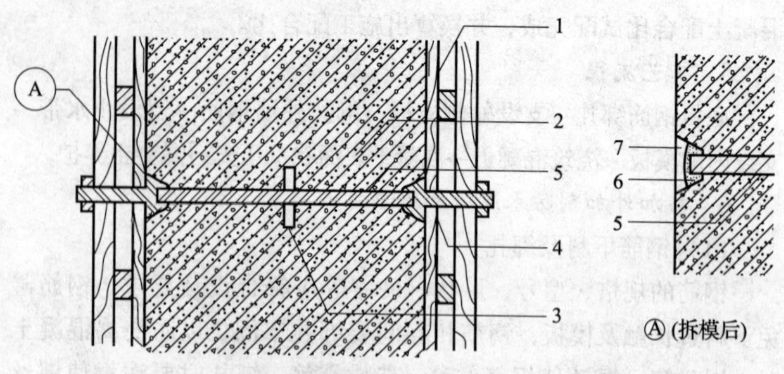

图7-1　固定模板用螺栓的防水做法示意图

1—模板；2—结构混凝土；3—止水环；4—工具式螺栓；
5—固定模板用螺栓；6—嵌缝材料；7—聚合物水泥砂浆

3）根据当天测定的骨料含水率，计算出施工配合比中胶凝材料、细骨料和粗骨料的实际用量，各种材料用量要逐一计量。水泥、水、外加剂、掺合料计量允许偏差不应大于±1%；砂、石计量允许偏差不应大于±2%。

4）掺外加剂防水混凝土坍落度不宜大于70mm。预拌防水混凝土，入泵坍落度宜控制在140±20mm，坍落度损失值不应大于30mm。预拌防水混凝土缓凝时间宜为8~16h，防止出现施工冷缝。防水混凝土水灰比见表7-2。

防水混凝土水灰比　　　　**表7-2**

抗渗等级	最大水灰比	
	C20~C30	C30以上
P6	0.55	0.55
P8~P12	0.55	0.5
P12以上	0.5	0.45

(5) 掺外加剂防水混凝土搅拌、运输

掺外加剂防水混凝土机械搅拌时间不应小于3min。混凝土运输应保持连续均衡，间隔时间不应超过1.5h，混凝土应在初凝前浇筑完毕。运送距离远或气温较高时，可加入缓凝型减水剂，必须进行二次搅拌。

（6）防水混凝土浇筑和振捣

1）浇筑前，应将模板内杂物清理干净，木模用水湿润模板，浇筑时，若入模自由高度超过3m，则需用串筒、溜槽辅助工具或其他降低高度的措施将混凝土送入，防止混凝土离析和造成石子滚落堆积。

2）防水混凝土倒料和振捣宜选择对称位置开始，防止模板位移。连续浇筑，应采用高频插入式振捣器分层振捣。以混凝土表面泛浆和不冒气泡不下沉为准，避免漏振、欠振和过振。

3）在防水混凝土结构中有密集管道通过处或钢筋稠密处，可采用相同抗渗等级的细石混凝土浇筑。

（7）大体积防水混凝土施工

应采取降低水化热防止混凝土开裂、渗漏。

1）宜采用混凝土60d强度作为设计强度。

2）采用矿渣水泥，掺加粉煤灰、磨细矿渣粉。在炎热季节施工时，对于砂石等原材料洒水降温。

3）确保混凝土中心温度与表面温度的差值不应大于25℃，混凝土表面温度与大气温度的差值不应大于25℃。

（8）防水混凝土养护

掺外加剂防水混凝土终凝后应立即进行养护，养护时间不得小于14d。浇水养护次数应能保持混凝土充分湿润，并用毛毡或塑料薄膜覆盖混凝土的表面，避免暴晒。

7.1.3 地下防水混凝土细部做法

1. 防水混凝土施工缝

（1）施工缝留设位置

1）水平施工缝共设两道，一道留在高出底板上表面不小于300mm的墙体上。另一道水平施工缝留在墙同顶板相交处以下20~30mm。墙体有预留孔洞时。施工缝防水的构造形式见图7-2~图7-5。

2）垂直施工缝应避开地下水和裂隙水较多的地段，其位置宜与变形缝相结合。

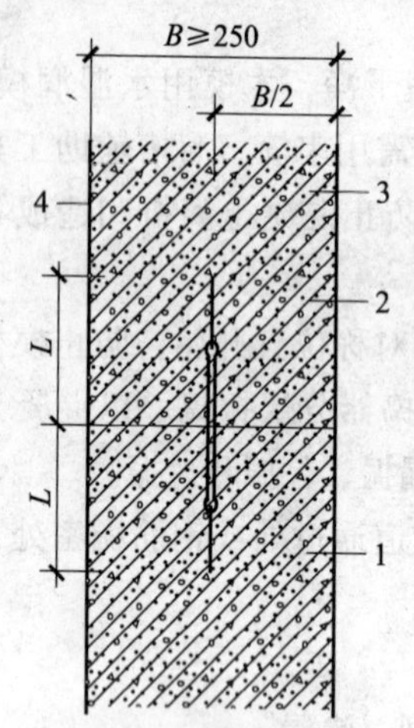

图7-2　施工缝防水构造（一）

钢板止水带 $L\geqslant150$；

橡胶止水带 $L\geqslant200$；

钢边橡胶止水带 $L\geqslant120$；

1—先浇混凝土；2—中埋止水带；3—后浇混凝土；4—结构迎水面

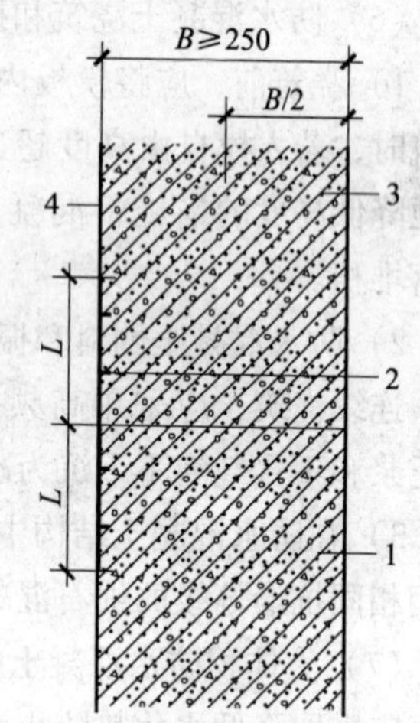

图7-3　施工缝防水构造（二）

外贴止水带 $L\geqslant150$；

外涂防水涂料 $L=200$；

外抹防水砂浆 $L=200$；

1—先浇混凝土；2—外贴止水带；3—后浇混凝土；4—结构迎水面

（2）施工缝的施工

1）水平（垂直）施工缝浇灌混凝土前，应将其表面浮浆和杂物清除，先铺净浆，其中水平施工缝再铺30～50mm厚的配合比为1∶1的水泥砂浆，及时浇灌混凝土。

2）遇水膨胀止水条应牢固地安装在缝表面或预留槽内。遇水膨胀止水条应具有缓胀性能，7天的膨胀率不应大于最终膨胀率的60%。

2. 混凝土后浇带

（1）后浇带间距宜为30～60m一道，采用两道密目钢丝网分割形成。每道宽度宜为700～1000mm，后浇带可做成平直缝，受力钢筋不宜在缝中断开，若必须断开，则钢筋搭接长度应大于45倍钢筋直径，并应按设计要求设附加钢筋。

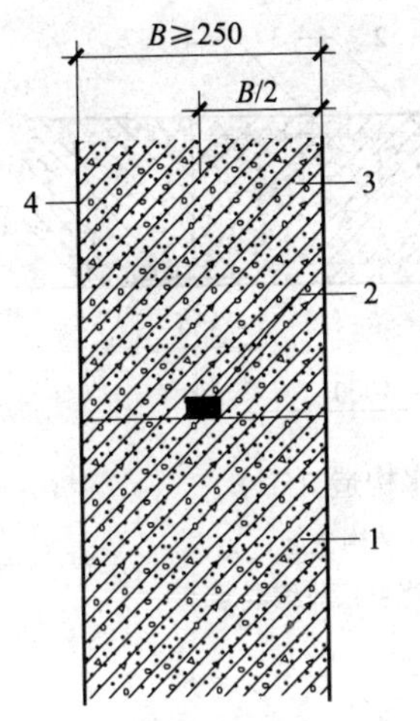

图 7-4 施工缝防水构造（三）
1—先浇混凝土；
2—遇水膨胀止水条（胶）；
3—后浇混凝土；4—结构迎水面

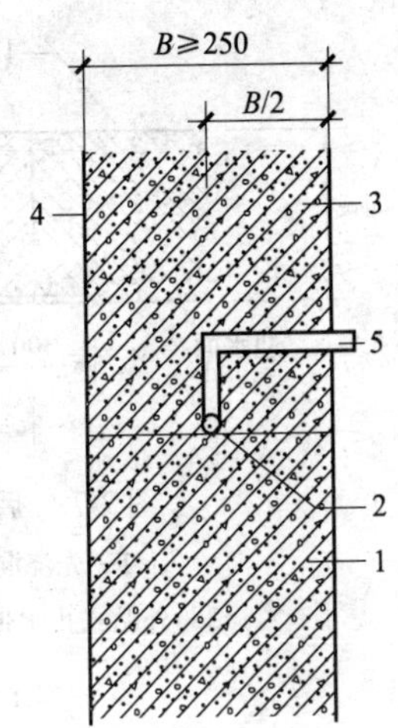

图 7-5 施工缝防水构造（四）
1—先浇混凝土；2—预埋注浆管；
3—后浇混凝土；4—结构迎水面；
5—注浆导管

（2）后浇带部位混凝土应局部加厚，后浇带中部设规格为 30mm×20mm 遇水膨胀止水条。地下室底板防水后浇带防水构造见图 7-6～图 7-8。

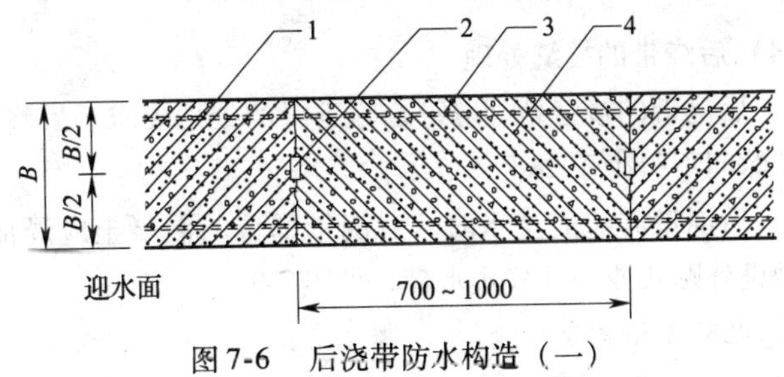

图 7-6 后浇带防水构造（一）
1—先浇混凝土；2—遇水膨胀止水条（胶）；3 结构主筋；4—后浇补偿收缩混凝土

（3）后浇带施工工艺同地下防水混凝土部分。

后浇带应在其两侧混凝土龄期达到 42d 后再施工；后浇带应采用补偿收缩混凝土，其强度等级高于其两侧混凝土。

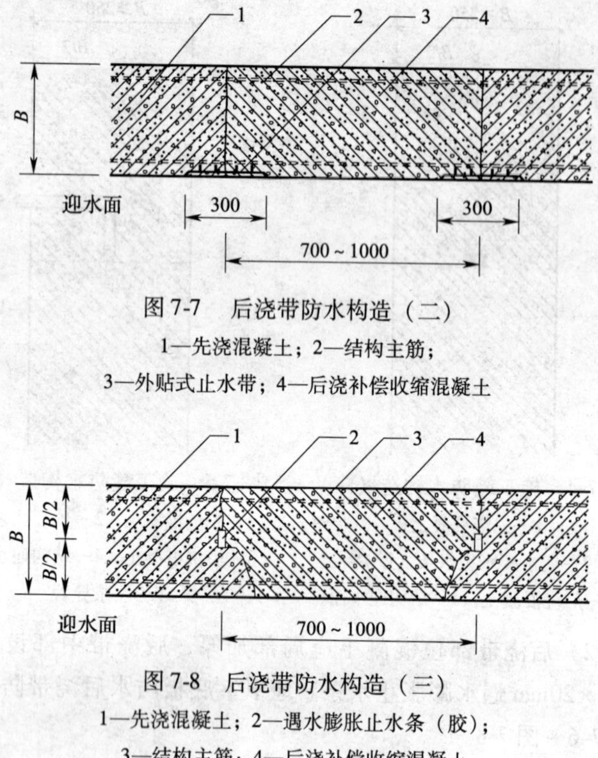

图 7-7　后浇带防水构造（二）

1—先浇混凝土；2—结构主筋；

3—外贴式止水带；4—后浇补偿收缩混凝土

图 7-8　后浇带防水构造（三）

1—先浇混凝土；2—遇水膨胀止水条（胶）；

3—结构主筋；4—后浇补偿收缩混凝土

（4）后浇带的接缝处理

1）后浇带的接缝处理应符合施工缝的处理要求。后浇带混凝土养护时间不得少于28d。

2）后浇带需超前止水时，后浇带部位的混凝土应局部加厚，并应增设外贴式或中埋式止水带，见图 7-9。

3. 混凝土结构变形缝

（1）变形缝应满足变形和密封防水要求。

（2）变形缝两侧混凝土结构的厚度不应小于300mm。变形缝宽度宜为20~30mm。

（3）变形缝处中埋式止水带中心线应和变形缝中心线重合，止水带接头应采用热融连接，不得有裂口和脱胶现象。底板止水

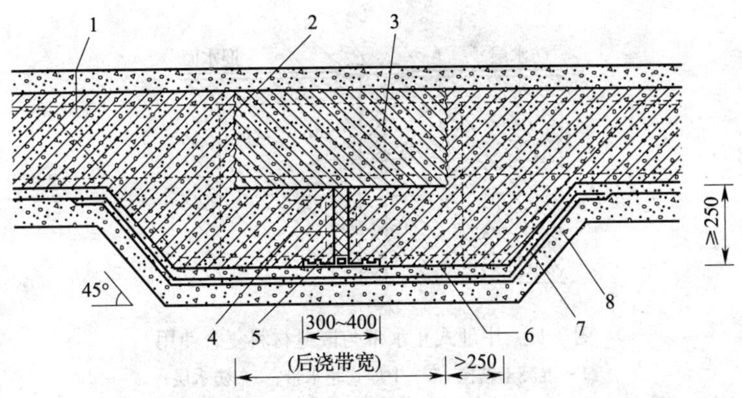

图 7-9 后浇带超前止水构造

1—混凝土结构；2—钢丝网片；3—后浇带；4—填缝材料；5—外贴式止水带；6—细石混凝土保护层；7—卷材防水层；8—垫层混凝土

带的下侧混凝土应振捣密实，边墙止水带内外侧混凝土应均匀，保持止水带位置正确、平直，无卷曲现象。

变形缝防水构造如图 7-10 ~ 图 7-12 所示。变形缝两侧混凝土施工同地下防水混凝土。

环境温度高于 50℃处的变形缝，中埋式止水带可采用金属制作，见图 7-13。

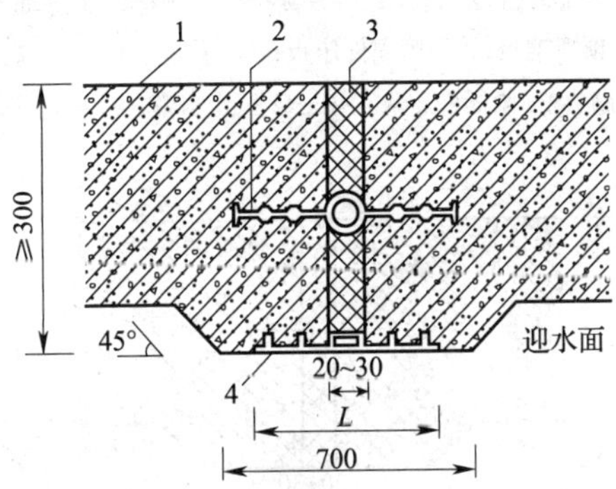

图 7-10 中埋式止水带与外贴防水层复合使用

外贴式止水带 $L \geqslant 300$ 外贴防水卷材 $L \geqslant 400$ 外涂防水涂层 $L \geqslant 400$

1—混凝土结构；2—中埋式止水带；3—填缝材料；4—外贴止水带

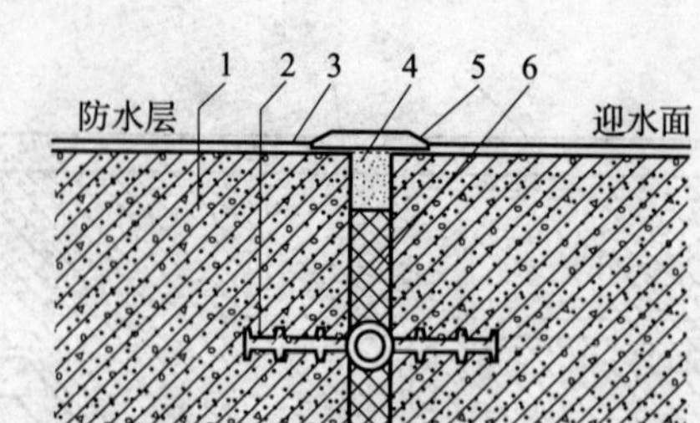

图 7-11　中埋式止水带与嵌缝材料复合使用

1—混凝土结构；2—中埋式止水带；3—防水层；4—隔离层；5—密封材料；6—填缝材料

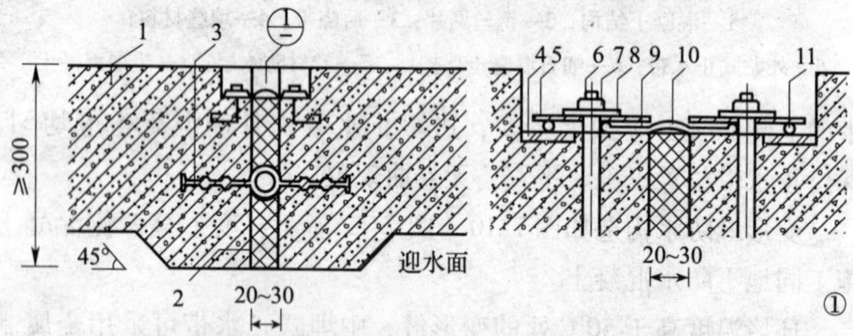

图 7-12　中埋式止水带与可卸式止水带复合使用

1—混凝土结构；2—填缝材料；3—中埋式止水带；4—预埋钢板；5—紧固件压板；6—预埋螺栓；7—螺母；8—垫圈；9—紧固件压块；10—Ω 型止水带；11—紧固件圆钢

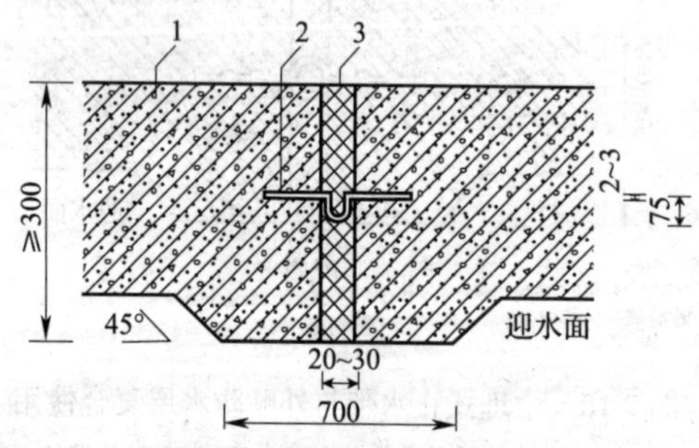

图 7-13　中埋式金属止水带

1—混凝土结构；2—金属止水带；3—填缝材料

4. 孔口施工

地下工程通向地面的各种孔口应设置防止地面水倒灌措施。人员出入口应高出地面不小于500mm，汽车出入口处设明沟排水时，其高度宜为150mm，并应有防雨措施。

5. 穿墙管道

(1) 穿墙管处防水层施工前，应将套管内表面清理干净。

(2) 穿墙管外侧防水层应铺设严密，不留接槎；增铺附加层时，应按设计要求施工。

(3) 施工要点：

1) 单管固埋法：结构变形或管道伸缩量较小时，穿墙管可采用主管直接埋入混凝土内的固定式防水法，主管应加焊止水环或环绕遇水膨胀止水圈；并应在迎水面预留凹槽，槽内应采用密封材料嵌填密实。其防水构造见图7-14和图7-15。

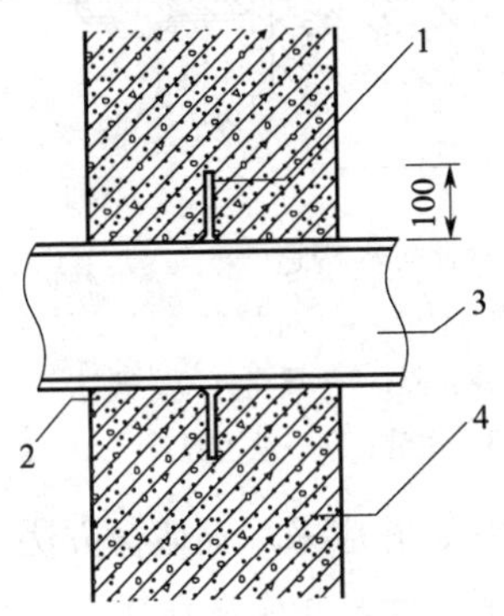

图7-14　固定式穿墙管防水构造（一）

1—止水环；2—密封材料；3—主管；4—混凝土结构

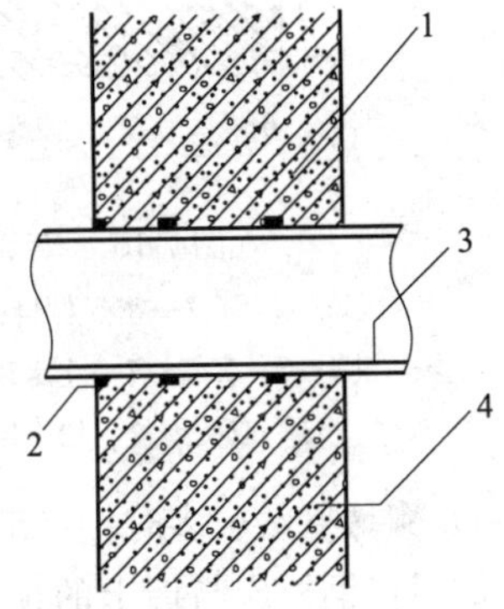

图7-15　固定式穿墙管防水构造（二）

1—遇水膨胀止水圈；2—密封材料；3—主管；4—混凝土结构

2) 套管加焊止水环法：当结构变形或管道伸缩量较大或有更换要求时，应采用套管式防水法；套管应加焊止水环，见图7-16。

在管道穿过防水混凝土结构处，预设套管，套管上加焊止水环，止水环应与套管满焊严密，同混凝土结构浇筑为一体，且与套管相接的混凝土必须浇捣密实。套管部分加工完成后在其内壁刷防锈漆一道。套管与穿墙管之间的缝隙，用密封防水材料填满后，封口钢板封堵严密。或套管与穿墙管之间加挡圈，两边嵌填油麻和石棉水泥。

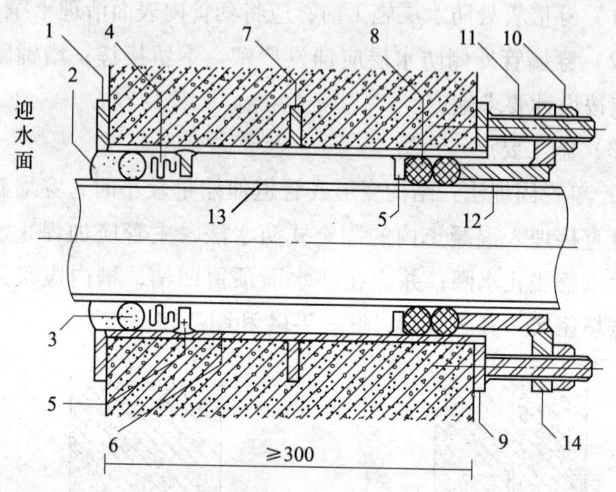

图 7-16　套管式穿墙管防水构造

1—翼环；2—密封材料；3—背衬材料；4—充填材料；
5—挡圈；6—套管；7—止水环；8—橡胶圈；9—翼盘；10—螺母；
11—双头螺栓；12—短管；13—主管；14—法兰盘

3）穿墙管线较多时，宜相对集中，并应采用穿墙盒方法。穿墙盒的封口钢板应与墙上的预埋角钢焊严，并应从钢板上的预留浇注孔注入柔性密封材料或细石混凝土，见图 7-17。

6. 桩头部位

桩头部位的防水宜采用聚合物水泥类防水涂料。具体做法为将聚合物水泥类涂料涂刷在桩头上形成防水涂膜，防水层应紧密地与混凝土粘结牢固，而且能起到桩头与底板新旧混凝土之间界面连接的作用，同时不破坏桩基与底板结构之间粘结强度和整体性，桩头本身的防水密封，应同底板垫层大面防水层连成一个连

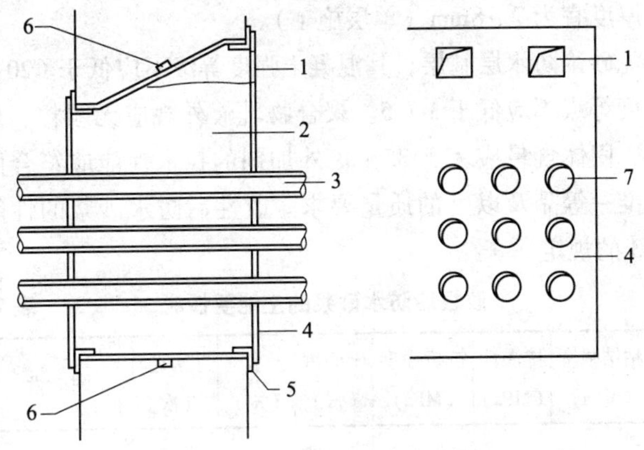

图 7-17　穿墙群管防水构造

1—浇注孔；2—柔性材料或细石混凝土；3—穿墙管；
4—封口钢板；5—固定角钢；6—遇水膨胀止水条；7—预留孔

续防水层。

7. 坑、池施工

（1）坑、池宜用防水混凝土，其外侧设柔性防水层。

（2）混凝土底板以下的坑、池，其局部必须相应降低，并应使防水层保持连续。

（3）坑、池混凝土施工同地下防水混凝土施工。

7.2　地下建筑水泥砂浆防水层施工

7.2.1　水泥砂浆防水层概述

1. 概述

水泥砂浆防水层包括普通水泥砂浆、聚合物水泥砂浆、掺外加剂防水砂浆等。它是靠特定的施工工艺或在水泥砂浆内掺入外加剂、聚合物来提高水泥砂浆的密实性，改善水泥砂浆的抗裂性，从而达到防水抗渗目的。掺外加剂、掺合料等的水泥砂浆防水层厚度宜为 18 ~ 20mm。聚合物水泥砂浆防水层，当防水层等级为 1 级或 2 级时，厚度宜为 10 ~ 12mm（双层施工），防水等级为 3、4

级时，厚度宜为7~8mm（单层施工）。

水泥砂浆防水层基层，其混凝土强度等级不应低于C20；砌筑砂浆强度等级不应低于M7.5。聚合物乳液外观应无颗粒、异物和凝固物，固体含量应大于35%。外加剂的技术性能应符合国家或行业标准一等品及以上的质量要求。改性后防水砂浆的性能应符合表7-3的规定。

改性后防水砂浆的主能要性能　　表7-3

改性剂种类	粘结强度（MPa）	抗渗性（MPa）	抗折强度（MPa）	干缩率（%）	吸水率（%）	冻融循环（次）	耐碱性	耐水性（%）
外加剂掺合料	>0.5	≥0.6	同一般砂浆	同一般砂浆	≤3	>F50	10% NaOH溶液浸泡14d无变化	—
聚合物	>1.0	≥1.2	≥7.0	≤0.15	≤4	>F50		≥80

注：耐水性指标是在浸水168h后材料的粘结强度及抗渗性的保持率。

2. 基本做法

水泥砂浆防水层是将水泥、砂、水采用不同配合比经机械拌合后，采用多层分次相互交替抹压密实，充分切断各层次毛细孔网，构成一道多层防线的整体防水层。

外加剂水泥砂浆防水层就是在水泥砂浆中掺入各种有机或无机化学填料组成的防水剂，提高砂浆的不透水性，达到防水目的。

聚合物水泥砂浆防水层是由水泥、砂和一定量的橡胶胶乳或树脂乳液以及稳定剂、消泡剂等助剂经搅拌混合均匀配制而成，提高砂浆的不透水性，达到防水目的。

3. 系统特点与技术性能

原材料来源广泛，操作简便，造价较低。防水砂浆防水层，作为水压较小的工程的一种辅助防水措施。聚合物水泥砂浆防水层，由于各种胶乳有效封闭水泥砂浆中的连续空隙，提高了固-液接触角，改善了材料的抗渗性、韧性及耐磨性。

4. 适用范围

适用于埋置深度不大的地下混凝土或砌体结构。不适用环境有侵蚀性、持续振动或温度高于80℃的地下工程。由于砂浆防水层同混凝土基层具有良好的粘结能力，故其可用于结构主体迎水面，也可在背水面作为大面积轻微渗漏时修补使用。

7.2.2　普通水泥砂浆防水层施工

1. 施工条件

防水砂浆施工条件同地下混凝土施工。

防水砂浆施工前，基层的混凝土和砌筑砂浆强度应不低于设计值的80%。

2. 施工准备

(1) 材料要求

水泥砂浆防水层所用的材料，应符合下列规定：

1) 应采用强度等级不低于42.5MPa的普通硅酸盐水泥或硅酸盐水泥。

2) 砂宜采用中砂，含泥量不大于1%。

3) 拌制水泥砂浆所用的水，应采用不含有害杂质的洁净水。

4) 施工前应将预埋件、穿墙管、预留凹槽内嵌填密封材料后，再施工防水砂浆层。

(2) 防水砂浆的配制与拌合

普通防水砂浆配合比应按表7-4进行配制。

普通水泥砂浆防水层的配合比　　表7-4

名称	配合比（质量比）		水灰比	适用范围
	水泥	砂		
水泥浆	1	—	0.55～0.60	水泥砂浆防水层的第一层
水泥浆	1	—	0.37～0.4	水泥砂浆防水层的第三、五层
水泥砂浆	1	1.5～2.0	0.4～0.5	水泥砂浆防水层的第二、四层

3. 工艺流程

基层清理湿润→刷素水泥浆→抹压底层砂浆→抹压面层砂浆→养护。

4. 施工要点

（1）第一层为厚2mm的水泥浆，基层混凝土处理完毕并保潮后，用铁抹子水平方向刮抹一层1mm水泥浆，往返用力刮抹5～6遍，使水泥颗粒充分分散。第二次再抹1mm，其厚度要均匀并应找平。水泥浆抹完后，应在初凝前再用排笔蘸水依次均匀地水平涂刷一遍，但要注意不可蘸水太多，以免将素灰冲掉。

（2）第二层厚度为4～5mm水泥砂浆层。此层应在第一层水泥浆初凝期间涂抹，抹压要轻，压入该层厚度的1/4内。在水泥砂浆初凝前，再用扫帚顺序地按同一个方向在砂浆表面扫出横向条纹。

（3）第三层厚度为2mm水泥浆层。此层应在第二层终凝后涂抹。涂抹前要喷水湿润第二层砂浆表面，上下垂直刮抹水泥浆4～5遍。

（4）第四层厚度为4～5mm水泥砂浆层。在水泥砂浆初凝前，分次用铁抹子抹压5～6遍，最后用铁抹子压光。

（5）第五层为水泥浆层。此层系在第四层水泥砂浆层抹压两遍后，用毛刷均匀地涂刷于第四层水泥砂浆层上，并同第四层水泥砂浆层一起压光。

（6）水泥砂浆防水层各层应紧密贴合，每层宜连续施工；如必须留槎时，采用阶梯坡形槎，接槎处离阴阳角不得小于200mm。

（7）水泥砂浆防水层的养护：

每层水泥浆或水泥砂浆防水层终凝后，均应及时进行浇水养护。养护时先用喷壶慢慢喷水，养护一段时间后再用水管浇水。

7.2.3　掺外加剂水泥砂浆防水层施工

1. 掺外加剂防水砂浆配制

（1）防水砂浆的配制应通过试配确定配合比。

（2）掺外加剂防水砂浆的拌制应采用机械搅拌，按照选定的配合比准确称量各种原材料，投料顺序要参照外加剂使用说明书，搅拌时间适当延长1min以上。

2. 掺外加剂防水砂浆施工要点

掺外加剂防水砂浆施工准备同普通水泥砂浆施工准备。

（1）抹第一层防水砂浆作找平层，在找平层初凝后，及时抹第二层防水砂浆，用铁抹子反复压实。

（2）在第二层防水砂浆终凝以后，先在底层砂浆上刷一道水泥净浆，抹面层砂浆（或其他饰面），可分两次抹压密实平整。

（3）水泥砂浆防水层终凝后，应及时进行养护，养护温度不宜低于5℃，养护时间不得少于14d。

7.2.4 聚合物水泥砂浆防水层施工

1. 聚合物水泥砂浆参考配合比

聚合物水泥砂浆参考配合比为水泥∶砂∶聚合物乳液∶水＝1∶（1～2）∶（0.25～0.50）∶适量，施工时，应视工程特点在施工现场经试拌确定。

2. 聚合物水泥砂浆拌合

聚合物水泥砂浆应采用砂浆搅拌机拌合，拌合器具应清理干净。拌制时，水泥与砂先干拌均匀，然后倒入聚合物乳液和水拌合3～5min，配制好的聚合物水泥砂浆应在20～45min内用完。

3. 聚合物水泥砂浆施工

聚合物水泥砂浆应在底涂材料涂刷15min后开始面抹。涂层厚度大于10mm时，立面和顶面应分层施工，第二层应待第一层终凝后进行。每层宜连续施工，如必须留槎时，应采用阶梯形槎，接槎部位离阴阳角不得小于200mm。抹面可采用人工抹压或机械喷涂施工。喷涂施工时，喷枪的喷嘴应垂直于基面，合理调整压力和喷嘴与基面距离的关系。最后一层表面应提浆压光。终凝后进行保湿养护，时间不少于14d。

7.3 地下防水卷材施工

7.3.1 地下防水卷材施工概述

1. 材料要求和厚度要求

卷材防水层应采用高聚物改性沥青防水卷材和合成高分子防

水卷材。配套材料应采用同卷材材性相容的基层处理剂、胶粘剂、密封材料等。

卷材防水层为1~2层。高聚物改性沥青防水卷材单层使用时，厚度不应小于4mm，双层使用时，总厚度不应小于6mm；合成高分子防水卷材单层使用时，厚度不应小于1.5mm，双层使用时，总厚度不应小于2.4mm。

2. 防水层施工环境气温条件

防水层施工环境气温条件见表7-5。

防水层施工环境气温条件　　表7-5

防水层材料	施工环境气温
高聚物改性沥青防水卷材	冷粘法不低于5℃，热熔法不低于-10℃
合成高分子防水卷材	冷粘法不低于5℃，热风焊接法不低于-10℃
有机防水涂料	溶剂型-5~35℃，水溶性5~35℃
无机防水涂料	5~35℃

3. 基本做法

地下工程卷材防水层施工方法根据保护墙施工的前后及卷材铺贴位置可分为“外防外贴法”和“外防内贴法”两种形式。在施工场地和条件不受限制时，宜优先采用“外防外贴法”施工。

外防外贴法是在混凝土底板和结构墙体施工缝以下部分浇筑前，先在墙体或基梁外侧的垫层上砌筑部分永久性保护墙。平面部位的防水层铺贴在垫层上，立面部位的防水层先临时铺贴在永久性保护墙体上，待结构墙体浇筑后，再将上部的卷材直接铺贴在结构墙体的外表面上。卷材铺贴方法同屋面卷材做法。

外防内贴法就是地下室垫层施工完毕，先砌筑永久性保护墙。平面部位的防水层铺贴在垫层上，立面部位的防水层铺贴在永久性保护墙体上，最后将结构底板和墙体浇筑完成。

4. 系统特点与技术性能

高聚物改性沥青防水卷材和合成高分子防水卷材均有较好的不透水性，较高的抗拉强度、延伸率和抗断裂性，具有较好的耐腐蚀性、耐刺穿性、耐菌性及低温柔韧性。

5. 适用范围

适用于受侵蚀性介质或受振动作用的地下工程主体迎水面。

7.3.2 地下防水卷材施工

1. 施工条件

(1) 施工期间地下水位应降到垫层以下不少于500mm处。

(2) 铺贴卷材严禁在雨天、雪天施工；五级风及其以上时不得施工。

2. 施工准备

(1) 有套管的管道部位应高于基层表面不小于20mm。

(2) 地下结构基层应平整、牢固，不得有起砂、空鼓等缺陷。基层阴阳角处应做成圆弧形。

(3) 卷材防水层铺贴前，所有穿过防水层的管道、预埋件均应施工完毕，并做了防水处理。防水层铺贴后，严禁在防水层上打孔开洞，以免引起水的渗漏。

(4) 铺贴卷材前，应在基面上涂刷基层处理剂，当基面较潮湿时，应涂刷湿固化型胶粘剂或潮湿界面隔离剂。基层处理剂可采取喷涂法或涂刷法施工，喷、涂应均匀一致、不露底，待表面干燥后，方可铺贴卷材。

3. 施工机具准备

清理基层用的平铲、扫帚、钢丝刷、高压吹风机等；盛胶粘剂的大、小铁桶；弹线用的小线、包粉袋；裁剪卷材用的剪刀；涂刷胶粘剂用的滚刷、油漆刷；热熔法施工用的专用焊枪、火焰喷枪；压贴卷材的大、小压辊；皮尺、钢卷尺等。

7.3.3 卷材“外防外贴法”和“外防内贴法”施工

1. 外防外贴法工艺流程

混凝土垫层→砌部分永久性保护墙→砌部分临时保护墙→做保护墙找平层→涂刷基层处理剂→附加卷材层→铺贴大面积卷材

→浇筑底板和墙体混凝土→做墙体找平层→继续铺贴立面防水卷材→立面保护层施工。

2．外防外贴法施工要点

（1）在底板（或墙、基梁）外侧，用M5水泥砂浆砌筑宽度不小于底板厚度+120mm厚的部分永久性保护墙，抹20mm厚1:3水泥砂浆，注意在砌筑部分永久性保护墙时，要留出找平层、防水层和保护层的厚度。

（2）在永久性保护墙上用石灰砂浆直接砌临时保护墙，墙高150mm×（卷材层数+1）。用石灰砂浆抹找平层，也作为卷材防水层的保护层。

（3）阴阳角、预埋管道和突出物周边应增贴1~2层宽度不宜小于500mm卷材。

（4）找平层干燥并清扫干净后，在永久性保护墙上卷材防水层采用空铺法施工；在临时保护墙上将卷材防水层临时压住，并分层临时固定在保护墙最上端；卷材防水层甩槎、接槎做法示意见图7-18（*a*）。

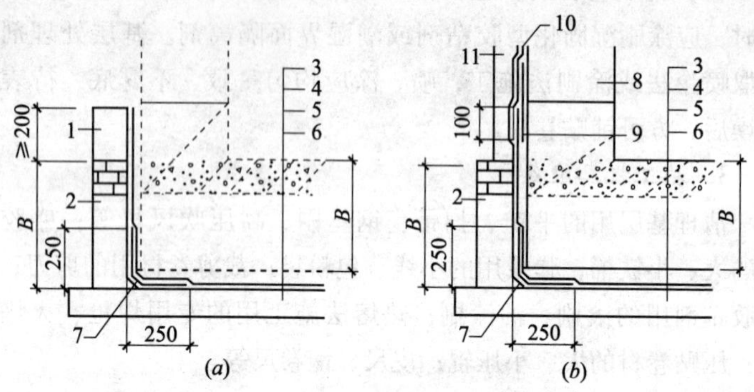

图7-18　卷材防水层甩槎、接槎做法

（*a*）甩槎；（*b*）接槎

1—临时保护墙；2—永久保护墙；3—细石混凝土保护层；4—卷材防水层；5—水泥砂浆找平层；6—混凝土垫层；7—卷材加强层；8—结构墙体；9—卷材加强层；10—卷材防水层；11—卷材保护层

(5) 浇筑混凝土底板或墙体。

(6) 拆除临时保护墙，清除石灰砂浆，并将卷材上的浮灰和污物清洗干净，再将此区段的防水结构外墙外表面上补抹水泥砂浆找平层，将卷材分层错槎搭接向上铺贴，上层卷材应盖过下层卷材。卷材防水接槎做法详见图 7-18 (b)。

3. 外防内贴法工艺流程

混凝土垫层→砌永久性保护墙→做找平层→涂刷基层处理剂→附加卷材层→铺贴大面积卷材→浇筑底板和墙体混凝土→保护层施工。

4. 外防内贴法施工要点

(1) 在已施工好的混凝土垫层上砌筑永久保护墙，并抹好水泥砂浆找平层。

(2) 找平层干燥后，在永久保护墙上铺贴卷材防水层，铺贴时应先铺立面，后铺平面，先铺转角，后铺大面积卷材防水层。

(3) 防水层施工完毕并经检查验收合格后，宜在平面卷材防水层上干铺一层油毡作隔离层，在其上做水泥砂浆或细石混凝土保护层；在立面卷材上涂布一层胶粘剂后及时撒砂，做水泥砂浆保护层。

(4) 及时浇筑结构底板和墙体混凝土

7.3.4 三元乙丙卷材防水层满粘法施工

1. 排尺弹线

铺贴前在基层面上排尺弹线，作为大面积铺贴的标准线，使整个防水层铺设平顺。

2. 卷材表面涂布胶粘剂

将卷材展开摊铺在干净、平整的基层上，用长把滚刷或扁刷蘸满胶粘剂，均匀地涂刷在卷材表面上，但接头部位 100mm 不能涂胶，待胶粘剂基本干燥后即可进行铺贴卷材。

3. 基层表面涂布胶粘剂

用滚刷或扁刷蘸满胶粘剂，均匀涂布在干净的基层表面上，涂胶后，待手指触摸基本不粘时即可进行铺贴卷材的施工。

4. 防水卷材粘贴

将卷材用圆木卷好，由两人抬至铺设端头，粘结固定端头，然后沿弹好的标准线向另一端铺贴，操作时卷材不要拉太紧，并注意方向沿标准线进行，位置要正确，以保证卷材搭接宽度。卷材不得在阴阳角处接头，接头处应间隔错开。

（1）每铺完一卷卷材，应立即用干净的滚刷从卷材的一端开始横向左右用力滚压一遍，以便将空气排出。滚压排除空气后，为使卷材粘结牢固，应用外包橡皮的铁辊滚压一遍。

（2）卷材搭接缝的粘结：卷材铺好压实后，应将搭接部位的结合面清除干净，在搭接部位每隔 1m 左右涂刷少许基层胶粘剂，将接头部位的卷材翻开临时粘结固定，再用与卷材配套的接缝专用胶粘剂，用毛刷在接缝粘合面上分别涂刷均匀，待手指触摸基本不粘手后，用手一边压合一边驱除空气，粘合后再用压辊滚压一遍，粘结牢固。

（3）收头处理：待全部卷材铺贴完毕后，须对卷材铺贴状况进行全面检查，是否粘合牢固，有无翘边、起鼓现象。然后将全部搭接缝处用毛刷清扫干净，按照涂刷宽度应比胶粘带宽度多 5～10mm 的原则，涂刷一遍基层胶粘剂，待胶粘剂基本干燥，再将密封胶带沿卷材搭接缝压紧在卷材上，不得压偏或出现间断，用手辊压实后，取下隔离纸。卷材防水层经过验收合格后，即可做保护层。

7.3.5　聚氯乙烯（PVC）卷材防水层施工

1. 铺贴 PVC 附加层

先在基层阴阳角处及转角处用满粘法铺贴 PVC 附加层，宽度不小于 500mm。

2. 排尺弹线

铺贴前在基层面上进行排尺弹标准线，并确定好卷材铺贴方向。

3. 大面积铺贴防水卷材

（1）把 PVC 卷材依标准线自然布置在基层上，平整顺直，不得扭曲，接头部位应相互错开。

（2）大面积平面宜采用空铺法，接缝采用热风焊接，先焊长边焊缝，后焊短边焊缝，焊接时，待焊枪升温至 200℃左右，将焊枪平口伸入焊缝处，先进行预焊，后进行施焊，焊嘴与焊接方向呈 45°，将 PVC 卷材用热风吹至表面熔融，随后用压辊压实，观察焊缝处有亮色提浆。待焊缝温度降至常温时，用木柄弯针检查焊缝是否有虚焊、脱焊、漏焊。

（3）上幅卷材应平行于下幅卷材进行铺贴，上下幅卷材错缝 1/3 幅宽。

（4）收口部位采用密封胶密封和铝压条固定。如遇突出基层的管道，采用 PVC 光板焊成直径略小于管道的圆筒，用焊枪加热，紧紧套在管道上根部焊实，收口处用专用铝压条箍紧，边缘裁齐，用密封胶封口。

（5）立面 PVC 卷材采用满粘法铺贴，就是先在立面满粘胶粘剂，待不沾手时，及时铺贴 PVC 卷材防水层，最后做保护层施工。

7.4　地下防水涂膜施工

7.4.1　地下防水涂膜施工概述

地下工程涂膜防水层可采用无机防水涂料和有机防水涂料。有机防水涂料可选用反应型涂料、水乳型涂料、聚合物水泥等涂料；无机防水涂料可选用掺外加剂、掺合料的水泥基防水涂料、水泥基渗透结晶型防水涂料。

1. 基本做法

在平整的基层上采用人工涂刷或机械喷涂多遍涂料，待涂料干燥后形成防水性能优良致密的防水涂膜。

2. 系统特点与技术性能

防水涂料具有良好的粘结性、防水性、耐候性、柔韧性和弹性，无污染，无毒，不燃，施工方便，对于基层混凝土复杂外形适应性强，且可调制成多种颜色。无机防水涂料应具有良好的耐磨性和抗穿刺性；有机防水涂料应具有较好的延伸性及较大适应基层变形的能力。

3. 适用范围

防水涂料适用于受侵蚀性介质或振动作用的地下工程主体迎水面，或背水面涂涮的涂料防水层。其中，无机防水涂料宜用于结构主体的背水面，有机防水涂料宜用于结构主体的迎水面。潮湿基层宜选用与潮湿基面粘结力大的无机涂料或有机涂料，或采取先涂水泥基类无机涂料而后涂有机涂料的复合涂层。

7.4.2 地下工程涂膜防水施工

1. 施工准备

(1) 施工期间应做好排水工作，使地下水位降至涂膜防水层底部最低标高以下500mm处，以利于防水涂料的充分固化。

(2) 材料要求：涂膜防水层涂膜（特别是在潮湿基面上）要有一定的粘结强度，胎体的选用应与涂料材性相搭配。尽量选用无毒难燃低污染涂料。

(3) 机具准备：涂膜防水施工的主要施工机具为配料专用容器、搅拌用具以及施工中的涂刷辊压等小型工具。

2. 工艺流程

基层处理→配料→涂刷基层处理剂→细部涂刷涂料→大面积涂刷涂料→保护层。

3. 地下工程涂料防水施工要点

(1) 基层处理：基层表面应洁净干净、平整、牢固，不得有起砂、疏松、空鼓等缺陷。基层必须干燥。但水乳型涂料，基层干燥程度可适当放宽。涂料施工前，应先对阴阳角、预埋件、穿墙管等部位进行密封或加强处理。采用有机防水涂料时，基层阴阳角应做成圆弧形，阴角直径宜大于50mm，阳角直径宜大于10mm。在底板转角部位应增加胎体增强材料，并应增涂防水涂料。

(2) 配料：采用双组分涂料时。配料应根据材料配合比现场配制。配料时要求计量准确，主剂和固化刑的混合偏差不得大于5%。涂料放入搅拌容器或内，并立即开始电动搅拌器搅拌。搅拌时间一般在3~5min。掺入固化剂的材料应在规定时间使用完毕。

(3) 涂层厚度控制试验：涂膜防水施工前，必须根据设计要求的涂膜厚度及涂料的固体含量确定每平方米涂料用量，确定需要涂刷的遍数以及每道涂刷的用量。

(4) 涂刷基层处理剂时，应用滚刷用力薄涂，使涂料尽量刷进基层表面毛细孔中，基层牢固结合。涂刷时须薄而均匀，养护2~5h后进行底层防水涂膜施工。

(5) 涂料涂刷可采用棕刷、长柄刷、橡胶刮板、圆滚刷等进行人工涂布，也可采用机械喷涂。涂布立面最好采用醮涂法，涂刷应均匀一致。涂刷平面部位倒料时要注意控制涂料的均匀倒洒。每层涂料涂布宽度应与胎体增强材料宽度相一致，也可增设胎体增强材料。

(6) 地下工程结构有高低差时，在平面上的涂刷应按"先高后低，先远后近"的原则涂刷。立面则由上而下，先涂转角及特殊加强部位，再涂大面积范围。同层涂层的相互搭接宽度宜为30~50mm。涂料防水层的搭接缝宽度应为100mm，接涂前应将接槎处表面处理干净。

(7) 收头处理：为防止收头部位出现翘边现象，所有收头均应用密封材料压边，压边宽度不得小于10mm。收头处的胎体增强材料应裁剪整齐，如有凹槽时应压入凸槽内，不得出现翘边、皱折、露白等现象，否则应先进行处理后再涂封密封材料。

(8) 防水涂料宜采用外防外涂，见图7-19和图7-20。

(9) 掺外加剂、掺合料的水泥基防水涂料厚度不得小于3.0mm；水泥基渗透结晶型防水涂料的用量不应小于1.5kg/m^2，且厚度不应小于1.0mm；有机防水涂料的厚度不得小于1.2mm。

(10) 涂膜施工完毕后，应立即进行保护层施工。

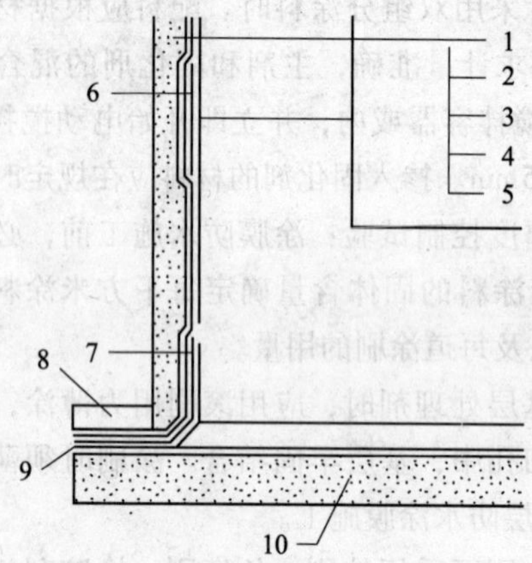

图 7-19 防水涂料外防外涂做法

1—结构墙体；2—砂浆保护层；3—涂料防水层；
4—砂浆找平层；5—保护墙；6—涂料防水层加强层；
7—涂料防水加强层；8—涂料防水层搭接部位保护层；
9—涂料防水层搭接部位；10—混凝土垫层

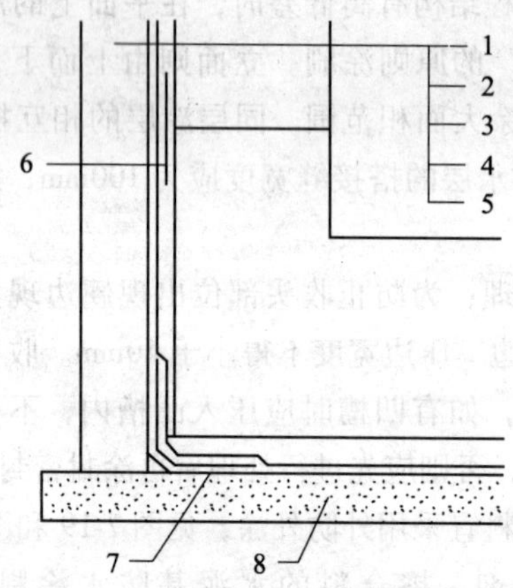

图 7-20 防水涂料外防内涂做法

1—保护墙；2—涂料保护层；3—涂料防水层；
4—找平层；5—结构墙体；6—涂料防水层加强层；
7—涂料防水加强层；8—混凝土垫层

7.5 堵漏灌浆施工

7.5.1 地下工程渗漏防治概述

1. 渗漏防治技术路线

地下工程渗漏水防治措施应遵循“堵排结合、因地制宜、刚柔相济、综合防治”的原则。堵排结合是指地下工程渗漏防治措施，应根据工程的具体情况，采取以排水为主或排水与堵漏相接合的防治措施，就是采用自流排水或机械排水方式将大的渗漏水排走，减少水压，为治理地下渗漏水创造条件；因地制宜是指应充分考虑渗漏水的面积，渗水走向、渗水量、渗水的变化规律及堵漏材料和施工方法后采用有针对性的防治措施；刚柔相济是指地下工程发生渗漏时，在刚性较好并稳定的部位采用刚性材料如聚合物水泥砂浆、超细水泥、环氧树脂等材料进行抹面或加固堵漏；对于刚性差且有一定变形要求的部位，采用防水涂膜等柔性材料抹面；综合防治是指采用抹面、注浆、嵌缝等多种刚柔相济的防治措施。渗漏防治技术路线是把大漏变小漏，线漏变点漏，片漏变孔漏，最后用灌浆材料封孔处理。

2. 渗漏水现象

地下工程渗漏水是普遍存在的现象，其主要表现形式有三种：点渗漏、缝渗漏和面渗漏：按其渗水量的不同，又可分为慢渗、快渗、漏水、涌水四种情况，地下工程渗水量判定见表7-6。

地下工程渗水量判定表 表7-6

项目	渗漏现象
慢渗	漏水现象不明显，用毛刷或布将漏水处擦干，不能立即发现漏水，需经3~5min后，才发现有湿痕，再隔一段时间才集成一小片水，逐渐汇集成流
快渗	漏水比慢渗明显，擦干漏水处能立即出现水痕，很快集成一片，并顺墙流下

续表

项目	渗漏现象
漏水	漏水现象明显，形成一股水流，由漏水孔、缝顺墙急流而下
涌水	漏水严重，水压较大，常常形成水柱，由漏水处喷射而出

3. 渗漏部位检查方法

渗漏部位检查方法一般又分为观察法、擦干水泥法和综合法，渗漏部位具体检查方法详见表7-7。

渗漏部位检查方法表 **表7-7**

检查方法	渗漏现象
观察法	对于漏水量大，出现高压急流的现象，可以直接观察到渗漏部位
擦干水泥法	对于慢渗或不明显的渗漏，可将渗漏部位擦干，及时在漏水处撒上一层薄干水泥，表面出现的湿点或湿线，即是漏水的孔洞或缝隙，然后在渗漏部位做上标志
综合法	如果出现一片湿现象，仅用撒干水泥法不易发现渗漏的位置，此时可用综合法进行检查。其方法是用水泥胶浆（水泥∶水玻璃＝1∶1）在漏水处均匀涂刷一薄层，并立即在表面均匀撒上干水泥一层，当干水泥表面出现湿点或湿线时，该处即为渗漏部位

4. 堵漏方案确定

（1）查找渗漏水来源

首先对工程周围的水质、水源、土质等情况进行调查，掌握地下水位随季节变化的规律和地表水的影响。

（2）分析造成渗漏水的设计原因

首先要了解造成渗漏的原因是否同结构的强度、刚度及地基不均匀沉降有关，设计选择的防水材料是否妥当。

（3）分析材料质量原因

对工程所用的防水材料进行检验，检查构成混凝土的胶凝材料和粗细骨料是否符合防水抗渗等级要求，判断工程渗漏水是否由材料质量不良而引起的。

(4) 分析施工质量原因

绝大部分渗漏水都与施工质量有关。因此在确定方案时，必须掌握地下防水混凝土的配合比是否合理，防水混凝土搅拌、浇筑、振捣、养护情况，掌握施工缝、变形缝、后浇带留设位置。观察混凝土观感质量如蜂窝、麻面、孔洞的分布面积和数量，掌握施工质量对工程渗漏的影响。

7.5.2 混凝土孔洞渗漏水处理

1. 封堵材料

一般采用促凝胶浆封堵材料，如水玻璃—水泥胶浆、石膏—水泥堵漏材料、水泥—防水浆堵塞料等。

2. 封堵方法

地下水孔洞渗漏封堵方法应根据所受水压的大小和孔洞的大小确定，一般采用直接堵塞法、下管堵漏法、木楔堵塞法或预制套盒堵漏法。

(1) 直接堵塞法

当水压力不大（水头在2m以下），漏水孔洞较小的情况，可采用“直接堵塞法”处理。

操作时先根据渗漏水情况，以漏水点为圆心剔槽（直径与深度分别为1cm×2cm、2cm×3cm或3cm×5cm，一般毛细孔渗水则剔成直径为1cm的垂直圆孔），用水将槽冲洗干净，随即将配合比为1:0.6的水玻璃—水泥（或其他促凝剂）胶浆捻成与槽直径相近的圆锥体，待胶浆开始凝固时，迅即将胶浆挤塞进槽内，同时将槽孔周围擦干，撒上干水泥。待堵塞严密、无渗水现象时，再在漏水点表面抹素水泥浆和水泥砂浆各一层，并将砂浆表面扫毛，待砂浆有一定强度后，再在其上做防水层。

(2) 下管堵漏法

当水压较大（水头在2~4m），且漏水孔洞较大时，可采用“下管堵漏法”处理。

首先，清除漏水处空鼓的面层，剔成孔洞，其深度视漏水情况而定，漏水严重的可直接剔至基层下的垫层处。并在洞底铺一层碎石，在碎石上面盖上一层与洞面积相等中间开一小孔的油毡（或铁皮），用胶皮管插入孔中，使水顺胶皮管流出。若为地面孔洞漏水，则在漏水处四周砌筑挡水墙，用胶皮管将水引出墙外，然后用水泥—水玻璃（或其他促凝剂）胶浆把胶皮管四周的孔洞一次灌满。待胶浆开始凝固时，用力压实孔洞四周，使胶浆表面低于地面约1cm。拔出胶皮管，按“直接堵塞法”封堵孔洞。最后拆除挡水墙，再进行防水层施工。

（3）木楔堵塞法

首先将漏水处剔成一孔洞。根据漏水量大小设定一端打成扁形铁管直径. 用水泥胶浆把铁管稳设在孔洞中心，并使铁管顶端低于基层表面约3～4cm。按铁管内径制作浸涂沥青木楔一个，待水泥胶浆凝固一段时间后（约24h），将木楔打入铁管内把水堵住，楔顶距铁管上端约3cm。用促凝剂水泥砂浆（水灰比约0.3）把楔顶上部空隙填实，随即在整个孔洞表面抹素灰一层、砂浆一层，砂浆表面要与基层表面相平并扫出毛纹。待砂浆有一定强度后，再做防水层。

（4）预制套盒堵漏法

当水压较大、漏水严重，且孔洞较大的情况下，采用“预制套盒堵漏法”处理，将漏水处剔成圆形孔洞，孔洞直通垫层以下，在孔洞四周砌筑临时挡水墙。根据孔洞大小制作混凝土套盒，套盒外半径较孔洞半径小30mm，套盒底厚与原地面混凝土厚度相同，套盒壁上留有数个进水孔。在孔洞底部垫层以下部分铺碎石一层，然后将套盒反扣在孔洞内，使套盒顶面比原地面低20mm。在套盒与孔洞的空隙中填塞碎石，填到与垫层相平，再用水泥胶浆灌满石子上部空隙，并把胶皮管或软塑料管置于套盒底部孔眼内，将水引出挡水墙外。清除挡水墙内的水并擦干表面后，在孔洞上部抹好一层素灰、一层砂浆，并将砂浆表面扫出毛纹。待砂浆凝固后，拔出胶管，按“直接堵漏法”将孔眼封堵，最后做好防水层。

7.5.3　混凝土裂缝渗漏水处理

裂缝漏水包括结构变形造成的渗漏水和混凝土收缩裂缝渗漏水。裂缝漏水的封堵，也应根据水压大小采取快速直接堵漏法、下线堵漏法或下半圆铁片堵漏法等不同的操作方法，具体做法如下。

1. 快速直接堵漏法

适用水压较小的慢、快和急流渗漏水。操作时，沿裂缝剔八字形槽，深 10 ~ 30mm，宽 15 ~ 50mm，将槽清洗干净，将水泥胶泥捻成条形，待胶泥将要凝固时迅速压填入槽中。若裂缝较长，可分段封堵，但胶泥间的接槎要呈反八字形相接。封堵后经检查无漏水时，再抹素水泥浆、水泥砂浆各一层，并将表面扫毛。待砂浆凝固后，再做防水层。

2. 下线堵漏法

适用于水压较大的慢、快渗漏水。操作时，先沿裂缝剔槽，深 10 ~ 30mm，宽 15 ~ 50mm，将槽冲洗干净，在槽底部沿着裂缝放置一条长 200 ~ 300mm 小绳，绳粗细根据漏水量确定，把水泥胶泥捻成条形，待胶泥将要凝固时迅速压填入槽中，挤压密实后。迅速将小绳抽出，再压实一次，使漏水顺绳孔外流，再按照混凝土孔洞渗漏水的处理方法（直接堵塞法）堵住绳孔。

3. 下半圆铁片堵漏法

适用于水压较大的急流渗漏水。操作时，沿渗漏水剔八字槽，尺寸可视水量大小定．一般深 × 宽分别为 30mm × 20mm、40mm × 30mm 或 50mm × 30mm。将铁皮做成半圆形，铁皮长 100 ~ 150mm，弯曲后宽度与槽宽相等，将半圆铁片连续排放卡于槽底，而每隔 500 ~ 1000mm 则需放置一个带圆孔的铁片，便于把胶管或塑料管插入起引水作用。

7.5.4　混凝土大面积渗漏水处理

混凝土大面积渗漏水处理前，应尽量先将地下水位降低，便于在无水情况下直接进行施工操作。使面漏变成线漏，线漏变成点漏，最后按点漏的方法进行堵漏防水。

1. 环氧粘贴玻璃布防水层

环氧粘贴玻璃布一般做在迎水面上。该种方法可用于干燥或潮湿的混凝土基面上，但不宜用于有渗漏水的情况。环氧粘贴玻璃布防水层一般为1.5mm厚。环氧粘贴玻璃布防水层的配合比见表7-8。

环氧粘贴玻璃布防水层的配合比 **表7-8**

材料名称	Ⅰ（干燥面层）		Ⅱ（潮湿面层）	
	底胶	面胶	底胶	面胶
环氧树脂	100	100	100	100
煤沥青			50~70	30~50
甲苯	50	20		
苯二甲酸二丁酯（增塑剂）	8	8	8	8
乙二胺	10	10	12	12
水泥（填料，42.5以上硅酸盐水泥）	50	100	50	100

注：为了便于涂刷，可视气温变化随时调整稀释剂和填料的用量。

环氧粘贴玻璃布防水层，其施工要点如下：

（1）基层如有蜂窝、麻面和孔洞时，应先用1:2水泥砂浆修补抹平，最后用压力水清洗干净。

（2）涂刷底胶。在平整、坚实、干净的混凝土基层上先涂刷一层底胶，待底胶涂刷均匀后再将玻璃布粘贴于基层上，铺贴时应从中间向四周抹压，使玻璃布能牢固粘贴于混凝土基层上。涂刷面胶。待底胶初凝后，并检查无鼓泡现象时，就用同样方法在已粘贴的玻璃布上再涂刷二层面胶。

2. 修补方法

（1）慢渗

大面积慢渗（即无明显水眼），约3~5min左右才发现湿痕现象，相隔一段时间后才聚集成一片水。

处理方法：可先将明显漏水部位用五矾防水剂与水泥按1:2配合比拌成水泥胶浆堵漏止水，对渗漏不明显的部位，就可用氯化铁防水砂浆或其他防水砂浆抹压处理。

（2）快渗

漏水明显的孔洞和缝隙，分别按7.5.2节中的混凝土裂缝渗漏水处理和7.5.3节中的裂缝漏水混凝土裂缝渗漏水处理方法逐个处理，然后用水玻璃－水泥砂浆（水泥砂浆比例为1:2，水泥砂浆和水玻璃之比应根据施工和易性而定）进行抹面，操作方法与普通水泥砂浆面相同。

7.5.5 灌浆堵漏法施工

灌浆材料就是将一定的材料配制成浆液，用压送设备灌入（或注入）缝隙或孔洞中，使其扩散、胶凝或固化，以达到防渗堵漏目的。

1. 丙烯酰胺类灌浆堵漏法

丙烯酰胺浆液又称丙凝浆液。下面专门介绍丙凝浆液灌浆设备与操作方法。

（1）灌浆机具设备

灌浆设备有电动双液浆泵、比例水泵、齿轮油泵或风压罐等，其灌浆布置应使A液和B液分别通过两个泵或风压罐输送到注浆孔前的混合室，使浆液混合均匀后进入注浆嘴。注浆嘴因埋设方法不同，构造各异，一般情况下用压环式注浆嘴与楔入式或埋入式注浆嘴，注浆嘴管径均应略小于埋设的孔洞。

一般钢筋混凝土的地下构筑物，渗水量在1t/h以下。若灌浆量不大时，可选用轻便灵活、移动方便、自带桶贮液的手掀泵。

（2）丙凝浆液灌浆施工要点

首先要清理基层表面，查清渗漏的部位。在流量较大的部位埋设引水管，然后用快硬水泥胶封缝，使水集中从引水管流出。完成引流后，使原漏水缝周围保持干燥，并进行仔细清理，最后进行凿毛。

对可能引起渗漏的可疑部位，做环氧涂料或环氧衬玻璃布附加防水层。在环氧涂料上面再做水泥砂浆保护层，待保护层养护到龄期后，即沿引水管处压注丙凝浆液堵漏。

（3）灌浆孔的设置

待裂缝周围加固之后，沿引水管压注丙凝浆液，达到堵漏目的。在这种情况下，灌浆数量较小，压力较低。灌浆孔可用人工钻成，埋设塑料管注浆嘴，钻孔深度不允许穿透结构，只要能起到固定注浆嘴的作用就可以。

（4）注浆嘴的埋设

封堵引水的注浆，可采用适当孔径的铁管或高压橡皮管、塑料管等，插管处用快硬水泥胶浆封固。铁管最好焊在钢筋上；橡皮或塑料管硬尽可能塞深一些，塞入深度应不小于100mm。使用塑料管注浆时，其注浆压力不应大于0.4MPa。

（5）配制丙凝浆液和安装设备

确定浆液凝固时间和用量后，即可配制浆液。调整凝固时间。然后安装灌浆设备。操作人员要熟悉机械设备的性能，重点检查泵体及管道耐压性能，确保安全操作，如果孔洞吃浆量大，灌浆压力升不高，则不能一次灌浆堵漏止水，往往需要重复灌浆方能达到目的。灌浆堵漏止水后，拔除或割去注浆嘴，再用快硬水泥砂浆堵塞孔洞。

2. 环氧树脂类灌浆堵漏法

灌浆堵漏施工前，在裂缝和结构表面，均需用钢丝刷或空压机吹刷干净，若有油污等则用甲苯或丙酮擦拭干净，根据裂缝的宽度和深度选用设备。裂缝宽度在2mm左右，可用医用注射器灌注，细小裂缝则用毛刷涂刷，宽度大于2mm的裂缝宜用刮刀满刮胶泥。当裂缝面较大时，宜用环氧胶泥涂于结构表面的方法处理，当裂缝深、又属于贯穿裂缝时，结构需要补强，则可用压力泵灌浆的方法处理。

7.6 渗排水与盲沟排水施工

7.6.1 渗排水工程施工

1. 概述

凡工程地下水较丰富，基坑内无自流排水条件，土层属于透水性砂质土的地基，应在底板下或主体结构外侧设置渗排水层。通过有组织将地下水排走，消弱水对地下结构的压力，减少对结构的渗透作用，从而对地下工程达到防水目的起到辅助作用。

当前，一种重量轻、占据空间小、施工方便的夹层塑料排水板逐渐代替砂石等传统材料进行渗排水系统的设置，使得渗排水系统有了更大的选择。

2. 基本做法

结构底板下面满铺砾石渗排水层，渗水层下面按照一定间距设置排水沟，沟内设置排水管，沿基底外围设有渗水沟，地下水经过滤水层、渗排水层流入渗排水沟，进入渗排水管，沿管流入集水井，汇集后由排水泵房排出。

3. 系统特点与技术性能

渗排水系统构造简单，效果明显，施工方便，造价较低。

4. 适用范围

渗排水适用于无自流排水条件、防水要求较高且有抗浮要求的地下工程，但应防止由于排水的影响危及地面建筑物、公路和农田水利设施。

5. 施工准备

(1) 材料要求

渗水层的石子和砂子洁净、坚硬、无泥砂、不易风化，石子粒径分别为 5 ~ 10mm 及 20 ~ 40mm，砂子采用中粗砂，其含泥量不大于 2% 。

(2) 机具准备

当基底为土层时，基槽开挖可根据现场情况采用人工或小型反铲机械开挖。

（3）技术准备

应熟悉工程特点和工程地质构造（包括地下水类型、区域地形地貌、地震烈度等）。

6. 工艺流程

基坑开挖→砌保护墙→铺设滤水层→安装排水管→铺设渗排水层→铺设隔离层→基础防水底板施工。

7. 施工要点

（1）砌筑基础结构周围的保护墙。

（2）用5~10mm碎石或粗砂在与基坑土层接触位置铺设滤水层，总厚度为100~150mm。

（3）沿渗水沟安放排水管，排水管的坡度应不小于1%，管与管相互对接处，应留出10~15mm的间隙。

（4）分层铺设碎石渗排水层至基础防水底板底面，用平板振动器轻振压实。厚度不小于300mm。

（5）为防止基础防水底板混凝土在浇筑时，水泥砂浆填入渗排水层，从而降低结构底板混凝土质量，影响渗排水层的水流畅通。可在碎石渗排水层上铺设卷材或抹30~50mm厚水泥砂浆的隔离层。

（6）浇筑基础防水结构底板，此时应注意不要破坏隔离层，也不要扰动已做好的渗排水层。

（7）结构墙体外侧模板拆除后，将基础结构至保护墙壁之间的隔离层除净，再分层施工渗水墙部分的渗排水层和滤水层。

（8）最后施工渗排水墙顶部的保护层或混凝土散水坡。散水坡应超过渗排水层外缘且不小于400mm。

7.6.2　盲沟排水工程施工

1. 基本做法

尽可能利用自流排水条件排水，当不具备自流排水条件时，水可经管道流于积水井，再用水泵抽水排走。

2. 系统特点与技术性能

盲沟排水系统施工方便，构造简单，效果明显，造价较低。

3. 适用范围

盲沟排水适用于地基为弱透水性土层，地下水量不大，排水面积较小，常年地下水位在结构底板以下仅在丰水期高于结构底板的地下防水工程。

4. 施工准备

(1) 做渗水层的砂、石不得有杂质，粒径为10~30mm，含泥量不大于2%。土工布质量不小于250g/m²。

(2) 集水管应采用无砂混凝土管，也可采用分布若干个Φ12mm孔的普通硬塑料管或加筋软管式透水盲管。

(3) 盲沟反滤层的层次和粒径应符合表7-9的规定：

盲沟反滤层的层次和粒径表　　**表7-9**

反滤层的层次	建筑物地区地层为砂性土时（塑性指数 $I_p<3$）	建筑物地区地层为黏性土时（塑性指数 $I_p>3$）
第一层（贴天然土）	0.1~2mm粒径砂子组成	2~5mm粒径砂子组成
第二层	1~7mm粒径小卵石组成	5~10mm粒径小卵石组成

5. 工艺流程

放线→沟槽开挖回填→分隔层铺设→铺设滤水层→安装排水管→继续铺滤水层→铺设隔离层→回填土。

6. 施工要点

(1) 在基底上按盲沟位置放线，然后用人工或机械进行回填灰土，灰土应按设计坡度找坡，盲沟壁两侧回填素土至沟顶标高。用人工或机械对回填土进行修坡整治。人工沿盲沟壁、底铺设土工布。土工布在两侧沟壁上口留置长度，应根据盲沟宽度尺寸并考虑不少于10cm搭接宽度确定。分隔层的预留部分应临时固定在沟上口两侧，并注意保护。

(2) 在铺好分隔层的盲沟内，人工铺170~200mm厚粒径10~

30mm 的石子，铺设时用水平仪实测每段管底标高，按照排水管的坡度进行找坡。

（3）铺设排水管，接头处先用砖头垫起，再用 0.2mm 厚薄钢板包裹以钢丝绑平，并用沥青和土工布涂裹两层，安好排水管，撤去砖垫，拐弯用弯头连接，跌落井应先用砖或混凝土浇砌井壁再安装管件。

（4）排水管安装好后，经测量管道标高符合设计要求，即可继续铺设石子滤水层至盲沟沟顶，滤水层总厚度为 450 ~ 500mm。石子滤水层铺设应密实度均匀一致，施工时不得损坏排水管。

（5）石子铺至沟顶即可覆盖土工布，将预留的土工布沿石子表面覆盖搭接，搭接宽度不应小于 10cm，并顺水方向搭接。最后进行回填土。埋管盲沟剖面示意见图 7-21 所示。

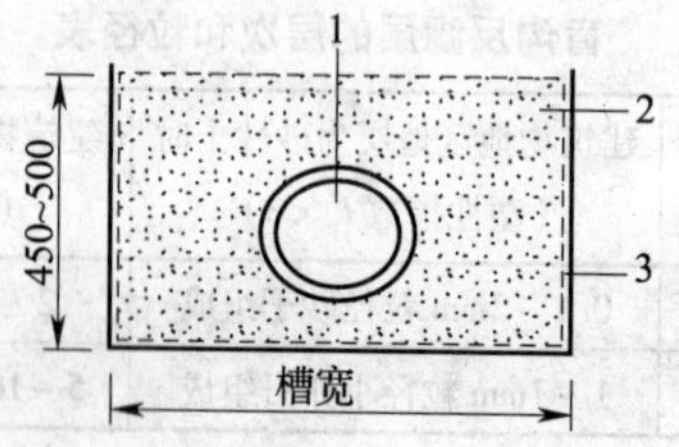

图 7-21　埋管盲沟剖面示意

1—盲沟花管；2—粒径 10 ~ 30mm 石子，厚 450 ~ 500mm；3—土工布

8 防水工程安全管理及文明施工

8.1 安全管理制度

8.1.1 安全管理要素

1. 现场管理

防水工程现场安全管理由下列11个要素组成，分别是：安全管理职责、安全管理体系、相关材料采购控制、专业分包方安全控制、施工过程安全控制、安全检查检验和标识、事故隐患控制、纠正和预防措施、安全教育和培训措施、安全记录、安全内部审核。

2. 安全管理职责

防水专项施工应成立完善的安全施工组织机构，明确安全目标，项目经理为项目安全生产第一责任人。

3. 安全管理体系

实行项目经理负责制的项目管理，并成立安全管理体系。成立以项目经理为组长、专业工长和专职安全员为副组长的防水专项施工安全管理小组。

4. 编制安全生产计划

防水专项施工中应配备专职安全检查人员，完善施工安全技术及防护措施，配备符合要求的用电及消防设施；配齐施工机械安全装置，配备一定的安全检测工具；建立一定的安全生产资金；制定夏季防暑降温措施；编制有针对性的安全技术交底。

5. 相关安全材料采购控制

防水专项施工前对专业分包方采购的安全设施所需材料、设备及防护用品进行控制，确保符合安全施工要求。

6. 专业分包方安全控制

督促专业分包方执行分包合同中有关安全生产的条款。施工前，向专业分包方作有关安全生产方面的书面交底。

7. 施工过程安全控制

施工开始后，应对专业分包方或作业班组进行全过程安全控制，并做好记录。

8. 安全检查检验和标识

按照安全生产计划措施，检查督促专业分包方或作业班组施工人员执行安全规定，及时杜绝影响安全生产的因素。落实各项安全措施，对用电设备，机械设备及脚手架或吊篮等定期检查。

9. 事故隐患控制

防水专项施工过程中应随时消除事故隐患，不合格设施不能用，不合格物资不放行，不合格过程不通过，不安全行为不放过，对于施工中出现的安全问题采用奖惩制度方式彻底解决，消除事故隐患。

10. 纠正和预防措施

防水专项施工过程中发生安全事故后应做好记录，并及时向有关安全部门报告，落实预防措施。

11. 安全记录

防水专项施工过程中应建立证明安全体系运行的安全记录，包括台账、报表和原始记录等。

12. 安全内部审核

企业内部应设置专人专门机构，对防水专业分包方的作业班组或劳务队施工时的安全活动是否符合安全管理文件进行审核。

8.1.2 安全生产例会

1. 每日生产例会安全讲评

项目经理部将每日召开生产例会，现场经理把安全讲评放在例会的重要议事日程上，除布置生产任务外，还要对上一天施工现场安全动态作出总结，指出施工中存在的安全问题，及时布置解决措施。

2. 每周安全例会

由项目经理部经理主持，参与项目施工的所有分包负责人及技术负责人参加。首先由参与项目施工的专业分包方（作业班组或劳务队），汇报上周施工项目的安全情况，安全体系运行情况，安全上存在问题及解决问题的办法，以及需要项目经理协助配合事宜。

8.1.3 施工安全教育措施

1. 建立安全教育和培训制度

将安全教育和培训贯穿施工全过程，经常对全体职工进行安全教育，覆盖施工所有人员，牢固树立“安全第一”的思想，工作前应进行安全交底。安全教育和培训重点是安全人员的安全生产知识，是否遵纪守法，自我保护和防范事故能力，定期对持证特殊工种人员进行安全教育和培训。各工种操作人员经过考核合格者持证上岗，熟知本工种的安全技术操作规程。

2. 培训内容

施工现场安全规章制度，安全专业技能，特种人员的安全操作规程及措施，对潜在事故的防范措施和自我解救措施。坚持“五同时”，“三不放”制度。坚持每道工序施工前进行安全交底、工序施工完成后进行安全讲评活动。坚持安全周日活动，每周安排一个晚上开展班组安全活动。坚持定期检查制度，企业每月检查一次。

3. 标牌设置

施工现场设置安全标牌，危险区设立明显安全警示标志。

8.2 施工安全技术措施

8.2.1 施工安全技术一般要求

1. 防水工程严禁在雨天施工；五级风及其以上时不得施工；

环境气温低于5℃时不宜施工。施工中途下雨、下雪，应做好已铺施工现场周边的防护工作。夏季施工，须做好防暑降温措施。

2. 所有进入现场的施工人员必须佩戴安全帽，安全帽规格性能必须符合国家标准《安全帽》（GB 2811—2007）的规定。施工人员衣着应灵活紧身，禁止穿硬底鞋、高跟鞋作业，禁止施工人员酒后操作、吸烟和打架斗殴。

3. 对患有皮肤病、结核病、结膜炎病以及过敏体质、心脏病、高血压、癫痫或恐高症的病人不得参加高处防水施工作业。施工过程中发生恶心、头晕、过敏等现象时，应停止作业。施工人员应佩戴防护手套，防止涂料沾污皮肤，一旦沾污皮肤，应及时用乙酸乙酯清洗，应有通风措施。

4. 配制、贮存涂料、溶剂、稀释剂及胶粘剂以及燃料汽油的专用库房内和指定地点应严禁烟火，干燥通风，防止泄漏和防止污染；该地点30m以内范围不得进行电焊、气焊等明火作业。

5. 在城市行政区内严禁用敞口大锅熬制沥青。

6. 防水层铺设完毕后，应加以保护，不得受尖状物或重物碰撞，以免损坏防水层。

7. 在禁火区采用热熔法（使用明火）粘结卷材施工时，应申请办理动火手续，设专人监督，并配有灭火器、砂袋等消防器材。施工时严禁接近火源、热源。

8. 施工中废弃物质要及时分类清理、外运至指定地点，避免污染环境。

9. 夏季施工，应有防暑降温措施，若在通风不良环境中施工，要注意每隔一段时间休息一次。

8.2.2　屋面防水施工安全技术措施

1. 屋面防水施工应有防火、防毒、防污染、防烫伤、防高空坠落措施。禁止在防水层作业面上方进行电、气焊工作。

2. 防水工进入施工现场在高处作业施工时，应遵守《建筑施工高处作业安全技术规范》（JGJ 80—91）的规定。凡在坠落高度基准面2m以上，无法采取可靠防护措施的高处作业防水人员，施工人员应系好安全带。

3. 屋面防水施工使用的材料、工具等必须放置平稳，不得放置在屋面檐口、洞口或女儿墙上。

4. 用热玛琋脂粘铺卷材时，浇油或铺毡人员应保持一定距离，壶嘴向下，不准对人，侧身操作，防止热油飞溅烫伤。浇油时，檐口下方不得有人行走或停留。

5. 使用液化气喷枪或汽油喷灯点火时，火嘴不准对人。汽油喷灯加油不能过满，打气不能过足。

6. 在坡度较大的屋面施工时，应穿防滑鞋，设置防滑梯，物料必须放置平稳。瓦屋面完工后，应避免屋面受物体冲击。严禁任意上人或堆放物件。

7. 屋面防水施工必须搭设好防护栏杆，防护栏杆高度应大于1.2m，牢固可靠。

8. 用草帘或毛毡覆盖混凝土时，构件表面的孔洞部位应设明显标志，以防施工人员跌落或受伤。

9. 屋面金属板材吊运时，必须用尼龙绳捆牢，并按规定位置堆放，防止超载。

8.2.3 地下防水施工安全技术措施

一般地下防水安全技术措施同屋面防水安全技术措施。地下防水专用的安全技术措施如下：

1. 施工过程中做好基坑和地下结构的临边防护，防止出现坠落事故。深基坑作业人员上下、材料运输应设斜坡道，并采取防滑措施。

2. 在进行施工渗排水层施工时，随时注意观测周围环境的变化，并根据实际情况制定相应的预防措施，避免造成周围土层移动和水土的流失，避免临近建筑物、道路地下管线的变形或损伤。

3. 夜间施工时，施工现场必须有足够的照明设施。施工用机具设备维修、保养、试运转处于良好状态，电源能满足施工需要。

4. 人工吊运土方之时，应检查起吊工具，绳索是否牢靠。卸土堆放应离开坑边一定距离，以防造成坑壁塌方。

5. 用手推车运土时，应先平整好道路，卸土回填，不得放手让车自动翻转，用翻斗汽车运土，运输道路的坡度、转弯半径应符合有关安全规定。

8.3 环境保护与成品保护措施

8.3.1 环境保护措施

防水专项施工前应加强教育和培训，提高全体员工的环境保护意识。

(1) 严格按施工组织设计要求，合理布置工地现场的临时设施，按照功能不同分别标识清楚，办公环境文明，施工现场每日清扫。

(2) 劳务人员生活区应有平整的道路，施工现场道路均应硬化，并每天经常洒水，有排水设施，生活垃圾集中堆放，及时清理，应有开水供应，食堂卫生应符合有关卫生防疫部门的专项要求，生活区内应有水冲式厕所，并常年保持卫生。严禁在施工现场及其周围随地大小便，确保工地文明卫生。

(3) 材料：由于防水材料大多数是石油化工产品，为了防治污染环境，保持施工现场整洁，应将防水材料设置单独的存放区，并做明显的标志。防水涂料使用时应专人管理，每日剩余的涂料应集中回收，能重复使用的材料第二天再使用，不能用的应集中倾倒在专用垃圾堆放点，待防水分项完工后集中运到场外指定地点。不得在现场焚烧。

(4) 不同品种、型号规格的卷材应分别堆放；卷材应贮存在阴凉通风的室内，避免雨林、日晒和受潮，严禁接近火源。沥青防水卷材贮存环境温度，不得高于45℃；卷材应避免与化学介质及有机溶剂等有害物质接触。

(5) 防水涂料应按不同规格、不同品种分别存放。

(6) 密封材料应分类贮存在通风、阴凉的室内，环境温度不应高于50℃；水乳型密封材料的贮存环境温度不应低于0℃。

(7) 如采用沥青材料，应采用专用的环保沥青熬制车，严禁使用敞口锅熬制沥青。

(8) 有毒材料和挥发性材料应密封贮存，妥善保管和处理，不得随意倾倒。使用有毒材料时，施工现场应加强通风。使用有毒材料的作业人员应按规定享受劳保福利和营养补助，并应定期体检。配制和使用有毒材料时，必须着防护服、戴口罩、手套和防护眼镜，严禁毒性材料与皮肤接触和入口。

(9) 遵守国家和地方政府的环保政策，对施工附近的农田，农作物给予保护，防止施工废水排入自然排水沟，施工废水应排放到指定地点。

8.3.2 成品保护措施

在施工过程中，有些分项工程已经完成，而其他一些分项工程尚在施工。在这种情况下，施工单位必须负责对已完成部分采取妥善措施予以保护，以免成品缺乏保护或保护不善而造成损伤或污染，影响工程的整体质量。

1. 屋面防水混凝土成品保护

吊运材料和拆除模版时不得碰坏混凝土，采取措施保证预埋件和穿墙管道位置准确，防止外力撞击造成位移

2. 屋面卷材成品保护

(1) 伸出屋面的管道、设备或预埋件、避雷针（线）等，应在防水层施工前安装完毕。

(2) 在防水层上进行其他作业时，必须采取覆盖措施，当下道工序或相邻工程施工时，对屋面已完成的部分应采取隔挡局部封闭等保护措施，防止损伤防水层或引起火灾。屋面防水层和保护层完工并经验收合格后，应封闭上屋面的楼梯门或出入口。

(3) 在屋面防水层完工后，不得穿带钉子的鞋在防水层上行走和行车、放置工具。防水层不得受重物冲击。在防水层上施工

找平层、保护层时，应搭设施工通道，防水层不得直接与溶剂、油污或腐蚀性介质接触。

(4) 落水口处的防水层完工后应及时安装篦子、网罩或加以覆盖，以防堵塞或损伤。

(5) 屋面做淋水或蓄水试验时，上水管或封堵落水口的物体不得损伤防水层。

3. 屋面涂料成品保护

(1) 涂料应达到环保环境要求，应选用符合环保要求的溶剂。因此，配料和施工现场应有安全及防火措施。

(2) 预计涂膜固化前有雨时不得施工，施工中遇雨应采取遮盖保护措施。

(3) 清扫及砂浆拌合过程要避免灰尘飞扬。

4. 平瓦屋面成品保护

平瓦屋面施工完毕应采取措施，避免上人踩坏，如需要施工人员在其上维修，应事先铺垫垫板方可操作。

5. 金属板材成品保护

(1) 屋面材料吊运应选用尼龙带兜紧，然后用钢丝绳吊挂尼龙带或用吊具起吊。不允许钢丝绳直接捆扎而勒坏屋面金属板材。对于较长的屋面金属板材、檐沟板宜用铁扁担多点吊运，吊点的最大间距不得大于5m。

(2) 屋面施工中尽量避免利器碰伤表面涂层，一旦划伤或有锈斑时，应采用相应涂料修补好。

(3) 屋面施工完毕，应将残留在屋面及檐沟、天沟内的金属切屑、碎片、螺栓等杂物清理干净，不得散落在屋面上。

(4) 在已铺好的屋面上行走必须穿软底鞋，不得直接在屋面上进行锤打和加工操作。

(5) 在已铺屋面上作水平运输时，必须铺放临时脚手板作运输道，用胶轮手推车运送；严禁直接在屋面上拖运材料。

(6) 屋面上应避免集中上人、堆料，以免局部变形过大，撕裂密封材料而造成渗漏。

6. 地下防水工程混凝土成品保护

(1) 基层和模板内的垃圾、木屑、泥土、积水和钢筋上的油污等清理干净。

(2) 在混凝土强度达到 $1.2N/mm^2$ 前不得在其上踩踏或其他作业。

(3) 后浇带混凝土未浇筑前宜有保护钢筋的措施，可用模板盖住钢筋，防止锈蚀，后浇带内部应预留截面为 350mm × 350mm 的小积水坑，该坑深度比基础底标高低 250mm，以便可用潜水泵及时把积水抽走。

7. 地下卷材防水层成品保护

(1) 在施工中不得碰损和堵塞预埋的管道。

(2) 防水层施工完毕后，下道工序施工的队伍应注意保护好防水层，不得在防水层上放置材料及作为施工运输车道。做保护层时，确需在防水层上运料时，应先用木板等材料铺行车（人）道，车辆支撑脚用软体材料包好，防止刺破防水层。

(3) 卷材防水层铺贴完成后，外贴防水层施工完后，应按设计砌好防护墙。

8. 渗排水及盲沟排水成品保护

(1) 施工期间做好排降水措施，防止操作面被浸泡扰动。

(2) 对已完工程及时验收隐蔽，进行下道工序施工，避免长期暴露后杂质、泥土混入，造成水阻塞无法正常排出。

(3) 坚持按施工程序施工，精心操作、材料分规格堆放和使用。

(4) 排水盲管施工完毕应及时覆盖，不能及时覆盖时，应设立明显标识，防止车辆碾压。

9 防水工程施工质量控制

9.1 防水材料质量控制

9.1.1 沥青防水卷材质量控制

沥青防水卷材外观质量见表9-1。

沥青防水卷材外观质量　　表9-1

项　目	质量要求
孔洞、硌伤	不允许
露胎、涂盖不匀	不允许
折纹、皱折	距卷芯1000mm以外，长度不大于100mm
裂纹	距卷芯1000mm以外，长度不大于10mm
裂口、缺边	边缘裂口小于20mm；缺边长度小于50mm，深度小于20mm
每卷卷材的接头	不超过1处，较短的一段不应小于2500mm，接头处应加长150mm

9.1.2 高聚物改性沥青防水卷材外观质量

高聚物改性沥青防水卷材外观质量见表9-2。

高聚物改性沥青防水卷材外观质量　　表9-2

项　目	质量要求
孔洞、缺边、裂口	不允许
边缘不整齐	不超过10mm
胎体露白、未浸透	不允许
撒布材料粒度、颜色	均匀
每卷卷材的接头	不超过1处，较短的一段不应小于1000mm，接头处应加长150mm

9.1.3 自粘橡胶沥青防水卷材外观质量

自粘橡胶沥青防水卷材的外观质量见表9-3。

自粘橡胶沥青防水卷材的外观质量 **表9-3**

项 目	质量要求
成卷卷材外观	应卷紧、卷齐，端面里进外出差不得超过20mm
卷材表面	应平整，不允许有可见的缺陷，如孔洞、结块、裂纹、气泡、缺边与裂口等
开卷温度	在环境温度为柔度规定的温度以上时应易于展开
每卷接头	不超过1处，较短的一段不小于1000mm，接头处应加长150mm

9.1.4 合成高分子防水卷材外观质量

合成高分子防水卷材外观质量见表9-4；合成高分子防水卷材允许偏差见表9-5。

合成高分子防水卷材外观质量 **表9-4**

项 目	质量要求
折痕	每卷不超过2处，总长度不超过20mm
杂质	大于0.5mm颗粒不允许，每$1m^2$不超过$9mm^2$
胶块	每卷不超过6处，每处面积不大于$4mm^2$
凹痕	每卷不超过6处，深度不超过本身厚度的30%；树脂类 深度不超过15%
每卷卷材的接头	橡胶类每20m不超过1处，较短的一段不小于3000mm，接头处应加长150mm；树脂类20m长度内不允许有接头

合成高分子防水卷材允许偏差 **表9-5**

项 目	厚度（%）	宽度（%）	长 度
允许偏差	-10~+15	>-1	不允许出现负值

9.1.5 防水涂料

涂料进场后应由专人保管，注意通风、严禁烟火，保管温度不超过40℃，贮存期一般不超过6个月。双组分涂料的主剂和固化剂的偏差不得大于±5%。

9.1.6 瓦及金属夹芯板材质量要求

1. 水泥瓦的质量要求及性能指标

水泥平瓦的瓦型应清楚、瓦爪齐全、瓦面光滑、边角整齐，凡有砂眼、裂纹、掉角、缺边、少爪等不符合质量要求规定的不准使用，半边瓦用于山墙边、斜沟、斜脊处，其使用部分的表面不得有缺损或裂缝。水泥瓦的尺寸偏差和外观质量应符合表9-6的规定。

水泥平瓦质量要求 **表9-6**

<table>
<tr><th colspan="3">项　目</th><th>指　标</th></tr>
<tr><td rowspan="3">尺寸</td><td rowspan="3">允许偏差（mm）</td><td>长度</td><td>±5</td></tr>
<tr><td>宽度</td><td>±5</td></tr>
<tr><td>厚度</td><td>±2</td></tr>
<tr><td rowspan="8">外观质量</td><td colspan="2">裂纹：贯穿裂纹</td><td>不允许</td></tr>
<tr><td rowspan="2">瓦爪残缺</td><td>前爪</td><td rowspan="2">一爪有缺，但不大于爪高的1/3</td></tr>
<tr><td>后爪</td></tr>
<tr><td colspan="2">瓦正面气泡、露砂、石灰爆裂</td><td>不允许</td></tr>
<tr><td colspan="2">掉角：在瓦面上造成的破坏尺寸不得同时大于</td><td>20mm</td></tr>
<tr><td rowspan="2">边筋残缺</td><td>外槽外缘边筋断裂</td><td>不允许</td></tr>
<tr><td>边筋的残留高度不得低于</td><td>2mm</td></tr>
<tr><td colspan="2">擦边长度不得超过（在瓦面上造成的破坏宽度小于5mm者不计）</td><td>40mm</td></tr>
</table>

注：挂瓦条规格符合设计选定要求，材质符合相应标准要求。钢钉材质符合相应标准要求，规格适用于选定的顺水条、挂瓦条。

2. 黏土瓦质量要求

黏土瓦质量要求见表9-7。

黏土瓦质量要求 **表9-7**

项目	外形尺寸范围或缺陷	优等品	一等品	合格品
尺寸允许偏差（mm）	L（b）≥350＜	±5	±6	±8
	250≤L（b）＜350	±4	±5	±7
	200≤L（b）＜250	±3	±4	±5
	L（b）＜200	±2	±3	±4
外观质量（无釉瓦）	斑点、起泡、溶洞、麻面、图案缺陷、烟熏	距1m处目测不明显	距2m处目测不明显	距3m处目测不明显
	色差	距3m处目测不明显		

3. 油毡瓦质量要求

油毡瓦质量要求见表9-8。

油毡瓦质量要求 **表9-8**

项目	外形尺寸范围或缺陷	优等品	合格品
尺寸允许偏差（mm）	长度	±3	±5
	宽度	±3	±5
	厚度	±2.8	±2.8
外观质量	油毡瓦应在环境温度不高于10～45℃的条件下打井，不得有产生脆裂和有破坏油毡瓦面的粘连。 玻璃纤维毡必须完全用沥青浸透和涂盖，不能有未经覆盖的纤维。 油毡瓦应边缘整齐，切槽清晰，厚薄均匀，表面无孔洞、裂纹、折皱和起泡等缺陷。 矿物粒料的颜色和粒度必须均匀，紧密地覆盖住瓦的表面。自粘结点距末端切槽的一端不大于190，并与油毡瓦的防粘纸对齐		

4. 金属压型夹芯板材料

金属压型夹芯板，金属板材应边缘整齐，表面光滑、色泽均匀、外形规则、不得有扭翘、脱膜和锈蚀等缺陷。

9.1.7　橡胶止水带质量要求

橡胶止水带表面不允许有开裂、缺胶、海绵状等影响使用的缺陷，中心孔偏心不允许超过管状断面厚度的1/3；橡胶止水带表面允许有深度不大于2mm、面积不大于16mm^{2}的凹痕、气泡、杂质、明疤等缺陷不超过4处。橡胶止水带的尺寸质量要求应符合表9-9的要求。

橡胶止水带尺寸质量要求　　**表9-9**

橡胶止水带公称尺寸		极限偏差
公称厚度 B（mm）	4~6	+1，0
	7~10	+1.3，0
	11~20	+2，0
宽度 L（%）		±3

9.1.8　混凝土材料质量控制

1. 水泥

不得使用过期或受潮结块的水泥，并不得将不同品种或强度等级的水泥混合使用。

2. 粗骨料

粗骨料宜采用连续级配，碎石或卵石的粒径宜为5~40mm，泵送时其最大粒径应为输送管径的1/4；吸水率不应大于1.5%；不得使用碱活性骨料。含泥量不得大于1.0%。

3. 细骨料

砂宜采用中砂，含泥量不得大于1.0%。其他要求应符合《普通混凝土用砂、石质量及检验方法标准》（JGJ 52—2007）的规定。

4. 水

应采用不含有害物质的洁净水，符合《混凝土用水标准》(JGJ 63—2006）规定。

5. 外加剂

应符合国家或行业标准一等品及以上的质量要求，符合《混凝土外加剂应用技术规范》(GB 50119—2003）的要求。

6. 掺合料

防水混凝土可掺入一定数量的粉煤灰、磨细矿渣粉、硅灰粉等。粉煤灰的级别不应低于二级，掺量不宜大于20%；硅灰粉掺量不应大于3.0%。

9.2 防水工程施工过程质量控制

9.2.1 质量管理基本环节

1. 防水工程施工过程质量控制，不论是从施工要素着手，还是从施工质量的形成过程出发，都必须通过现场质量管理中一系列可操作的基本环节来实现

现场施工过程质量控制的基本环节包括图纸会审、设计变更、技术复核、技术交底、隐蔽工程验收、“三检”制、材料检验、质量检验、成品保护等。其中一部分内容已在其他相关章节中进行了阐述，在此，仅对其余内容作一介绍。

2. “三检”制

“三检”制是指操作人员的“自检”，“交接检”和专职质量管理人员的“专检”相结合的检验制度。它是确保现场施工质量的一种有效的方法。

自检是指由操作人员对自己的施工作业或已完成的分项工程进行自我检验，实施自我控制、自我把关，及时消除不合格因素，防止不合格品进人下道作业。交接检是指下道操作人员对上道操作人员所完成的作业或分项工程进行交接检查，是对自检的一种复核和确认，起到相互监督的作用。交接检的形式可以是同

组操作人员之间的相互交接检验，专检是质量检查员对操作人员的抽检。

实行“三检”制，要合理确定好自检、交接检和专检的范围。一般情况下，原材料、半成品、成品的检验以专职检验人员为主，生产过程的各项作业的检验则以施工现场操作人员的自检、交接检为主，专职检验人员巡回抽检为辅。成品质量必须进行终检认证。

3. 技术复核

技术复核是指工程在未施工前所进行的预先检查。技术复核目的是避免因技术工作的疏忽差错而造成工程质量事故。因此，凡是涉及材料的性能、型号、规格和定位轴线、标高、尺寸，配合比，预留洞口等，都必须根据设计文件和技术标准的规定进行复核检查，并做好记录和标识。

4. 设计变更

施工过程中，由于业主需要，以及施工现场实际条件发生变化，涉及施工图的设计变更。设计变更不仅关系到施工依据的变化，而且还涉及工程量的增减及工程项目质量要求的变化，因此，必须严格按照规定程序处理设计变更的有关问题。

5. 分部、分项工程和隐蔽工程的质量评定

施工过程中，每一分部、分项工程和隐蔽工程施工完毕后，质检人员均应根据合同规定、施工质量验收统一标准和专业施工质量验收规范的要求，对已完成的分部、分项工程和隐蔽工程进行检验。质量检验应在自检、交接检基础上，由专职质量检查员或企业的技术质量部门负责进行核定。只有通过其验收检查，对质量确认后，方可进行后续工程施工或隐蔽工程的覆盖。

9.2.2 屋面和地下防水施工过程质量控制

1. 防水卷材搭接要求

防水卷材搭接要求见表9-10。

<table>
<caption>防水卷材搭接要求　　表 9-10</caption>
<tr><th colspan="2" rowspan="2">铺贴方法
卷材种类</th><th colspan="2">短边搭接（mm）</th><th colspan="2">长边搭接（mm）</th></tr>
<tr><th>满粘法</th><th>空铺、点铺、条铺法</th><th>满粘法</th><th>空铺、点铺、条铺法</th></tr>
<tr><td colspan="2">沥青防水卷材</td><td>100</td><td>150</td><td>70</td><td>100</td></tr>
<tr><td colspan="2">高聚物改性沥青防水卷材</td><td>80</td><td>100</td><td>80</td><td>100</td></tr>
<tr><td colspan="2">自粘聚合物改性沥青防水卷材</td><td>60</td><td>—</td><td>60</td><td>—</td></tr>
<tr><td rowspan="4">合成高分子防水卷材</td><td>胶粘剂</td><td>80</td><td>100</td><td>80</td><td>100</td></tr>
<tr><td>胶粘带</td><td>50</td><td>60</td><td>50</td><td>60</td></tr>
<tr><td>单缝焊</td><td colspan="4">60，有效焊接宽度不小于 25</td></tr>
<tr><td>双缝焊</td><td colspan="4">80，有效焊接宽度 10 ×2 + 空腔宽</td></tr>
</table>

2. 沥青卷材施工过程质量控制

（1）天沟、檐沟、檐口、泛水和立面卷材收头的端部应裁齐，塞入预留凹槽内，用金属压条钉压固定，最大钉距不应大于 900mm，并用密封材料嵌填封严。

（2）绿豆砂应清洁、预热、铺撒均匀，并使其与沥青玛蹄脂粘结牢固，不得残留未粘结的绿豆砂。

（3）云母或蛭石保护层不得有粉料，撒铺应均匀，不得露底，多余的云母或蛭石应清除。

（4）浅色涂料保护层应与卷材粘结牢固，厚薄均匀，不得漏涂。

3. 高聚物改性沥青卷材施工过程质量控制

（1）采用热熔法施工高聚物改性沥青卷材时，幅宽内加热应均匀，不得过分加热或烧穿卷材，喷灯加热器喷出的火焰，距卷材面的距离应适中，以卷材表面熔融至光亮黑色为宜。

（2）卷材表面热熔后，应立即滚铺卷材，并用压辊滚压卷材，排除卷材下面空气，使卷材粘结牢固、平整，无褶、扭曲等现象。

（3）卷材接缝处，溢出的热熔改性沥青随即刮平。

（4）两幅卷材短边和长边的搭接宽度见表 9-10，采用双层卷材时，上下两层和相邻两幅卷材的接缝应错开 1/3 ~ 1/2 幅，且两层卷材不得相垂直铺贴。

(5) 地下防水工程采用外防外贴法铺贴卷材防水层时，应符合下列规定：

1) 在立面与平面的转角处，卷材的接缝应留在平面上，距立面不应小于600mm。

2) 当不设保护墙时，从底面折向立面的卷材的接槎部位应采取可靠的保护措施。

3) 主体结构完成后，铺贴立面卷材时，应先将接槎部位的各层卷材揭开，并将其表面清理干净，如卷材有局部损伤，应及时进行修补。卷材接槎的搭接长度，高聚物改性沥青卷材为150mm。当使用两层卷材时，卷材应错槎接缝，上层卷材应盖过下层卷材。

(6) 采用冷粘法铺贴卷材质量控制同合成高分子卷材质量控制部分。

4. 合成高分子防水卷材施工过程质量控制

(1) 基层胶粘剂应按规定的位置及面积涂刷。涂刷胶粘剂应均匀，不露底，不堆积。

(2) 铺贴卷材应平整顺直，搭接尺寸准确，不得扭曲皱折，也不得用力拉伸卷材，并应排除卷下面的空气，辊压粘贴牢固。

(3) 卷材搭接部位采用胶粘带粘结时，粘合面应清理干净，必要时可涂刷与卷材及胶粘带材性相容的基层胶粘剂，撕去胶粘带隔离纸后应及时粘合上层卷材，并辊压粘牢。低温施工时，宜采用热风焊机加热，使搭接部位粘贴牢固、封闭严密。

(4) 接缝与收头密封固定：

1) 防水卷材搭接部位，用沾有配套溶剂（甲苯、二甲苯、醋酸乙酯等）的棉纱擦洗卷材搭接部位，待搭接胶晾干后，将搭接部位粘牢、压实，并用橡皮锤仔细砸一遍。

2) 搭接缝加固，卷材搭接缝边端为中缝加封120mm宽的卷材压缝条，用配套胶粘剂粘牢。压缝条的两侧端部应用密封胶封严。

3) 卷材的收头处和较难处理的特殊部位用卷材收头封边剂或聚合物水泥砂浆封实。

5. 合成高分子（高聚物改性沥青）涂料施工过程质量控制

(1) 合成高分子（高聚物改性沥青）涂料及配套材料为同一系列产品具有相容性，配料计量准确，拌合均匀，每次拌料在可操作时间内使用完毕。双组分防水涂料操作时必须做到各组分的容器、搅拌棒、取料勺等不得混用，不应一次搅拌过多，使涂料发生凝聚或固化而无法使用。

(2) 涂膜防水层的基层干燥程度应符合所用防水涂料的要求，施工前对基层出现的裂缝应进行修补。

(3) 涂刷程序应先做转角处、穿墙管道、变形缝等部位的涂料加强层，后进行大面积涂刷。

(4) 有胎体增强层时，在涂层表面干燥之前，应完成胎体增强材料铺贴，涂膜干燥后，再进行胎体增强材料以上涂层涂刷。同层相邻的搭接宽度应大于100mm，上下接缝应错开1/3幅宽。涂料应浸透胎体，不得有胎体外露现象，铺设时要做到平整、无皱折、无翘边，搭接准确。

(5) 严格控制防水涂膜层的厚度及间隔时间。涂膜应根据材料特点，涂刷防水层前，应进行涂层厚度控制试验，确定每遍涂料涂刷的厚度以及涂刷的遍数，上下两层涂膜的涂刷方向要交替改变。表面平整严密。

(6) 涂料防水层的甩槎应注意保护，搭接缝宽应大于100mm，接涂前应将其甩槎表面处理干净。完工后，应有不少于7d自然养护时间。

6. 平瓦屋面施工过程质量控制

屋面找平层表面平整度不应大于5mm，并不得有酥松起皮现象。瓦屋面应排列整齐、平直，瓦片搭接量符合要求，接缝严密，不得有残缺瓦片，屋面坡度应准确，排水系统应畅通，节点做法应符合设计要求，封固严密，不得开缝翘边，屋面不得有渗漏现象。

7. 油毡瓦屋面施工过程质量控制

油毡瓦屋面基层应平整、干净，干燥。屋面坡度应准确，油毡瓦屋面同突出屋面的结构交界处均应做泛水处理。排水系统应畅通。油毡瓦固定和铺设应正确，脊瓦与两坡面油毡瓦搭盖宽度不小于100mm，脊瓦与脊瓦的压盖面积不小于脊瓦面积的1/2。瓦之间对缝，上下层不得重合。油毡瓦所用固定钉须钉牢，严禁钉帽外露油毡瓦表面。卷材垫毡的搭接应用冷胶粘剂粘牢，油毡瓦同基层紧贴，瓦面平整，檐口顺直，不应有皱褶、鼓泡。不得开缝翘边，接缝严密，屋面不得有渗漏现象。

8. 防水混凝土施工过程质量控制

(1) 防水混凝土搅拌时间一般不小于2min，掺加外加剂时延长到3min以上，采用机械振捣密实。钢丝和螺栓需穿过混凝土时，螺栓上中断应加焊止水片环。

(2) 混凝土应连续浇筑，一般不得留置施工缝，平面构件同垂直构件相交处并高出平面构件上表面300mm以上设置施工缝，后浇带应用钢丝网留置好，微膨胀混凝土掺加的外加剂应严格计量，膨胀带内应用高一级的混凝土填充，并同两侧混凝土连接密实，不能形成冷缝。

9. 水泥砂浆防水层质量控制

聚合物乳液外观质量：每班检查1次。砂子含水率：每班至少测定1次，在天气变化时，应增加测定次数。计量误差：每班检查4次。拌合、运输、铺抹、养护：每班至少检查1次。基层处理及表面湿润：每班至少检查2次。

9.2.3　外墙防水层施工过程质量控制

1. 外墙砖砌体控制措施

(1) 外墙加气混凝土砌体组砌时，应使用在生产场内存放28d以上的标准砌块，当加气混凝土砌体砌至框架梁或顶板底面时，应停置7d以上，待砌体充分沉降后，再用细石混凝土填塞砌体同梁或顶板之间的缝隙。

(2) 砌体要求双面勾缝，砖砌体水平及竖缝控制在8～12mm，加气混凝土砌体水平及竖缝控制在15mm，砂浆饱满度应符合要求，不形成盲缝，隔断渗水通道。

（3）外砖墙内侧的配电箱、线盒安装时必须检查到位，洞四周砌筑密实。对已安装的线盒、箱体、单向管路的空隙孔洞，必须用1:2水泥砂浆填塞捣实。严禁用碎砖、余渣填塞，大于200mm×200mm的孔洞要求用细石混凝土填堵。

（4）外墙面的脚手架或设备穿墙孔洞，抹灰之前，用掺适量微膨胀剂的防水混凝土或防水砂浆堵实封严。

（5）建筑物外围柱、墙、栏板上的穿墙螺杆在抹灰前堵塞采取以下做法：

1）首先在内外面将螺杆洞凿成内凹喇叭口，喇叭口外宽约5cm，深约2cm，并将喇叭口外露PVC管剪切掉。

2）用干硬性水泥砂浆（内掺适量膨胀剂和防水剂）堵塞PVC套管洞并补平喇叭口。

（6）外墙窗框周边防渗漏。外墙窗框边渗漏现象较为普遍，是外墙防渗漏的重点和难点，对此采取以下做法和措施：

1）门框预留洞口应准确，门窗框与墙之间的缝隙先用聚氨酯发泡胶或聚乙烯泡沫塑料条嵌填密实，表面用建筑密封胶堵缝，这是防治渗水的关键。

2）窗台抹灰内高外低，外窗台保证有20%向外的坡度。外墙窗楣、雨篷、阳台、压顶和突出腰线等，均在上面做流水坡度，下面做滴水槽或鹰嘴，滴水槽的宽度和深度均不小于10mm。

3）加强对门窗自身质量的检查，所有接缝、螺丝钉处均要涂玻璃密封胶，认真封闭，消除一切可能导致渗水的缝隙。

（7）对于露出墙面的铁件预埋件，割平后靠外墙面位置用1:1水泥砂浆掺入防水粉抹平。

（8）外墙施工完成后，采用高压喷淋方式进行试验，如发现渗水，应查明原因及时处理。

2. 装修阶段控制措施

（1）混凝土柱面清洗干净后，用1:1:1水泥基聚合物砂浆（水泥、108胶、细砂）机械喷浆作为结合层。

（2）在混凝土墙面与砖墙交界处，内外两侧加钉200mm宽、网眼10～12mm的钢丝网一道，沿缝居中，用@150mm射钉钉紧。

（3）在墙面抹灰前，将墙面清扫干净，防止空鼓，墙面抹灰是墙面防漏的关键工序，要通过对第一层砂浆的抹平、压实来实现切断抹灰层的毛细管，并通过砂浆中掺加适量的改性聚丙烯纤维提高砂浆拉结力，找平层及底层应做到接合平整，色泽一致，无明显结合缝隙。并在找平层砂浆有6～7成干时，抹压第二遍聚合物防水砂浆8厚；将表面收光。使外墙具有拒水、防渗、防漏性能。抹灰完成后及时养护。抹灰层如有空鼓、干缩裂缝、明显砂眼、干浆脱离等必须立即凿除，冲淋干净后用同强度等级砂浆补抹。

完工并验收合格的底层面上做防水涂层，涂层要求平整干净，刷层均匀，光泽一致。

10 防水工程质量通病防治措施

10.1 防水工程质量通病原因及分析

10.1.1 质量通病分析

建筑工程中具有普遍性的常见质量问题被称作质量通病。多年来，为了消除工程质量通病，有关人员动了不少脑筋，花费了不少气力，虽收到一定效果，但质量通病依然是工程建设中的一个突出问题。出现这种结果的原因在于：以往的防治措施仅针对施工阶段，或加强施工管理，或改进施工工艺，这对因施工因素造成的质量通病确有一定的作用，但对无法解决非施工因素引起的质量通病。

一栋建筑物质量好坏是工程项目立项规划、勘察设计、施工和竣工验收各阶段质量的综合反映。按照实际工作的统计，质量问题的原因主要出现在如下几个方面：

设计的原因占 40.1%，施工原因占 29.3%，材料原因占 14.5%，使用原因占 9.0%，其他原因占 7.1%。

因此，要提高工程质量，彻底防治措施工程质量通病，就必须从工程建设的整个过程着眼，找出每一个环节中对实现既定工程质量目标不利的因素，然后对症下药，进行综合防治措施。

10.1.2 防水工程质量通病综合防治

要想消除质量通病，就必须根据不同病因，从多方面入手，进行综合防治措施。

1. 编制消除工程质量通病的计划

当前防水工程的质量通病比较多，不可能在短期内全部消除，因此，可以分期分批地处理。对当前质量通病逐一地进行分析，明确哪些质量通病是对防水工程影响较大的；找出这些质量通病产生的根源；确定采取什么措施去防治较为适宜。当情况清楚后，应把防水工程影响较大且防治措施比较容易的质量通病列入近期防治规划。防治措施应具体，目标明确，责任落实，措施可行。

2. 消除因设计缺陷而出现的防水工程质量通病

设计质量通病有其系统性、区域性和隐蔽性。有些质量通病的形成，主要是由于设计缺陷造成的。因此设计单位对当前房屋建筑工程中防水质量通病，应认真研究：在易于发生质量通病的部位，做好细部构造设计，为消除防水质量通病创造条件。例如对于屋面防水质量通病，应该适当加大平屋面的排水坡度，将传统的重力式排水管网改为汇水面积更大、排水速度更快的虹吸式排水管网，减少平屋面积水渗漏的可能；为了克服结构层和刚性防水层之间的相对位移不一致而引起裂缝开展的问题，可采用在两层之间设置隔离层的构造方法来解决等。通过合理选择材料可减少因材料与结构不匹配而引起的质量通病，例如厨浴间采用卷材防水时，由于管道根部、墙地面交接处基层平面复杂多变，防水层不易粘牢贴平，很容易在此形成渗漏；如果改用密封效果好适应变形能力强的涂膜防水，就能较好解决管道根部、墙脚渗漏问题。同时，设计人员在设计时对施工条件、操作工艺、管理水平等给予充分估计，避免发生设计与施工脱节的现象，可从根本上提高施工质量。

3. 从施工工艺和管理中消除防水工程质量通病

为了减少由于施工而造成的质量通病，首先应提高施工人员的素质，努力改进工艺方法。对于容易形成质量通病的部位，应设置质量管理控制点，消除质量通病的形成，严格按规范、规程组织施工，将质量管理工作层层分解，责任到人，使每一环节都处于严格控制状态。制定奖罚规定，奖罚分明，调动起项目部管理人员、防水专项工长、作业班组或劳务队人员的积极性，从而达到提高工程质量的目的。

4. 严格控制防水主材和辅材质量

工程所需的主材和辅材是构成工程实体的部分，它们的质量好坏直接影响着工程的质量，因此必须对其质量进行严格控制。针对目前防水主材和辅材产品种类繁多、市场管理混乱的局面，为使工程质量有所保证，在施工前各有关部门一定要严格控制，凡是运到施工现场防水主材和辅材均应有产品合格证及技术性能检验报告，还要按规定进行见证取样复检，经检测合格后方可使用。新型防水材料还应具有技术评审或鉴定证书，以及实际应用报告，经有关人员审查确认批准后才能使用。

10.2 屋面防水工程质量通病防治措施

10.2.1 屋面找平层质量通病防治措施

屋面找平层质量通病及防治措施见表10-1。

屋面找平层质量通病及防治措施　　表10-1

现　象	原因分析	防治措施
找平层起砂	水泥强度较低 中砂的含泥量大于3% 水泥砂浆终凝前抹压遍数不够	水泥安定性应合格，水泥强度等级不低于32.5级 应采用中砂（0.35～0.5mm），其含泥量不大于3% 严格控制水灰比不超过0.55，搅拌时间不低于2min 应在水泥砂浆初凝前抹光，终凝前压光，及时覆盖毛毡浇水养护，养护时间不少于7d
找平层酥松起皮	水泥砂子终凝前压光时布撒水泥干粉料 冬期施工时未采取防水措施	砂浆表面泌水过多，可撒1:1水泥细砂压光，水泥砂子应拌匀。砂浆终凝后及时覆盖养护 冬期施工时，应采取防水防冻措施

续表

现　象	原因分析	防治措施
找平层空鼓、裂缝	找平层基层未清除干净，基层含水率高于9% 分格缝留置不合理，嵌缝材料不符合要求	结构基层表面应坚实并清扫干净，刷素水泥浆一道 找平层砂浆应反复抹压，按规定留置分格缝 找平层中设置双向钢筋网或掺加聚丙烯抗裂纤维
找平层坡度差，表面不平	未严格拉线冲筋，表面找平时未用工具检查找平	按间距1.0～1.5m冲筋，严格按设计坡度拉线。铺设砂浆时，用直尺按冲筋刮平顺、找坡压光

10.2.2　屋面卷材防水层质量通病防治措施

1. 屋面卷材防水层构造设计原因质量通病防治措施

屋面卷材防水层构造设计原因质量通病防治措施见表10-2。

屋面卷材防水层构造设计原因质量通病防治措施　表10-2

现　象	原因分析	防治措施
卷材开裂	找平层的分格缝处未粘200～300mm宽的卷材附加层 女儿墙、天沟、压顶等处未应留设分格缝，缝中未按照规定嵌填密封材料	找平层的分格缝处应单边点粘200～300mm宽的卷材附加层 在应力集中基层变形大或有突变的部位、立面与平面交接处铺贴附加增强卷材 出屋面管道及水落口周围应预留20mm×20mm的凹槽，嵌填密封材料
山墙女儿墙渗漏	基层女儿墙、山墙间未留设缝隙	卷材收头应钉压牢固，并用密封材料密封，刚性保护层、隔热层与女儿墙、山墙间应留设30mm的空隙，并嵌填密封材料
屋面卷材防水层起鼓	屋面未设置隔气层	按照规范要求在防水层靠近室内一侧设置隔气层
变形缝渗漏	变形缝处未设计密封材料或密封材料选型不当	屋面变形缝盖板应严密，外伸宽度足够 变形缝应沿长度方向按规定找坡，选用抗老化、高延伸率的密封材料

2. 屋面卷材防水层施工原因质量通病防治措施

屋面卷材防水层施工原因质量通病防治措施见表10-3。

屋面卷材防水层施工原因质量通病防治措施　　表10-3

现　象	原因分析	防　治　措　施
屋面卷材防水层起鼓	卷材铺贴前，基层上的浮灰、杂质未认真清理 找平层含水率太高	卷材铺贴前，认真清理基层，找平层应干燥。胶粘剂的涂刷应均匀一致，不得过厚或过薄，当用热玛瑞脂时，其涂刷厚度宜为1～1.5mm，用冷玛瑞脂时，宜为0.5～1mm。当采用其他胶粘剂时，铺贴好的卷材应充分滚压平实，特别注意在同突出屋面交接处反复滚压平
玛瑞脂流坠	玛瑞脂的耐热度偏低 玛瑞脂的涂刷厚度不匀 玛瑞脂内部的滑石粉等固体材料掺量偏低	玛瑞脂的耐热度应符合要求，用于立面时玛瑞脂的耐热度比平面提高5～10℃ 严格控制玛瑞脂的涂刷厚度 卷材铺贴后应充分滚压，卷材的长、短边的搭接宽度均应满足规范要求
卷材剥离	找平层的平整度及表观质量及清洁程度较差 基层含水率较高，干燥程度差	控制找平层的平整度、干燥程度以及清洁程度 严格滚压顺序及方法，尤应注意用手持压辊滚压转角处的卷材 铺贴立面卷材时，应由平面翻贴到到立面，卷材铺贴前应将卷材平铺消除应力，并应经滚压或用刮板压实
卷材收头脱落	卷材收头未按要求用密封材料封边或未用金属压条钉压 卷材收头未按施工要求反复滚压贴牢	卷材收头必须用金属压条钉压，用密封材料封口，并加做保护层；铺贴卷材收头处经反复滚压或用刮板压实
卷材脱缝	卷材搭接宽度过小 卷材搭接处粘结不牢	按要求预留卷材的搭接宽度 选用合适的配套胶粘剂，确定粘结的最佳时间 接缝胶粘剂的涂刷应均匀，不得漏涂，搭接缝粘合后，应用压辊仔细滚压，并用密封材料封口

3. 屋面卷材防水层保护层质量通病防治措施

屋面卷材防水层保护层质量通病防治措施见表10-4。

屋面卷材防水层保护层质量通病防治措施　　表10-4

现　象	原因分析	防　治　措　施
粒料保护层粘结不牢、不匀	热玛琋脂施工温度偏低 热玛琋脂涂刷完未及时撒布粒状保护层 粒状保护层撒布不均匀	热玛琋脂应满足耐热度要求，其刮涂厚度为2~3mm，要求均匀一致，随涂刷玛琋脂，随铺撒粒径为3~5mm、预热到100℃的绿豆砂，随用小滚筒轻轻碾压至绿豆砂约粒径的一半嵌入玛琋脂，清除保护层上多余的绿豆砂
云母、蛭石保护粘结不牢不匀	热玛琋脂施工温度偏低 热玛琋脂涂刷完未及时撒布云母、蛭石保护层 云母、蛭石保护层撒布不均匀	仔细清理铺好的卷材表面应均匀刮涂冷玛琋脂，厚度为1.0~1.5mm 云母、蛭石应筛去粉料铺撒均匀，不得露底，待溶剂基本挥发后，清除多余未粘结牢固的云母、蛭石
细石混凝土及水泥砂浆保护层表面开裂、起鼓	找平层基层未冲洗干净和晾干 未按规定留置分格缝，嵌料材料不符要求，保护层养护不及时	按设计要求做好隔离层 按设计规定设置分格缝、分格缝嵌填密封材料 细石混凝土及水泥砂浆浇筑完成后应及时养护，养护时间不少于7d

10.2.3　屋面涂膜防水层质量通病防治措施

1. 屋面涂膜防水设计构造原因质量通病防治措施

屋面涂膜防水设计构造原因质量通病防治措施见表10-5。

2. 屋面涂膜材料原因质量通病防治措施

屋面涂膜材料原因质量通病防治措施见表10-6。

屋面涂膜防水设计构造原因质量通病防治措施 表 10-5

现 象	原因分析	防治措施
涂膜表面出现龟裂	基层刚度不足，抗变形能力较差，未留设分格缝，缝处未空铺附加层	采用刚度较好的混凝土基层，分格缝按规定空铺附加层
防水层局部失效，雨水渗过涂膜防水层	涂层厚度不足，防水层结构不合理 屋面基层变形较大，温度应力引起涂层开裂，造成渗漏强度偏低 选用了延伸性小和抗裂性较差的防水涂料	屋面防水确保涂层的设计厚度，在女儿墙、天沟、雨水口、排气管等特殊部位应加铺玻璃纤维布 1~2 层 基层应设置间距为 3~6m 的分格缝，缝上设空铺附加层。提高屋盖系统的整体刚度，防水层上或刚度较差的屋面，应设置 40mm 厚 Φ4@200 双向配筋的细石混凝土找平层，混凝土强度等级不得低于 C20

屋面涂膜材料原因质量通病防治措施 表 10-6

现 象	原因分析	防治措施
涂膜凸凹不平，厚薄不匀	涂料黏度过低，涂膜又太厚，选用挥发性太快或太慢的稀释剂	调整涂料的施工黏度，选择与涂料配套的稀释剂，注意调整稀释剂的挥发速度和涂料干燥时间
涂料在涂布后而形成许多圆形小针孔	涂料中有水分，低沸点挥发性溶剂用量过多，造成涂膜表面迅速干燥，而底部的溶剂不易逸出	调整涂料的施工黏度。涂料搅拌后，应静放一段时间后再用 注意溶剂的搭配，应控制低沸点溶剂的用量
涂膜表面出现许多大小不均，圆形不规则的气泡突起物	乳液中有沉淀物质，施工时基层过分潮湿，基层有砂粒杂物	涂料施工前将基层表面清理干净，应用筛网过滤涂料乳液。应在底层涂料完全干燥后，再涂上层涂料

续表

现　象	原因分析	防治措施
颗粒保护材料与涂层粘结不牢	颗粒保护材料过粗，其中的细粉、杂质太多	使用前应筛去细砂、蛭石粉、云母粉颗粒中杂质、泥块和颗粒较粗的粒料及过细的粉料

3. 屋面涂膜施工原因质量通病防治措施

屋面涂膜施工原因质量通病防治措施见表10-7。

屋面涂膜施工原因质量通病防治措施　　表10-7

现　象	原因分析	防治措施
在被涂面上或线角的凹槽处，涂料产生流淌	喷枪的孔径太大，喷涂施工中喷涂压力大小不均，喷枪与施涂面的距离未保持一致 基层凹凸不平，在凹处涂料太多 施工环境温度过低，湿度过大，涂料干燥慢	选用合适的喷嘴孔径，调整空气压缩机压力、气压大小应与所选用涂料的要求相适应。选择适宜的毛刷，刷毛要有弹性、耐用，根粗梢细，鬃厚口齐刷涂时用力均匀 基层凹凸处应用水泥砂浆或腻子填平，磨去棱角。施工环境温度和湿度应与涂料的要求相符，一般以5～35℃为宜，相对湿度以50%～75%为宜，加强施工场所的通风
涂料在涂布后而形成许多圆形小针孔	施工环境温度较低或过高。 喷涂施工时喷枪压力过大，喷嘴孔径过小，喷抢距离被涂面的距离太近。	施工环境温度应高于5℃或低于35℃，配制使用涂料时，应防止水分混入。风沙天不宜施工 应掌握好喷涂施工技术，控制好喷枪同待涂面的距离，控制好喷枪压力
涂膜表面出现许多大小不均，圆形不规则的	施工环境温度太高，或日光强烈照射，涂层太厚，表面结膜太快，基层不平，粘贴玻璃纤维布时未铺平拉紧	施工应选择晴朗、干燥的天气施工，尽量避开气温高于35℃以上的时段 薄质涂料每遍涂刷厚度控制在0.2～0.3mm；厚质涂料每遍涂刷厚度控制在1.0～1.5mm范围内

续表

现 象	原因分析	防治措施
气泡突起物	喷涂时，压缩空气中含有水蒸气，与涂料混在一起。涂料的黏度较大，刷涂时速度太快	铺贴玻璃纤维布时铺平拉紧，玻璃纤维布的两侧边每隔1m左右剪一小口，铺布时要边倒涂料，边推铺，边压实平整 喷涂前应防止水汽混入，适当控制喷涂速度
涂膜表面出现龟裂	涂料使用前未充分搅拌均匀，面层涂料中的挥发成分太多，涂料收缩量过大，涂层过厚，表干里不干	施工前应将涂料搅拌均匀，应选择挥发成分较少，收缩较小的涂料应注意催干剂的用量和搭配 施工中每遍涂料的涂刷厚度不得过厚
防水涂膜与基层粘结不牢	基层表面不平整，不清洁。涂料成膜厚度不足。基层过分潮湿，工序之间间歇时间不够 在水泥砂浆基层上过早涂刷涂料或铺贴玻璃纤维布，铺贴玻璃纤维布时，涂料未渗透玻璃纤维布，上下涂层结合不牢	基层必须平整、密实、清洁、干燥。修补局部有高低不平处，每遍涂料厚度应适宜。 防水层涂料施工的每道工序之间一般应有12～24h的间歇时间，并以24h为佳 选用与涂料配套的中碱玻璃纤维布，渗透性好在水泥砂浆基层上涂刷涂料和铺贴玻璃纤维布
防水层局部失效，雨水渗过防水层	施工质量粗糙，涂层太薄，基层不平，玻璃纤维布铺贴不平，接头处搭接太短；涂膜分层，不完整；施工缝处理不严；施工期涂层被雨水冲刷等	应待前一遍涂料干燥后，涂刷后一遍涂料；分段接缝处应先用砂纸打磨，用稀释剂恢复涂膜表面的黏性后，再涂刷防水层，搭接宽度不得小于70～150mm

续表

现　象	原因分析	防治措施
颗粒保护材料与涂层粘结不牢	撒布颗粒保护材料时，涂膜已干，失去黏性 细砂、蛭石粉、云母粉撒布后，未及时进行滚压，与涂层粘结不牢	在最后一遍涂料涂刷后，及时撒布细砂、云母粉、蛭石粉等颗粒保护材料，并及时滚压，使之粘牢，嵌入涂层

10.2.4 屋面刚性防水层质量通病防治措施

1. 屋面刚性防水层设计构造原因质量通病防治措施

屋面刚性防水层设计构造原因质量通病防治措施见表10-8。

屋面刚性防水层设计构造原因质量通病防治措施 表10-8

现　象	原因分析	防治措施
屋面刚性防水层开裂	温度裂缝的产生：冬夏季温差、昼夜温差产生温度应力造成防水层开裂，温度裂缝一般是有规律分布 收缩裂缝的产生：由于防水层混凝土凝固时干缩和冷缩而引起；一般分布在混凝土表面，纵横交错，裂缝一般较短较细，没有规律性	宜采用现浇屋面板，板设置分格缝，并认真做好分格缝的密封防水，在防水层与结构层之间设置隔离层 防水层的厚度不宜小于40mm，内配Φ4～Φ6@100～200双向钢筋网片，网片位置应在防水层中间或偏上，分格缝处钢筋应断开 做好混凝土配合比设计；严格限制水灰比；提倡使用减水剂等外加剂；宜采用掺加聚丙烯合成纤维和微膨胀剂的补偿收缩混凝土
屋面泛水处渗漏	屋面泛水高度不够，滴水线（鹰嘴）不符合要求，产生爬水现象 防水层上口端头柔性处理不符合要求，使雨水渗入室内	刚性防水层延伸到墙上的泛水高度应不小于250mm 屋面泛水处设计滴水线 泛水与山墙、女儿墙等结构之间应留出宽30mm的缝隙，缝内用粘结性好的密封材料封严

续表

现　象	原因分析	防治措施
檐沟、天沟处渗漏	檐沟太浅或坡度太小，大雨或暴雨时雨水沿防水层与檐口梁之间的缝隙溢进室内 刚性防水层与檐口梁连在一起，防水层收缩时，在连接处开裂引起渗漏	檐沟深度应大于200mm，檐沟内坡度应满足屋面设计排水要求 刚性防水层与檐口梁交接处应设分格缝，并用密封材料嵌填；刚性防水层应挑入檐沟50mm，做鹰嘴滴水线

2. 屋面刚性防水层施工原因质量通病防治措施

屋面刚性防水层施工原因质量通病防治措施见表10-9。

屋面刚性防水层施工原因质量通病防治措施　表10-9

现　象	原因分析	防治措施
屋面刚性防水层开裂	混凝土配合比和水灰比不准确 防水层混凝土浇筑时未充分提浆抹压，收水后未进行二次抹压，防水层混凝土养护不及时	做好混凝土配合比设计；严格限制水灰比 防水层厚度应均匀一致，充分提浆，原浆抹压，收水后随即进行二次抹光，做好防水层混凝土的养护工作
防水层空鼓、起砂	混凝土防水层未认真进行压实、抹光 混凝土浇筑终凝后养护不良 混凝土面层不密实，发生碳化现象	基层未清理干净 混凝土细骨料应采用中砂或粗砂；抹平时不得洒干水泥面，抹压二遍以上，使混凝土表面达到平整、光滑 防水层应避免在酷热、严寒气温下施工，混凝土浇筑终凝后即浇水养护14d
伸出屋面管道、烟囱处渗水	管道和周围混凝土间粘结力小，易形成环绕管壁的裂缝引起渗漏	在管道周围预留缝隙，用柔性材料嵌填，并形成泛水

10.2.5　屋面接缝密封质量通病防治措施

屋面接缝密封质量通病及防治措施见表10-10。

屋面接缝密封质量通病及防治措施　　表10-10

现　象	原因分析	防治措施
屋面接缝宽度、深度不够	屋面未按设计位置和尺寸留设	屋面按设计要求留出接缝宽度、深度
屋面分格缝渗漏	屋面嵌缝材料老化 密封胶与分格缝粘结不良或脱开，卷材保护层翘边、拉裂或脱落	屋面嵌缝材料应选用抗老化性能好、延伸率高的优质材料 灌缝前应清理缝内的浮尘及杂物，保证分格缝边完好、平整
屋面密封材料脱离位移	屋面接缝未涂刷基面处理剂。接缝基面含水率过高，接缝基面不干净 密封垫片老化、开裂、脱落或未安装垫片，密封垫片不符要求	按规范程序操作，先涂刷相配合的基面处理剂，涂层均匀，无泡，接缝晒晾干净 按设计选择质量可靠合格，尺寸相符厚度均匀的垫片
屋面接缝漏水	屋面接缝未设背衬材料，嵌缝操作粗糙，造成接缝有孔洞气泡	屋面接缝按照设计设背衬材料，认真嵌填嵌密封材料
屋面密封材料自身开裂	屋面接缝宽度和形状不能满足实际位移量要求，密封材料因底部约束而无法自由拉伸造成开裂 密封材料自身弹性较差或弹性恢复率较低，在反复拉伸时达到永久变形，产生缩颈破坏	根据结构收缩、温度、湿度等因素，正确设计接缝的宽度和深度，选择合适的密封材料 在接缝的底部位置设置背衬材料，防止密封材料与底部粘连

续表

现 象	原因分析	防治措施
屋面接缝部位出现气泡和起鼓	施工时屋面接缝基面有积水或潮湿，或背衬材料潮湿 操作时将空气混入密封材料中 施工时环境温度超过50℃	嵌填密封材料前，应保持屋面接缝内干燥干净。冷嵌法嵌填密封材料时应将材料分次嵌入接缝内 夏天应选择早晚气温较低时嵌填密封材料，或采用遮阳措施

10.2.6 瓦屋面安装质量通病防治措施

1. 瓦屋面安装质量通病防治措施

瓦屋面安装质量通病防治措施见表10-11。

瓦屋面安装质量通病防治措施 表10-11

现 象	原因分析	防治措施
平瓦屋面木基层防水卷材铺贴后渗漏	卷材搭接不够宽度	卷材铺贴自下而上平行屋脊铺贴，搭接方向顺水流方向 上下瓦搭接顺流水方向，粘贴牢固严密
平瓦屋面屋脊渗漏	脊瓦同两侧平瓦搭接处未用聚合物砂浆封严 脊瓦同屋面平瓦搭接长度未能满足1/2瓦长	靠近屋脊处的第一排瓦用掺聚丙烯纤维水泥砂浆窝牢 脊瓦顺主导风向铺设；脊瓦与坡面之间的缝隙，用掺聚丙烯纤维砂浆填实抹平 填缝砂浆必须嵌入瓦底，不得外露，避免砂浆干缩开裂渗水
平瓦屋面檐沟积水	檐沟坡度不够造成积水 檐沟坡度有起伏现象	在封檐板上按设计的流水坡度弹出檐沟上口铺钉线 按坡度拉通线制作檐沟，消除起伏现象
油毡瓦屋面与突出屋面结构的连	油毡瓦屋面与突出屋面结构的连接处上翻高度不够	屋面与突出屋面结构的连接处，油毡瓦应铺贴在立面上，其高度至少要有250mm

续表

现　象	原 因 分 析	防 治 措 施
接处发生渗漏	油毡瓦屋面与突出屋面结构的连接的缝隙，未用处掺聚丙烯纤维水泥砂浆封严固定	烟囱、管道连接处，先粘贴二毡三油垫层（基层应抹平），再在其上铺油毡瓦 泛水上口与墙体间的缝隙内，用防水密封胶封严密

2. 金属板材屋面安装质量通病防治措施

金属板材屋面安装质量通病防治措施见表10-12。

金属板材屋面安装质量通病防治措施　　表10-12

现　象	原 因 分 析	防 治 措 施
金属屋面板材锈蚀	原材料未保护好 原材料有磨损	平板形和带肋薄钢板均需入库存放在干燥通风的库房内；搁置于平坦干燥的场地上 薄钢板切割时的铁渣，不得落在其他钢板上，以免灼伤表面油漆损坏镀层
金属板材屋面带肋镀铝锌钢板扣合不严密	基层不平 操作时凸凹肋未咬合严密	安装第一张钢板时，钢板上的中间肋要对准固定座的长弯角，凹肋要对准固定座的短弯角方可施压在第二行固定座上安装第二张钢板，钢板上的中间肋对准固定座的长弯角，再对准钢板的凹助，使凹肋能卡住前一张钢板上的公凸肋。然后进行施压扣合

10.3　地下防水工程质量通病防治措施

10.3.1　地下防水混凝土质量通病防治措施

1. 地下防水混凝土设计构造质量通病防治措施

地下防水混凝土设计构造质量通病防治措施见表10-13。

地下防水混凝土设计构造质量通病防治措施 表 10-13

现 象	原因分析	防治措施
混凝土表面出现宽度多在 0.05 ~ 0.2mm 干缩裂缝，并随温度和湿度变化而逐渐发展	混凝土基础结构超长，未采取设置伸缩缝或后浇带等构造措施，造成混凝土内外的不均匀收缩，引起混凝土表面开裂；由于混凝土体积收缩受到地基或垫层的约束，而出现收缩裂缝	混凝土设置伸缩缝或后浇带、加强带等消除开裂构造措施 混凝土体积同地基或垫层之间设置卷材隔离层
混凝土出现温度裂缝	由于混凝土内部和表面温度相差较大而引起的。由于结构降温过快，受到外界的约束而出现贯穿的温度裂缝 大体积混凝土不易散热，引起中心温度与表面温度差异超过 25℃，造成温差裂缝	设计应考虑采取消除温度裂缝措施，严格混凝土内部和表面温度不超过 25℃ 大体积混凝土施工时，掺加粉煤灰等填充料，采取掺加微膨胀剂和聚丙烯纤维等消除温度裂缝措施

2. 地下防水混凝土施工原因质量通病防治措施

地下防水混凝土施工原因质量通病防治措施见表 10-14。

地下防水混凝土施工原因质量通病防治措施 表 10-14

现 象	原因分析	防治措施
结构构件表面上呈现无数的麻面，而无钢筋暴露的现象	模板润滑不够，不严密，振捣时发生漏浆，或振捣不足，气泡未排出，以及捣固后没有很好养护	对混凝土表面的蜂窝、麻面、露筋。在抹砂浆前，将混凝土表面浮石剔出干净，用 1:2 ~ 1:2.5 水泥防水砂浆分层抹压密实，抹浆后保持湿润养护 7d

续表

现　象	原因分析	防治措施
混凝土有露筋现象	浇筑时垫块位移以致混凝土保护层厚度不够所造成。有时也因保护层的混凝土振捣不密实或模板湿润不够造成掉角露筋。	在钢筋密集处及复杂部位，采用细石混凝土浇筑，大型埋管两侧应同时浇筑或加工浇筑口，严防漏振。
结构构件中形成有蜂窝状的窟窿（蜂窝），骨料间有空隙存在	材料配合比不准确（浆少、石多），或搅拌不匀，造成砂浆与石子分离，或浇筑方法不当，或振捣不足以及模板严重漏浆	严格控制混凝土配合比。清理模板内杂物。混凝土下料高度超高时，应设串筒或溜槽 当蜂窝或露筋较深时，应清除不密实的混凝土，充分润湿后，再用高一级的细石混凝土填补并仔细振捣密实
混凝土结构内存在着空隙或孔洞现象，局部或全部没有混凝土	混凝土配合比不准确，石子成堆，砂子和水泥分离而产生。另外，混凝土受冻，泥块杂物掺入等等，都会形成孔洞	拟处理部分保持湿润72h后，用比原强度高一级的细石混凝土捣实，并在混凝土中加入微膨胀剂，分层捣实
混凝土中存在缝隙及夹层	混凝土施工缝处理不当以及混凝土内有杂物而造成的夹层	模板拼缝严密，在拼缝处嵌腻子或粘贴胶带，防止漏浆
混凝土出现温度裂缝并随温度和湿度变化而逐渐发展	夏季施工原材料未放在遮阳棚内，混凝土振捣欠密实 炎热季节施工时未采取降温措施，混凝土成型后养护不当，造成混凝土内外的不均匀收缩，引起混凝土表面开裂	夏季施工原材料应放在遮阳棚内，严格混凝土内部和表面温度不超过25℃，混凝土振捣密实 炎热季节施工时要有降温措施，浇筑混凝土完成后应及时覆盖，注意养护湿度与养护时间

10.3.2 防水砂浆工程质量通病防治措施

防水砂浆工程质量通病防治措施见表10-15。

防水砂浆工程质量通病防治措施 **表10-15**

现象	原因分析	防治措施
防水砂浆局部渗水	水泥浆层刮抹不严，薄厚不均，断续或大面积漏抹等，使水泥浆层失去了连续性	刮抹水泥浆层要仔细认真，务求严密、均匀一致，并在完工后采取成品保护措施
防水砂浆空鼓、开裂、渗漏水	水泥选用不当，安定性不好，或不同水泥混用，易造成大面积网状裂缝 砂子含泥量高，粒度过细，易造成收缩裂缝 配合比不准确，水灰比不稳定，致使灰浆收缩不均，造成收缩裂缝 基层清理不干净，表面太光滑或油污、浮灰等使防水层与基层粘结不实导致空鼓。基层表面凹凸不平，铺抹防水层时灰浆厚薄不均，以致收缩变形不一致，易造成裂缝 基层干燥，使防水层早期失水干缩或施工后未及时养护或湿润养护不够，造成干缩，使防水层产生空鼓裂缝	防水层抹面前，必须将基层清理干净。严格控制水泥浆和水泥砂浆的配合比及水灰比，抹水泥砂浆时要反复用力刮抹，并将砂浆压入水泥浆层厚度的1/4。每一层砂浆层抹面后，用扫帚扫出粗糙条纹，以利于和上层砂浆粘结 防水层做好后，要特别做好保潮养护工作，避免直晒 对有渗漏水的空鼓、裂缝，先查出渗漏的准确位置，然后将该处剔成凹槽，并用水将残渣清洁干净
防水砂浆表面起砂	选用材料不当，使用过期水泥，水灰比过大，降低了防水砂浆强度；使用细砂或砂子含泥量超过规定，致使砂子表面积增大，砂浆泌水率高，相应地使孔隙加大，强度下降 未按要求进行浇水养护，地面没采取保护措施就过早上人通行，致使表面磨损破坏	选用早期强度高的普硅水泥。 防水层必须在水泥初凝前完成压光工作，压光遍数以3~4遍为宜。 防水层终凝后要及时浇水养护 起砂表面，应用钢丝刷或剁斧将表面剁毛，用水冲洗干净后，重新抹一层水泥浆

续表

现　象	原因分析	防治措施
防水砂浆施工缝渗水	防水层留槎混乱，层次不清，留槎长度不够，无法分层接槎，使水泥浆层不连续，接槎后，由于新槎收缩产生微裂缝而造成渗漏水。 施工缝留设在离阴阳角不足200mm，使甩槎、接槎操作困难，形成施工缝渗漏	防水层施工缝接槎部位宜留成斜坡阶梯形，留槎部位不论墙面或地面均应离阴阳角处200mm以上。从接槎处施工时，应按层次顺序分层进行 对出现渗漏水的施工缝，防治措施可按孔洞漏水或裂缝漏水处理

10.3.3　地下防水卷材质量通病防治措施

防水卷材质量通病防治措施见表10-16。

地下防水卷材质量通病防治措施　　表10-16

现　象	原因分析	防治措施
卷材防水层空鼓	基层潮湿、找平层未干、含水率过大、粘结不牢，形成空鼓 未认真清理沾污的表面，立面铺贴，而导致卷材铺贴不实不严	卷材防水层施工前，应对基层进行含水率测试，符合要求后方可施工 地下水位较高时，应把地下水位降至垫层以下500mm，防止由于毛细水上升造成基层潮湿
卷材防水层渗漏	转角部位、卷材接缝及收口的部位未铺贴严密、韧性较差，后浇主体结构时，此处卷材被损坏 阴阳角、转角等卷材受力较大部位未按规定增补附加增强层	阴阳角等处应做成圆弧形 转角处应先铺附加增强层卷材，并粘贴严密，尽量选用延伸率大、韧性好的卷材 在立面与平面的转角处不应留设卷材搭接缝，卷材搭接缝应留在平面上，距立面不应小于600mm

续表

现 象	原因分析	防 治 措 施
穿过卷材防水层的管道周围渗漏	管道表面未认真进行清理、除锈。穿管处周边呈死角，使卷材不易铺贴	对穿墙管道认真除锈，保持洁净，确保卷材防水层与管道粘结牢固 穿墙管道周边抹找平层时，应将管道根部抹成直径不小于50mm的圆角，穿墙管道处卷材防水层铺实贴严
防水层卷材搭接不良	防水卷材搭接形式以及长、短边的搭接长度不符合规范要求 卷材接头处粘结不密实，有空鼓、张嘴、翘边等现象。接头甩槎部位损坏，甚至无法搭接	弹出基准线，然后按线铺贴防水卷材；搭接形式应符合规范要求，立面铺贴自下而上，上层卷材应盖过下层卷材不少于150mm。平面铺贴时，卷材长短边搭接长度均应不少于100mm，上下两层卷材不得相互垂直铺贴。 防水卷材搭接头应满涂胶粘剂，并用力压实，最后粘贴封口条，用密封材料封严，宽度不应小于20mm

10.3.4 地下防水涂膜质量通病防治措施

地下防水涂膜质量通病防治措施见表10-17。

地下防水涂膜质量通病防治措施　表10-17

现 象	原因分析	防 治 措 施
涂膜防水层存在气孔、气泡现象	涂料混合后搅拌方式或搅拌时间掌握不好，材料混入了空气；基层有浮灰、空隙	选择功率大，转速不太快的搅拌器搅拌时间3～5min，基层孔隙应用涂料腻子填补密实 对于气孔，用橡胶板将混合料压入填实，再进行填补涂抹。对于气泡，应将其穿破，除去浮膜，用处理气孔的方法填实
涂膜防水层存在起鼓现象	涂膜基层质量不良，起皮或开裂，影响粘结；基层不干燥，粘结不良，水分蒸发产生的压力使	涂膜基层必须坚实平整干净、干燥，先涂刷潮湿隔离剂，或选用湿固化型防水涂料；发现起鼓，

续表

现　象	原因分析	防治措施
涂膜防水层存在起鼓现象	涂溴起鼓，在湿度大且通用不良的环境下施工，涂层表面易有冷凝水，冷凝水受热汽化可使上层涂膜起鼓	应先将起鼓部分全部割去，露出基层，排干潮气，待基层干燥后，先涂基层处理剂，再依次逐层涂抹防水涂料
涂膜防水层翘边	涂膜基层未处理好，不清洁，不干燥；基层处理剂粘结力差；细部收头时，操作不仔细，密封处理不佳	基层必须干净干燥，发现翘边，应先对剥离翘边部分割去，将基层打毛处理干净，再涂刷基层处理剂，最后涂刷涂膜防水层
涂膜防水层破损	涂膜防水层上面未及时做保护层，致使被其他工序施工时破坏划伤；过早上人行走或放置工具，使防水层遭受磨损而变化破坏	涂膜防水层完工后，轻微破损处，可做增强和增补涂布，破损严重处，将破损部分割除，露出基层并清理干净，补做防水层

10.4　外墙防水层质量通病防治措施

10.4.1　砖砌体和混凝土结构防水质量通病防治措施

砖砌体和混凝土结构防水质量通病防治措施见表10-18。

砖砌体和混凝土结构防水质量通病防治措施　表10-18

现　象	原因分析	防治措施
砌体开裂和渗漏	多数砖砌体的渗漏是由墙体裂缝引起的，一般有基础沉降、温度变形，外荷载作用等。裂缝出现后，当外面下雨或墙面受到浸湿，通过毛细管作用，渗水会通过墙体材料的空隙进入室内造成渗漏	严格执行“三一砌砖法”，每层砖应上下错缝，水平搭接，确保砌体水平灰缝饱满度在90%以上，加气混凝土砌块应在生产企业内自然放置28d后，方可出场使用 对于墙体出现的小于0.2mm宽度的缝隙，在相应部位涂刷聚氨酯防水涂料或有机硅防水涂料，再用聚合物水泥砂浆堵抹严实的处理方法。如缝隙宽度超过0.2mm，一般宜将缝隙部位剔除凹槽，再采用压力灌浆法修补裂缝

续表

现 象	原因分析	防治措施
女儿墙及压顶处渗漏	女儿墙顶部由于室外温度变化，使钢筋混凝土结构层同砖砌体两者线膨胀系数不一致产生开裂，造成雨水沿裂缝渗入到墙体内侧 女儿墙根部的缝隙施工时砂浆饱满度较低，又未用密封材料嵌填密实，从而使屋顶上的雨水从开裂处进入室内	女儿墙压顶改用现浇钢筋混凝土浇筑，每隔六米处加设钢筋混凝土构造柱。女儿墙根部砂浆饱满度应达到90%以上 女儿墙及压顶涂刷防水涂膜一道，内衬增强胎体材料将裂缝全部封闭，女儿墙根部防水层破坏处应揭开重做，并做防水涂膜一道，内衬胎体材料防水层，或增加高聚物改性防水卷材附加层
整体浇筑混凝土外墙渗漏	温度裂缝是由于自然界昼夜温差和南北朝向温度差的变化，导致墙体自身产生裂缝。收缩裂缝是混凝土在凝固过程中由于水泥自身硬化反应，引起干缩造成开裂	混凝土结构按照设计规范设置若干条伸缩缝 当裂缝较窄时，用低压注入器向裂缝中注入环氧树脂封闭裂缝（环氧树脂封闭法） 当裂缝宽度较大时，先沿裂缝走向凿开一条深10～15mm宽10mm的U形槽，然后将槽内冲洗干净，先涂刷基层处理剂，再用合成高分子密封材料嵌填，最后表面抹聚合物砂浆（凹槽密封法） 在裂缝部位注入环氧树脂，用凹槽密封法处理完后，再沿处理部分，喷涂丙烯酸类防水涂膜或喷涂有机硅防水涂料进行封闭（混合处理法）

10.4.2 外墙构造防水质量通病防治措施

外墙构造防水质量通病防治措施见表10-19。

外墙构造防水质量通病防治措施　　表 10-19

现　象	原因分析	防治措施
墙面凸凹线槽处渗漏	突出墙面的装饰线条积水，横向之间不同步施工造成开裂，雨水沿裂缝流入室内 墙面分格缝渗漏，这些凹槽未经防水处理，且该处施工较粗糙，当外界热胀冷缩温度变化后会在分格缝处产生裂缝，使雨水会沿着凹槽内的裂缝渗入室内	阳台雨棚、突出墙面的装饰线条等均应用聚合物砂浆抹坡向外侧的斜坡，墙身凸出腰线和泛水檐口或窗口上楣做鹰嘴或滴水线，装饰线条或凹槽抹面砂浆同大面积抹面同步施工 墙面分格缝凹槽内，用合成高分子防水涂料涂刷，防水雨水侵入
施工孔洞、水电管道洞口、施工临时出入口及预埋件根部渗漏	施工孔洞在最后嵌填时砖块间有缝隙，当室外下雨时，雨水沿缝隙侵入室内；预埋件安装不牢固或在施工过程中有外力对预埋件进行撞击，造成预埋件根部空鼓开裂，雨水沿此处缝隙流入室内形成渗漏	成片渗漏的施工空洞应从新砌筑 一般施工孔洞旧砖面或混凝土面清理干净并浇水湿润，再用细石混凝土浇灌封严。预埋件应固定牢固，根部可用防水密封材料密封 施工孔洞所在饰面层剔除认真清理干净，将砖缝用聚合物砂浆堵严而后分层抹压；并用与外墙色彩一致的丙烯酸类建筑密封胶嵌平
门窗洞口四周渗漏	在外门窗口四周，由于密封不严使雨水沿门窗口四周侵入室内；另外由于预留洞口同门窗尺寸不匹配，造成门窗口四周缝隙宽窄不一，易出现裂缝；当窗台外侧高于窗台内侧时，也宜造成倒流水，使得室内出现渗漏	确保门窗框同门窗尺寸相匹配，门窗固定方式采用膨胀螺栓；窗台外侧低于窗台内侧20mm，门窗口四周同门窗框间缝隙采用聚氨酯泡沫塑料或聚乙烯泡沫塑料嵌填，外表面用建筑密封胶封严，外推拉窗下口轨道应设泻水孔使窗内的雨水能够及时排出

10.4.3　外墙饰面层防水质量通病防治措施

外墙饰面层防水质量通病防治措施见表10-20。

外墙饰面层防水质量通病防治措施　表10-20

现　象	原因分析	防治措施
外墙饰面层开裂渗水	外墙涂料饰面层主要问题是基层不平整，水泥砂浆和易性差，抹压导致饰面层出现收缩不一空鼓开裂等现象，使雨水渗入到室内	清理基层，应对基层充分浇水湿润，加气混凝土砌体应提前浇水浸透，对不同基体材料交接处应铺钉钢丝网，防止两种材料膨胀和导热系数不一致，造成温度裂缝。抹灰砂浆宜加适量的外加剂，使砂浆保持较好的和易性和保水性 对于大于1mm裂缝首先要进行扩缝处理，就是先将缝处凿成10mm×10mm的U形槽，用防水砂浆嵌填或直接用丙烯酸类建筑密封胶嵌平，表面用与原饰面材料相同的色彩粉饰，对于小于1mm的裂缝，可直接用彩色聚氨酯涂料或有机硅涂料涂刷两遍，外墙面层或外墙外防水抹面层水平方向，按每层设置分隔缝，竖向间隔2~3m设置分隔缝，缝内嵌添聚乙烯泡沫塑料条，表面用建筑密封胶勾缝
饰面层块材之间的缝隙处开裂渗水	饰面层块材之间的缝隙由于勾缝不严，使雨水从这些缝隙中进入室内	外墙面砖勾缝时应保证缝隙均匀，嵌填密实，最好使用专用柔性勾缝剂；外墙面砖应设置纵横伸缩缝，解决温度收缩和干缩问题
外墙饰面砖开裂爆皮，出现渗漏现象	饰面砖质地酥松，吸水率偏高，镶贴完工后在由于雨水冲刷和阳光暴晒、冻融循环作用导致面砖开裂、爆皮、脱落	选用质地密实，吸水率低的饰面砖，镶贴完工后表面及时涂刷有机硅涂料保护

续表

现　象	原因分析	防治措施
外墙饰面层空鼓、脱落	基层干燥未浇水就用粘结砂浆镶贴饰面砖，或基层太湿时镶贴面砖，造成面砖不牢空鼓脱落	对于局部空鼓的外墙面，先要将空鼓部分凿去，重新分层抹压并涂刷或粘结同原饰面相同的材料

11 防水工程质量验收

11.1 防水工程质量验收概述

11.1.1 验收组织

按现行国家标准《建筑工程质量验收统一标准》（GB 50300—2001）规定进行施工质量验收。

1. 检验批和分项工程质量验收

防水层工程检验批和分项工程由监理工程师（建设单位项目技术负责人）组织施工单位项目专业技术（质量）负责人等组织验收。

2. 外墙、厕浴间检验批和分项工程验收参照执行。

3. 屋面防水工程分部和地下防水子分部工程，由总监理工程师（建设单位项目负责人）组织施工单位项目负责人和技术、质量负责人等进行验收。

11.1.2 检验批验收

1. 检验批虽然是工程验收的最小单元，但它是分项工程乃至整个建筑工程质量验收的基础。检验批是施工过程中条件相同并具有一定数量的材料、构配件或施工安装项目的总称，由于其质量基本均匀一致，因此可以作为检验的基础单位组合在一起，按批验收。

2. 检验批验收时应进行资料检查和实物检验。

(1) 资料检查主要是检查从原材料进场到检验批验收的各施工工序的操作依据、质量检查情况以及控制质量的各项管理制度等。由于资料是工程质量的记录，所以对资料完整性的检查，实际是对过程控制的检查确认，是检验批合格的前提。

（2）实物检验，应检验主控项目和一般项目。对具体的检验批来说，应按照屋面工程质量验收规范或地下防水工程验收规范有关条款，对各检验批主控项目、一般项目规定的指标逐项检查验收。

3. 主控项目是对检验批的基本质量起决定性影响的检验项目，一般项目是除主控项目以外的其他检验项目。

检验批合格质量应符合下列规定：

（1）主控项目和一般项目的质量经抽样检验合格。

（2）具有完整的施工操作依据、质量检查记录。

11.1.3　分项工程验收

分项工程的验收是在其所含检验批验收的基础上进行的，分项工程质量验收合格应符合下列条件：

（1）分项工程所含检验批的质量均应符合合格质量的规定。

（2）分项工程所含检验批的质量验收记录应完整。

11.1.4　分部（子分部）工程验收

分部（子分部）工程的验收是在其所含各分项工程验收的基础上进行的，分部（子分部）工程质量验收合格应符合下列条件：

（1）分部（子分部）工程所含分项工程的质量均验收合格。

（2）质量控制资料完整。

（3）观感质量验收应符合要求。

11.1.5　单位工程验收

1. 单位工程质量验收是单位工程质量的竣工验收，在单位（子单位）工程验收时，对涉及安全和使用功能的分部工程应进行资料的复查，不仅要检查其完整性（无漏检缺项），而且对分部工程验收时补充进行的见证抽样检验报告也要复核。此外对主要使用功能还须进行抽查，抽查项目是在检查资料文件的基础上由参加验收的各方人员共同进行观感质量检查，检查的方法、内容、结论与分部（子分部）工程质量验收相同。这是建筑工程质量验收按照“验评分离、强化验收、完善手段、过程控制”16字方针中“强化验收”的具体体现，这种强化验收的手段体现了对安全和主要使用功能的重视。

2. 单位工程质量验收合格应符合下列规定：

（1）单位（子单位）工程所含分部（子分部）工程的质量均应验收合格。

（2）质量控制资料完整。

（3）单位（子单位）工程所含分部工程有关安全和功能的检验资料完整。

（4）主要功能项目的抽查结果应符合相关专业质量验收规范的规定。使用功能的抽查是对建筑工程和设备安装最终质量的综合检验，也是用户最为关心的内容。因此，在分项、分部工程验收合格的基础上，竣工验收时应再做一定数量的抽样检查。抽查项目在基础资料文件的基础上由参加验收的各方人员商定，并用计量、计数等抽样方法确定检查部位。竣工验收检查，应按照有关专业工程施工质量验收标准的要求进行。

（5）观感质量验收符合要求。竣工验收时，须由参加验收的各方人员共同进行观感质量检查。检查的方法、内容、结论等已在分部工程的相应部分中阐述，最后共同确定是否通过验收。

11.1.6 隐蔽工程验收

1. 隐蔽工程是指在施工过程中上一道工序结束后，即被下一道工序所掩盖而无法再进行检查的工程部位，如屋面防水工程中的找平层、地下防水工程中的卷材防水层等。

2. 隐蔽工程完工后，施工单位在自检合格的基础上，向监理单位提出报验申请表，监理单位在接到施工单位的报检申请表后，应该在24h内派出监理人员到施工现场，采用必要的检查工具对该隐蔽工程进行检查，并填写隐蔽工程检查记录，将检查结果与设计图纸、施工操作规程和质量验收规范对照，判断其质量是否符合规定要求，如果确认质量符合规定要求，则经监理人员签证后，施工承包单位才能进行下一道工序。如果质量不符合规定要求，监理人员也应以书面形式通知施工单位，令其返工处理，返工处理后再重新进行检查验收。

11.2　防水工程划分

屋面工程是一个分部工程，在施工中，必须严格检查验收制度。

11.2.1　屋面工程子分部工程和分项工程划分

屋面工程各子分部工程和分项工程的划分，应符合表 11-1 的要求。

屋面工程子分部和分项工程的划分　　表 11-1

分部工程	子分部工程	分项工程
屋面工程	卷材防水屋面	防水层，找平层，卷材防水层，细部构造
	涂膜防水屋面	防水层，找平层，涂膜防水层，细部构造
	刚性防水屋面	细石混凝土防水层，密封材料嵌缝，细部构造
	瓦屋面	平瓦屋面，油毡瓦屋面，金属板材屋面，细部构造

11.2.2　地下防水分项工程划分

地下防水工程是一个子分部工程，其分项工程的划分应符合表 11-2 要求。

地下防水分项工程划分　　表 11-2

子分部工程	分项工程
地下防水工程	防水工程：防水混凝土，水泥砂浆防水层，卷材防水层，涂料防水层，塑料板防水层，金属板防水层，细部构造

续表

子分部工程	分项工程
地下防水工程	特殊施工法防水工程：锚喷支护，地下连续墙，复合式衬砌，盾构法隧道
	排水工程：渗排水，盲沟排水，隧道、坑道排水
	注浆工程：预注浆，后注浆，衬砌裂缝注浆

11.2.3 外墙及厕浴间分项工程划分

外墙及厕浴间防水分项工程划分见表11-3。

外墙及厕浴间防水分项工程划分 表11-3

分项工程	内容
外墙防水	找平层，涂膜防水层，细部构造，饰面层
厕浴间防水	找平层，涂膜防水层，细部构造，面层

11.3 防水工程验收批次

11.3.1 屋面防水分项工程施工质量检验批

根据质量控制和专业验收的需要进行划分，一般按变形缝、施工段等进行划分，如面积较大，可按1000m^{2}左右面积作为一个检验批，检查数量和要求应符合下列规定：

1. 屋面找平层验收按屋面面积100m^{2}检查1处，且不得少于3处，细部构造全数检查。

2. 卷材防水屋面工程质量检验按屋面面积每100m^{2}检查1处，每处10m^2，且不得少于3处。

3. 涂膜防水屋面工程质量检验应按屋面面积每100m^{2}检查1处，每处10m^2，且不得少于3处。

4. 刚性防水屋面验收时，按屋面面积100m^{2}抽查1处，每处10m^2，且不得少于3处。

5. 接缝密封防水，每50m应抽查1处，每处5m，且不得少于

3处。

6. 细部构造处根据分项的内容，应全部进行检查。

7. 平瓦屋面按屋面面积每100m^2检查1处，每处10m^2，且不得少于3处。

8. 油毡瓦按屋面面积每100m^2检查1处，每处10m^2，且不得小于3处。

9. 金属板材屋面按屋面面积每100m^2检查1处，每处10m^2，且不得少于3处。

11.3.2　地下防水分项工程施工质量检验批

1. 地下防水工程应按工程设计的防水等级标准进行验收。地下防水工程渗漏水调查与测量方法应按《地下防水工程质量验收规范》（GB 50208—2002）附录C执行。

2. 地下防水工程各分项工程的施工质量检验批，检查数量和要求应符合下列规定：

（1）防水混凝土的施工质量检验，应按混凝土外露面积每100m^2抽查1处，每处10m^2，且不得少于3处。

（2）水泥砂浆防水层的施工质量检验，应按施工面积每100m^2抽查1处，每处10m^2，且不得少于3处。

（3）卷材防水层的施工质量检验，应按铺贴面积每100m^2抽查1处，每处10m^2，且不得少于3处。

（4）涂料防水层的施工质量检验，应按涂层面积每100m^2抽查1处，每处10m^2，且不得少于3处。

（5）渗排水、盲沟排水的施工质量检验数量应按10%抽查，其中按两轴线间或10m为1处，且不得少于3处。

11.3.3　外墙及厕浴间防水检验批

1. 外墙防水层质量检验应按涂膜面积每100m^2检查1处，每处10m^2，且不得少于3处。

2. 厕浴间防水层检验批应按涂膜面积每100m^{2}检查1处，每处10m^2，且不得少于3处。

11.4 屋面及地下防水工程质量要求

11.4.1 屋面防水工程质量要求

1. 防水层不得有渗漏或积水现象。

2. 使用的材料符合设计要求和质量标准的规定。

3. 找平层表面应平整，不得有酥松、起砂、起皮现象。

4. 防水层的厚度、含水率、表观密度符合设计要求。

5. 天沟、檐沟、泛水和变形缝等构造，符合设计要求。

6. 卷材铺贴方法和搭接顺序符合设计要求，搭接宽度正确、接缝严密，不得有皱折、鼓泡和翘边现象。

7. 涂膜防水层的厚度符合设计要求，涂层无裂纹、皱折、流淌、鼓泡和露胎体现象。

8. 刚性防水层表面应平整、压光、不起砂、不起皮、不开裂。分格缝平直，位置正确。

9. 嵌缝密封材料应与两侧基层粘牢，密封部位光滑、平直，不得有开裂、鼓泡、下塌现象。

10. 平瓦、油毡瓦屋面的基层应平整、牢固，瓦片排列整齐、平直，搭接合理，接缝严密，不得有残缺瓦片。

11. 检查屋面有无渗漏、积水和排水系统是否畅通，在雨后或持续淋水2h后进行。有可能作蓄水检验的屋面，其蓄水时间不少于24h。

11.4.2 地下防水工程质量要求

1. 防水混凝土的抗压强度和抗渗压力必须符合设计要求。

2. 防水混凝土应压密实，表面应平整，不得有露筋、蜂窝等缺陷；裂缝宽度应符合设计要求。

3. 水泥砂浆防水层应密实、平整，不得有空鼓、裂纹、起砂、麻面等缺陷；防水层厚度应符合设计要求。

4. 防水卷材接缝应粘结牢固，封闭严密，防水层不得有损伤、空鼓、皱折等缺陷。

5. 防水涂膜层应粘结牢固，不得有脱皮、流淌、鼓泡、露胎、皱折等缺陷；涂层厚度应符合设计要求。

6. 变形缝、施工缝、后浇带、穿墙管道等防水构造应符合设计要求。

7. 排水工程的质量要求

(1) 排水系统不淤积、不堵塞，确保排水畅通。

(2) 反滤层的砂、石粒径、含泥量和层次排列应符合设计要求。

(3) 排水沟断面和坡度应符合设计要求。

11.5 防水工程质量检验与评定内容

11.5.1 质量检验概述

1. 屋面分部工程施工应按工序或分项工程进行验收，构成分项工程的各检验批应符合相应质量标准的规定。

2. 地下防水子分部施工应按工序或分项进行验收，构成分项工程的各检验批应符合规范相应质量标准的规定。

3. 外墙防水分项施工应按工序进行验收，构成分项工程的各检验批应符合规范相应质量标准的规定。

4. 厕浴间防水分项施工应按工序进行验收，构成分项工程的各检验批应符合规范相应质量标准的规定。

11.5.2 质量标准具体要求

1. 屋面找平层质量标准

(1) 主控项目

1) 找平层的材料质量及配合比，必须符合设计要求。

检验方法：检查出厂合格证、质量检验报告和计量措施。

2）屋面（含天沟、檐沟）找平层的排水坡度，必须符合设计要求。

检验方法：用水平仪（水平尺）、拉线和尺量检查。

（2）一般项目

1）基层与突出屋面结构的交接处和基层的转角处，均应做圆弧形，且整齐平顺。

检验方法：观察和尺量检查。

2）水泥砂浆、细石混凝土找平层应平整、压光，不得有酥松、起砂、起皮现象。

检验方法：观察检查。

（3）找平层分格缝的位置和间距应符合设计要求。

检验方法：观察和尺量检查。

（4）找平层表面平整度的允许偏差为5mm。

检验方法：用2m靠尺和楔形塞尺检查。

2. 屋面卷材防水层质量标准

（1）主控项目

1）卷材防水层所用卷材及其配套材料，必须符合设计要求。

检验方法：检查出厂合格证、质量检验报告和现场抽样复验报告。

2）卷材防水层不得有渗漏或积水现象。

检验方法：雨后或淋水、蓄水检验。

3）卷材防水层在天沟、檐沟、檐口、水落口、泛水、变形缝和伸出屋面管道的防水构造，必须符合设计要求。

检验方法：观察检查和检查隐蔽工程验收记录。

（2）一般项目

1）卷材防水层的搭接缝应粘（焊）结牢固，密封严密，不得有皱折、翘边和鼓泡等缺陷；防水层的收头应与基层粘结并固定牢固，缝口封严，不得翘边。

检验方法：观察检查。

2）卷材防水层上的撒布材料和浅色涂料保护层应铺撒或涂刷

均匀，粘结牢固；水泥砂浆、块材或细石混凝土保护层与卷材防水层间应设置隔离层；刚性保护层的分格缝留置应符合设计要求。

检验方法：观察检查。

3）排汽屋面的排汽道应纵横贯通，不得堵塞。排汽管应安装牢固，位置正确，封闭严密。

检验方法：观察检查。

4）卷材的铺贴方向应正确，卷材搭接宽度的允许偏差为 -10mm。

3. 屋面涂膜防水层质量标准

（1）主控项目

1）防水涂料和胎体增强材料必须符合设计要求。

检验方法：检查出厂合格证、质量检验报告和现场抽样复验报告。

2）涂膜防水层不得有渗漏或积水现象。

检验方法：雨后或淋水、蓄水检验。

3）涂膜防水层在天沟、檐沟、檐口、水落口、泛水、变形缝和伸出屋面管道的防水构造，必须符合设计要求。

检验方法：观察检查和检查隐蔽工程验收记录。

（2）一般项目

1）涂膜防水层的平均厚度应符合设计要求，最小厚度不应小于设计厚度的 80%。

检验方法：针测法或取样量测。

2）涂膜防水层与基层应粘结牢固，表面平整，涂刷均匀，无流淌、皱折、鼓泡、露胎体和翘边等缺陷。

检验方法：观察检查。

3）涂膜防水层上的撒布材料或浅色涂料保护层应铺撒或涂刷均匀，粘结牢固；水泥砂浆、块材或细石混凝土保护层与涂膜防水层间应设置隔离层；刚性保护层的分格缝留置应符合设计要求。

检验方法：观察检查。

4. 屋面细石混凝土防水层质量标准

(1) 主控项目

1) 细石混凝土的原材料及配合比必须符合设计要求。

检验方法：检查出厂合格证、质量检验报告、计量措施和现场抽样复验报告。

2) 细石混凝土防水层不得有渗漏或积水现象。

检验方法：雨后或淋水、蓄水检验。

3) 细石混凝土防水层在天沟、檐沟、檐口、水落口、泛水、变形缝和伸出屋面管道的防水构造，必须符合设计要求。

检验方法：观察检查和检查隐蔽工程验收记录。

(2) 一般项目

1) 细石混凝土防水层应表面平整、压实抹光，不得有裂缝、起壳、起砂等缺陷。

检验方法：观察检查。

2) 细石混凝土防水层的厚度和钢筋位置应符合设计要求。

检验方法：观察和尺量检查。

3) 细石混凝土分格缝的位置和间距应符合设计要求。

检验方法：观察和尺量检查。

4) 细石混凝土防水层表面平整度的允许偏差为5mm。

检验方法：用2m靠尺和楔形塞尺检查。

5. 密封材料嵌缝质量标准

(1) 主控项目

1) 密封材料的质量必须符合设计要求。

检验方法：检查产品出厂合格证、配合比和现场抽样复验报告。

2) 密封材料嵌填必须密实、连续、饱满，粘线牢固，无气泡、开裂、脱落等缺陷。

检验方法：观察检查

(2) 一般项目

1) 嵌填密封材料的基层应牢固、干净、干燥，表面应平整、密实。

检验方法：观察检查。

2）密封防水接缝宽度的允许偏差为±10%，接缝深度为宽度的0.5~0.7倍。

检验方法：尺量检查。

3）嵌填的密封材料表面应平滑，缝边应顺直，无凹凸不平现象。

检验方法：观察检查。

6. 平瓦屋面质量标准

（1）主控项目

1）平瓦及其脊瓦的质量必须符合设计要求。

检验方法：观察检查和检查出厂合格证或质量检验报告。

2）平瓦必须铺置牢固。地震设防地区或坡度大于50%的屋面，应采取固定加强措施。

检验方法：观察和手扳检查。

（2）一般项目

1）挂瓦条应分档均匀，铺钉平整、牢固；瓦面平整，行列整齐，搭接紧密，檐口平直。

检验方法：观察检查。

2）脊瓦应搭盖正确，间距均匀，封固严密；屋脊和斜脊应顺直，无起伏现象。

检验方法：观察或手扳检查。

3）泛水做法应符合设计要求，顺直整齐，结合严密，无渗漏。

检验方法：观察检查和雨后或淋水检验。

7. 金属板材质量标准

（1）主控项目

1）金属板材及辅助材料的规格和质量，必须符合设计要求。

检验方法：检查出厂合格证和质量检验报告。

2）金属板材的连接和密封处理必须符合设计要求，不得有渗漏现象。

检验方法：观察检查和雨后淋水检验。

（2）一般项目

1）金属板材屋面应安装平整，固定方法正确，密封完整；排水坡度应符合设计要求。

检验方法：观察和尺量检查。

2）金属板材屋面的檐口线、泛水段应顺直，无起伏现象。

检验方法：观察检查。

8. 油毡瓦质量标准

（1）主控项目

1）油毡瓦的质量必须符合设计要求。

检验方法：检查出厂合格证和质量检验报告。

2）油毡瓦所用固定钉必须钉平、钉牢，严禁钉帽外露油毡瓦表面。

检验方法：观察检查。

（2）一般项目

1）油毡瓦的铺设方法应正确，油毡瓦之间的对缝上下层不得重合。

检验方法：观察检查。

2）油毡瓦应与基层紧贴，瓦面平整，檐口顺直。

检验方法：观察检查。

3）泛水做法应符合设计要求，顺直整齐，结合严密，无渗漏。

检验方法：观察检查和雨后或淋水检验。

9. 屋面防水细部构造质量标准

（1）主控项目

1）天沟、檐沟的排水坡度，必须符合设计要求。

检验方法：用水平仪（水平尺）、拉线和尺量检查。

2）天沟、檐沟、檐口、水落口、泛水、变形缝和伸出屋面管道的防水构造，必须符合设计要求。

检验方法：观察检查和检查隐蔽工程验收记录。

（2）一般项目

无。

10. 地下防水混凝土质量标准

(1) 主控项目

1) 防水混凝土的原材料、配合比及坍落度必须符合设计要求。

检验方法：检查出厂合格证、质量检验报告、计量措施和现场抽样试验报告。

2) 防水混凝土的抗压强度和抗渗压力必须符合设计要求。

检验方法：检查混凝土抗压、抗渗试验报告。

3) 防水混凝土的变形缝、施工缝、后浇带、穿墙管道、埋设件等设置和构造，均须符合设计要求，严禁有渗漏。

检验方法：观察检查和检查隐蔽工程验收记录。

(2) 一般项目

1) 防水混凝土结构表面应坚实、平整，不得有露筋、蜂窝等缺陷；埋设件位置应正确。

检验方法：观察和尺量检查。

2) 防水混凝土结构表面的裂缝宽度不应大于0.2mm，并不得贯通。

检验方法：用刻度放大镜检查。

3) 防水混凝土结构厚度不应小于250mm，其允许偏差为+15mm、-10mm；迎水面钢筋保护层厚度不应小于50mm，其允许偏差为±10mm。

检验方法：尺量检查和检查隐蔽工程验收记录。

11. 水泥砂浆防水层质量标准

(1) 主控项目

1) 水泥砂浆防水层的原材料及配合比必须符合设计要求。

检验方法：检查出厂合格证、质量检验报告、计量措施和现场抽样试验报告。

2) 水泥砂浆防水层各层之间必须结合牢固，无空鼓现象。

检验方法：观察和用小锤轻击检查。

（2）一般项目

1）水泥砂浆防水层表面应密实、平整，不得有裂纹、起砂、麻面等缺陷；阴阳角处应做成圆弧形。

检验方法：观察检查。

2）水泥砂浆防水层施工缝留槎位置应正确，接槎应按层次顺序操作，层层搭接紧密。

检验方法：观察检查和检查隐蔽工程验收记录。

3）水泥砂浆防水层的平均厚度应符合设计要求，最小厚度不得小于设计值的85%。

检验方法：观察和尺量检查。

12. 地下卷材防水层质量标准

（1）主控项目

1）卷材防水层所用卷材及主要配套材料必须符合设计要求。

检验方法：检查出厂合格证、质量检验报告和现场抽样试验报告。

2）卷材防水层及其转角处、变形缝、穿墙管道等细部做法均须符合设计要求。

检验方法：观察检查和检查隐蔽工程验收记录。

（2）一般项目

1）卷材防水层的基层应牢固，基面应洁净、平整，不得有空鼓、松动、起砂和脱皮现象；基层阴阳角处应做成圆弧形。

检验方法：观察检查和检查隐蔽工程验收记录。

2）卷材防水层的搭接缝应粘（焊）结牢固，密封严密，不得有皱折、翘边和鼓泡等缺陷。

检验方法：观察检查。

3）侧墙卷材防水层的保护层与防水层应粘结牢固，结合紧密、厚度均匀一致。

检验方法：观察检查。

4）卷材搭接宽度的允许偏差为 -10mm。

检查方法：观察和尺量检查。

13. 地下涂膜防水层质量标准

（1）主控项目

1）涂料防水层所用材料及配合比必须符合设计要求。

检验方法：检查出厂合格证、质量检验报告、计量措施和现场抽样试验报告。

2）涂料防水层及其转角处、变形缝、穿墙管道等细部做法均须符合设计要求。

检验方法：观察检查和检查隐蔽工程验收记录。

（2）一般项目

1）涂料防水层的基层应牢固，基面应洁净、平整，不得有空鼓、松动、起砂和脱皮现象；基层阴阳角处应做成圆弧形。

检验方法：观察检查和检查隐蔽工程验收记录。

2）涂料防水层的平均厚度应符合设计要求，最小厚度不得小于设计厚度的80%。

检验方法：针测法或割取20mm×20mm实样用卡尺测量。

3）侧墙涂料防水层的保护层与防水层粘结牢固，结合紧密，厚度均匀一致。

检验方法：观察检查。

14. 地下防水工程细部构造质量标准

（1）主控项目

1）细部构造所用止水带、遇水膨胀止水条和中埋式止水带和接缝密封材料必须符合设计要求。

检验方法：检查出厂合格证、质量检验报告和进场抽样试验报告。

2）变形缝、施工缝、后浇带、穿墙管道、埋设件等细部做法必须符合设计要求，严禁有渗漏。

检验方法：观察检查和检查隐蔽工程验收记录。

3）混凝土必须内实外光，对出现的缺陷应有书面处理意见或措施，并保存处理记录。

检验方法：观察检查。

(2) 一般项目

1) 中埋式止水带中心线应与变形缝重合，止水带应固定牢固、平直，不得有扭曲现象。

检验方法：观察检查和检查隐蔽工程验收记录。

2) 穿墙管止水环与主管或翼环与套管应连续满焊，并做防腐处理。

检验方法：观察检查和检查隐蔽工程验收记录

3) 接缝处混凝土表面应密实、洁净、干燥。密封材料嵌填严密，粘结牢固，不得有开裂、鼓泡和下塌现象。

检验方法：观察检查。

15. 渗排水及盲沟排水质量标准

(1) 主控项目

1) 反滤层的砂、石粒径和含泥量必须符合设计要求。

检验方法：检查砂、石试验报告。

2) 集水管的埋设深度及坡度必须符合设计要求。

检验方法：观察和尺量检查。

(2) 一般项目

1) 渗排水层的构造应符合设计要求。

检验方法：检查隐蔽工程验收记录。

2) 渗排水层的铺设应分层、铺平、拍实。

检验方法：检查隐蔽工程验收记录。

3) 盲沟的构造应符合设计要求。

检验方法：检查隐蔽工程验收记录。

16. 外墙防水工程质量标准

(1) 主控项目

1) 用于外墙防水层的原材料及配合比必须符合设计要求。

检验方法：检查出厂合格证、质量检验报告、计量措施和现场抽样试验报告。

2) 外墙的防水构造必须完整，符合设计要求。

检验方法：检查施工图纸和隐蔽工程验收记录。

3）密封材料嵌填必须密实、连续、饱满，粘线牢固，无气泡、开裂、脱落等缺陷。

检验方法：观察检查。

4）外墙防水层施工完成后应及时做淋水试验，所有部位均不得渗漏。

检验方法：观察检查。

（2）一般项目

1）涂膜防水层的平均厚度应符合设计要求，最小厚度不应小于设计厚度的80%。

检验方法：针测法或取样量测。

2）外墙砌体砌筑质量符合施工验收规范的要求。

检验方法：检查施工图纸和隐蔽工程验收记录。

3）外墙涂膜防水层表面应无开裂、起皱和鼓泡现象。

检验方法：观察检查。

4）密封防水接缝宽度的允许偏差为±10%，接缝深度为宽度的0.5~0.7倍。

检验方法：尺量检查。

17. 厕浴间防水工程质量标准

（1）主控项目

厕浴间地面排水坡度应符合设计要求，无积水、倒灌水现象。

检验方法：泼水试验，观察检查。

（2）一般项目

1）刚性防水层厚度应符合设计要求。

检验方法：检查施工图纸和隐蔽工程验收记录。

2）涂膜防水层厚度应符合设计要求。

检验方法：检查施工图纸和隐蔽工程验收记录。

3）涂膜防水层表面应无开裂、起皱和鼓泡现象。

检验方法：检查施工图纸和隐蔽工程验收记录。

11.6　隐蔽验收记录主要内容

11.6.1　屋面防水工程隐蔽验收记录

屋面分部工程隐蔽验收记录包括以下主要内容：

1. 卷材、涂膜防水层的基层。
2. 密封防水处理部位。
3. 天沟、檐沟、泛水和变形缝等细部做法。
4. 卷材、涂膜防水层的搭接宽度和附加层。
5. 刚性保护层与卷材、涂膜防水层之间设置的隔离层。

11.6.2　地下防水工程隐蔽验收记录

地下防水工程隐蔽验收记录包括以下主要内容：

1. 卷材、涂料防水层的基层。
2. 防水混凝土结构和防水层被掩盖的部位。
3. 变形缝、施工缝等防水构造的做法。
4. 管道设备穿过防水层的封固部位。
5. 渗排水层、盲沟和坑槽。

11.6.3　外墙及厕浴间防水工程隐蔽验收记录

1. 外墙涂膜防水层的基层。
2. 外墙密封防水处理部位。
3. 外墙变形缝等细部做法。
4. 厕浴间涂膜防水层的基层。
5. 厕浴间密封防水处理部位。
6. 厕浴间管道口、洁具根部四周等细部做法。

11.7　防水工程验收资料

11.7.1　屋面工程质量验收文件和记录

屋面分部工程验收的文件和记录见表11-4。

屋面分部工程验收的文件和记录表　　表 11-4

序　号	项　　目	文件和记录
1	防水设计	设计图纸及会审记录、设计变更通知单和材料代用核定单
2	施工方案	施工方法、技术措施、质量保证措施
3	技术交底记录	施工操作要求及注意事项
4	材料质量证明文件	出厂合格证、质量检验报告和试验报告
5	中间检查记录	分项工程质量验收记录、隐蔽工程验收记录、施工检验记录、淋水或蓄水检验记录
6	施工日志	逐日施工情况
7	工程检验记录	抽样质量检验及观察检查
8	其他技术资料	事故处理报告、技术总结

11.7.2　地下防水工程质量验收文件和记录

地下防水子分部工程质量验收文件见表 11-5。

地下防水子分部工程质量验收文件表　　表 11-5

序　号	项　　目	文件和记录
1	防水设计	设计图及会审记录、设计变更通知单和材料代用核定单
2	施工方案	施工方法、技术措施、质量保证措施
3	技术交底	施工操作要求及注意事项
4	材料质量证明文件	出厂合格证、产品质量检验报告、试验报告
5	中间检查记录	分项工程质量验收记录、隐蔽工程检查验收记录、施工检验记录
6	施工日志	逐日施工情况
7	胶结材料资料	使用配合比资料、粘贴试验资料
8	施工单位资质证明	资质复印证件
9	工程检验记录	抽样质量检验及观察检查
10	其他技术资料	事故处理报告、技术总结

注：外墙和厕浴间防水工程验收和记录参照屋面工程验收文件和记录。

12 防水工程管理与维护

防水材料一旦使用在建筑物上，随着时间的流逝，防水层存在材料老化、使用不当等原因，影响防水层使用功能和缩短防水材料寿命。

防水工程的质量及寿命不仅取决于优质的防水材料、合理的防水设计、精心的防水施工，还取决于科学良好的管理与维护。

防水层的管理和维护在施工阶段就应当开始，从防水分项工程完成后就应当注意保护防水工程的成品，防止人员踩踏、放置机具或交叉施工工序造成的防水层破坏，直到整个工程的竣工验收交付使用。

12.1 防水工程管理

12.1.1 建立管理维护制度

1. 专人分片管理

在防水工程交付后，应由使用单位建立防水专项工程管理维护制度，将防水专项工程管理工作具体化，专人负责，分片管理，定期检查，发现渗漏等问题应进行全面分析，采取针对性措施，对症下药，及时维护。

2. 保存工程档案

应保存和保管好防水专项工程的施工记录、分项隐蔽工程验收单，以及防水专项设计图纸，防水材料进场合格证及复检报告，分类入档管理。

3. 根据工程情况，进行专项检查

（1）对于屋面防水层和地下防水层及室内柔性防水层，应重点检查是否有起鼓、开缝，粘结不牢、脱落、破损等现象，刚性防水层应重点检查是否有开裂现象。对于节点部位，应重点检查是否有渗漏、起鼓、破损等现象。

(2) 对于地下防水工程由于无法从外侧检查防水工程情况，只有从室内检查是否有渗漏等现象，还要检查建筑物周围地表水的流向，夏季雨后积水和雨水排放情况。

(3) 对于地下渗排水工程，应检查渗排水设施的完好使用，渗排水系统是否通畅。

4. 工程维护措施

防水工程在施工中和施工完工后均应制定成品维护措施，应及时发现质量问题，及时维护修理。

5. 使用专项交底

防水工程使用开始，施工单位应对建设单位或使用单位进行使用注意事项的专项交底工作，告知使用单位严禁在屋面放置超过设计荷载的重物，严禁在屋面增设构筑物，严禁在屋面防水层和隔热层上凿孔打洞，严禁在地下防水层上开挖土方和凿孔打洞，确保屋面和地下结构按要求管理使用。

每年雨季和冬季前应对屋面进行检查和清扫，严防屋面天沟、檐口、水落口堵塞，室外地面应检查排水措施，确保屋面和室外地面排水系统畅通，防止积水和排流水现象。

6. 工程回访

防水工程保修期为5年，在这5年使用期间，应由施工单位定期进行回访，特别是在防水工程规定的耐久年限内，每逢下雨和下雪，均应对工程回访检查，发现防水层有损坏和有渗漏现象，及时修整恢复。

12.2 防水工程维修

12.2.1 防水层维修步骤

一旦发现防水层出现质量问题应该采取下列措施：

1．制定合理有效的维修方案。

2．使用材料应同原有材料具有相容性，注意新旧材料的接茬搭接，确保维修质量。

3．维修施工工艺力求简便，对于原有结构尽量少有损坏，维修施工应以冷作业为主。

12.2.2 防水层维修分类

防水专项工程维修一般分为小修、中修和大修。

1．小修

当防水层损坏较小，仅有小面积渗水，面积小于0.4m²或长度1m范围内，并小于整个防水层面积的10%，修补时无需拆除原防水层。

2．中修

防水层局部老化，产生渗漏水，小修无效，损坏面积扩大到10m²或长度在10m以上时，或损坏面积占整个防水层的10%～20%，则可能需要拆除原防水层，更换原防水材料，重新做防水层。

3．大修

防水层大面积损坏，产生渗漏水，损坏面积扩大到30m²，损坏面积占整个防水层的30%以上时，小修无法达到防水等级的要求，则需要铲除原有防水材料，重新做防水层。

12.2.3 屋面防水层维修

1．屋面防水基层维修

防水层维修前必须对基层（找平层）进行全面检查。找平层强度、顺水坡度、表面压实抹光程度必须符合要求，找平层与突出屋面结构的连接及转角处都应做成圆弧；如果找平层酥松、起砂及有凸起物达不到要求，必须重新将其处理。屋面基层及节点、周边、转角等处清除干净。

2．屋面防水卷材维修

（1）卷材防水层老化维修：如原有卷材防水层大面积老化、

局部破损，在屋面荷载允许的条件下，宜保留原防水层，再增作一层面层防水层。如原防水层破损严重，则应将破损部分铲除，清理基层，对其进行局部修补，喷涂或涂刷基层处理剂。干燥后应及时铺贴新防水卷材。维修的卷材应同原防水层卷材具有相容性，耐用年限应相匹配。

（2）有规则裂缝维修：采用卷材维修宜先清除缝内杂物及裂缝两侧面层浮灰，并喷涂基层处理剂，然后在缝内嵌填密封材料，缝上单边点粘宽度不应小于100mm卷材隔离层，面层应用宽度大于300mm卷材铺贴覆盖，其同原防水层有效粘贴宽度不应小于100mm。

3. 屋面防水涂膜开裂维修

（1）涂膜防水层局部裂缝、空鼓、脱落引起渗漏，应局部维修，如涂膜大面积老化、损坏、严重渗漏，则应进行翻修。无论维修或翻修，均应先做涂膜附加层，附加层内宜衬胎体增强材料。

（2）涂膜防水层有规则裂缝，应先清除裂缝部位的防水涂膜，再将裂缝扩宽，用密封材料嵌填，干燥后，缝上干铺或单边点粘宽度为200~300mm的隔离层，面层应用胎体增强材料的涂膜防水层铺贴覆盖，其同原防水层有效粘贴宽度不应小于100mm，新旧防水层搭接应严密。

（3）防水层无规则裂缝：先铲除原涂膜防水层，清除周围缝两侧浮灰和杂物，并喷涂基层处理剂，涂刷两层涂膜防水层，表面做保护层。

（4）涂膜泛水裂缝维修：泛水裂缝维修一般用密封材料维修。

12.2.4　厕浴间地面渗漏维修

1. 施工准备

首先对厕浴间查勘，确定漏水点，针对渗漏原因，制定维修方案。检查管道与楼面或墙面交界部位、卫生洁具等设施与楼地面交接部位、地漏部位、楼面、墙面及其交接部位的渗漏现象。

2. 裂缝维修

（1）大于2mm裂缝，应沿裂缝清除面层和防水层，沿裂缝剔凿宽度和深度均不小于10mm的沟槽，清除浮灰、杂物，沟槽内嵌填密封材料，铺设带胎体增强材料的涂膜防水层，并与原防水层搭接封严，经蓄水检查无渗漏。

（2）对于小于2mm裂缝，应沿裂缝清除装饰面层和防水层，沿裂缝剔凿4mm宽，暴露裂缝部位，清除裂缝内部浮灰、杂物，然后铺设涂膜防水层，并同原防水层搭接封严，经蓄水检查无渗漏再施工装饰面层。

（3）对于小于0.5mm的裂缝，可以不铲除面层，在清理裂缝表面后，沿裂缝涂刷两遍宽度不小于100mm的无色或浅色合成高分子涂膜防水层。

3. 管根渗漏

当穿过楼面的给、排水管道根部渗漏，应沿管根部剔凿出宽度和深度均不小于10mm的沟槽，清除管道根部浮灰、杂物，沟槽内嵌填密封材料，涂刷两遍宽度不小于100mm厚度不小于1mm的无色或浅色合成高分子涂膜防水层。

4. 倒泛水与积水

当出现泛水与积水，应凿出相应面层，修复防水层和面层，将地漏重新下落安装，地漏接口和泛口外沿嵌填密封材料。

5. 楼地面与墙面交接处酥松

对于楼地面与墙面交接处酥松，应凿除损害部位，用1∶2水泥砂浆修复基层，涂刷厚度不小于1.5mm的防水涂料，内衬胎体增强材料，涂膜防水层平面和立面宽度不小于100mm，新旧防水层搭接宽度不应小于50~80mm，搭接顺序按流水方向。

6. 楼地面防水层翻修

宜采用聚合物水泥砂浆翻修，首先应将面层及原防水层全部凿出，清理干净后，在裂缝及节点等部位，用聚合物水泥砂浆分两遍抹压施工。

12.2.5　墙体渗漏维修

1. 查勘方法

（1）观察法：最好在雨天进行，对于外墙目测查验，发现渗漏部位，找出渗漏点和水源点，划出标记，做好记录。

（2）淋水检查法：在初步判断出渗漏部位后，即在相应墙面加压喷淋冲水1小时，发现漏痕。

2. 维修方法

（1）修复原构造防水：对于线形构造防水，如滴水线、挡水台等，当该处局部损坏，可采用防水砂浆、水泥浆或防水堵漏材料修补，防水砂浆每遍厚度为5~10mm，总厚度为15~22mm，水泥浆每遍厚度宜为2mm。基层配合比为水泥:黄砂=1:2.5，面层配合比为水泥:黄砂=1:2，修补的目的应使其水流分散，减少接缝处雨水流量和压力。对于空腔构造防水，则应在大板接缝处嵌填密封材料，从而切断板缝处毛细管的通路达到防水堵漏效果。

（2）用防水材料修复：又分为外涂堵水法和内涂堵水法。外涂堵水法就是在外墙外侧采用溶剂型或水乳型防水涂料嵌缝或涂刷渗漏部位，但是该方法需要搭设外脚手架，工期较长，但处理效果较好。内涂堵水法就是在内墙外侧采用溶剂型或水乳型防水涂料嵌缝或涂刷渗漏部位，不需要搭设外脚手架，工期较短，操作方便，但处理效果不如外侧处理方法。

3. 墙体注浆方法

当墙体裂缝较长且较深时，应采用墙体注浆方法进行修补，具体做法是沿裂缝剔凿沟槽并处理干净，布置灌浆孔，灌浆孔应选在漏水量最大的部位，水平裂缝宜沿缝下面向上选斜孔，垂直裂缝宜正对裂缝选直孔，灌浆孔不应穿透结构厚度，空洞的布置应上下交错，其间距视缝隙大小及浆液的扩散半径而定，一般为500~1000mm，然后按工序要求埋设注浆嘴，封闭漏水、试灌、灌浆、封闭孔洞。

13 防水工程造价管理

13.1 定额计价方法和工程量清单计价方法

13.1.1 建筑安装工程计价方法

1. 概述

根据建设部107号部令《建筑工程发包与承包计价管理办法》的规定，建筑安装工程计价程序有两种方法：既采用传统定额计价方法（简称“工料单价法”）和工程量清单计价方法（简称“综合单价法”）。其中“综合单价法”是今后工程造价管理的方向。它是建设单位或业主（又称甲方）与总承包方或专业分包方（又称乙方）签订工程施工合同时，确定工程造价的依据。也是建设单位或总承包方（又称甲方）与专项分包方（又称乙方）签订专项工程施工合同时，确定工程造价的依据。

2. 建筑工程定额

建筑工程定额是指在正常施工条件下，完成单位合格产品所必须消耗的劳力、材料、机械台班、设备及其资金的数量标准，按建筑工程定额用途分类，可分为施工定额、预算定额（工程量清单）、概算定额等。

3. 预算定额

（1）预算定额是在正常施工条件下，完成一定计量单位分项工程或结构构件，所需消耗的人工、材料和机械台班消耗量的标准。预算定额在较长一段时间内，是我国多年来执行的工程造价计价方法，并与施工企业资质及工程类别等有关系。

（2）预算定额的作用

1）预算定额是编制地区单位估价表、确定分项工程直接费、编制施工图预算的依据。

2）预算定额是编制施工组织设计、进行工料分析、实行经济核算的依据。

3）预算定额是建筑工程拨款、分阶段结算、竣工决算的依据。

4）预算定额是编制概算定额、概算指标和编制招标标底、投标报价的基础资料。

4. 定额计价方法（简称“工料单价法”）

工程费用采用定额计价方法（工料单价法），是以定额直接费、间接费、法定利润、税金等组成。定额直接费又是由直接工程费和措施费组成。直接工程费：执行国家或各省、市《建筑工程消耗量定额》，直接工程费以人工、材料、机械的消耗量及其相应价格确定，措施费是指为完成工程项目施工，发生于该工程施工前和施工过程中非工程实体项目的费用。间接费：由规费和企业管理费组成；间接费、利润、税金各省、市都有不同的计取费率，按照有关规定另行计算。

5. 工程量清单法（简称综合单价法）

工程量清单计价方法，对推进我国工程造价管理体制改革有重大作用。工程量清单计价不仅仅是一种简单的造价计算方法，其更深层的意义在于，提供了一种由市场形成价格的新的计价模式。用工程量清单招标，符合我国当前工程造价体制改革中“逐步建立以市场形成价格为主的价格机制”的目标。这一目标本身就是要把价格的决定权逐步交给发包单位，交给施工企业，交给建筑市场，最终通过市场来配置资源，决定工程价格。它能真正实现通过市场机制决定工程造价。

作为招标文件的组成部分，工程量清单一个最基本的功能，就是作为信息的载体，为潜在的投标者提供必要的信息。除此之外，还具有以下作用：

(1) 采用工程量清单招标有利于将工程的“质”与“量”紧密结合起来。质量、造价、工期三者之间存在着一定的必然联系，报价当中必须充分考虑到工期和质量因素，这是客观规律的反映和要求。采用工程量清单招标，有利于投标单位通过报价的调整来反映质量、工期、成本三者之间的科学关系。

(2) 工程量清单计价方法作为计价和询标、评标的基础。招标工程标底的编制和企业的投标报价，都必须在清单的基础上进行。同样也为今后的询标、评标奠定了基础。

(3) 工程量清单计价方法，为施工过程中支付工程进度款和办理竣工结算及工程索赔提供了重要依据。

(4) 工程量清单计价方法为投标者提供一个公开、公平、公正的竞争环境。工程量清单由招标人统一提供，统一的工程量，避免了由于计算不准确和项目不一致等人为因素，造成不公正影响，投标者站在同一起跑线上，创造了一个公平的竞争环境。

(5) 工程量清单计价方法有利于标底的管理与控制。在传统的招标投标方法中，标底的正确与否、保密程度如何一直是人们关注的焦点。而采用工程量清单招标方法，工程量是公开的，是招标文件内容的一部分，标底只起到参考和一定的控制作用（即控制报价不能突破工程概算的约束），而与评标过程无关，并且在适当的时候甚至可以不编制标底。这就从根本上消除了标底准确和标底泄露所带来的负面影响。

(6) 工程量清单计价方法，有利于业主获得最合理的工程造价。增加了综合实力强、社会信誉好的企业的中标机会，更能体现招标投标宗旨。同时也可为建设单位的工程成本控制提供准确、可靠的依据。

(7) 工程量清单计价方法有利于中标企业精心组织施工，控制成本。中标后，中标企业可以根据中标价及投标文件中的承诺，通过对单位工程成本、利润进行分析，统筹考虑、精心选择施工方案；并根据企业定额，合理确定人工、材料、施工机械要素的投入与配置，优化组合，合理控制现场费用和施工技术措施费用等，以便更好地履行承诺，抓好工程质量和工期。

(8) 清单计价方法（“综合单价法”）的组成

综合单价法中的工程费用应由分部分项工程费、措施项目费、其他项目费、规费、税金组成。综合单价法中的分部分项工程量的单价为全费用单价。全费用单价综合计算，分部分项工程费应由分项“实体”工程项目费组成。完成分部分项工程所发生的直接费、间接费、利润、税金。按“分部分项工程量清单项目设置及其消耗量定额”表规定列项。措施项目费应根据拟建工程的实际，参照下列费用项目确定。

13.1.2　工料单价法具体构成

1. 人工费

是指直接从事建筑安装工程施工的生产工人开支的各项费用。包括：

（1）基本工资：是指发放给生产工人的基本工资。

（2）工资性补贴：是指按规定标准发放的物价补贴，煤、燃气补贴，交通补贴，住房补贴，流动施工津贴等。

（3）生产工人辅助工资：是指生产工人年有效施工天数以外非作业天数的工资，包括职工学习、培训期间的工资，调动工作、探亲、休假期间的工资，因气候影响的停工工资，女工哺乳时间的工资，病假在六个月以内的工资及产、婚、丧假期的工资。

（4）职工福利费：是指按规定标准计提的职工福利费。

（5）生产工人劳动保护费：是指按规定标准发放的劳动保护用品的购置费及修理费，徒工服装补贴，防暑降温费，在有碍身体健康环境中施工的保健费用等。

2. 材料费

是指施工过程中耗费的构成工程实体的原材料、辅助材料、构配件、零件、半成品的费用。包括：

（1）材料原价（或供应价格）。

（2）材料运杂费：是指材料自来源地，运至工地仓库或指定堆放地点，所发生的全部费用。

（3）运输损耗费：是指材料在运输装卸过程中不可避免的损耗。

(4) 采购及保管费：是指为组织采购、供应和保管材料过程中所需要的各项费用。包括：采购费、仓储费、工地保管费、仓储损耗。

(5) 检验试验费：是指对建筑材料、构件和建筑安装物进行一般鉴定、检查所发生的费用，包括自设试验室进行试验所耗用材料和化学药品等费用。不包括新结构、新材料的试验费和建设单位对具有出厂合格证明的材料进行检验，对构件做破坏性试验及其他特殊要求检验试验的费用。

3. 施工机械使用费

是指施工机械作业所发生的机械安拆费和场外运费。

(1) 折旧费：指施工机械在规定的使用年限内，陆续收回其原值及购置资金的时间价值。

(2) 大修理费：指施工机械按规定的大修理间隔台班，进行必要的大修理，以恢复其正常功能所需的费用。

(3) 经常修理费：指施工机械除大修理以外的各级保养和临时故障排除所需费用，机械运转中，日常保养所需润滑与擦拭的材料费用，以及机械停滞期间的维护和保养费用等。

(4) 安拆费及场外运费：安拆费指施工机械在现场进行安装与拆卸所需的人工、材料、机械和试运转费用以及机械辅助设施的折旧、搭设、拆除等费用；场外运费指施工机械整体或分体自停放地点运至施工现场，或由一施工地点运至另一施工地点的运输、装卸材料及架线等费用。

(5) 人工费：指机上司机（司炉）和其他操作人员的工作日人工费，及上述人员在施工机械规定的年工作台班以外的人工费。

(6) 燃料动力费：指施工机械在运转作业中所消耗的固体燃料（煤、木柴）、液体燃料（汽油、柴油）及水、电等。

(7) 养路费及车船使用税：指施工机械按照国家规定和有关部门规定应缴纳的养路费、车船使用税、保险费及年检费等。

4. 措施项目费

是指为完成工程项目施工，发生于该工程施工前和施工过程中非工程实体项目的费用，内容包括：

(1) 环境保护费：是指施工现场为达到环保部门要求所需要的各项费用。

(2) 文明施工费：是指施工现文明施工所需要的各项费用。

(3) 临时设施费：是指施工企业进行建筑工程施工所必须搭设的生活和生产用的临时建筑物、构筑物和其他临时设施费用等。

(4) 夜间施工费：是指因夜间施工所发生的夜班补助费、夜间施工降效、夜间施工照明设备摊销及照明用电等费用。

(5) 二次搬运费：是指因施工场地狭小等特殊情况，而发生的材料二次搬运费用。

(6) 大型机械设备进出场及安拆费：是指机械整体或分体自停放场地运至施工现场，或由一个施工地点运至另一个施工地点，所发生的机械进出场运输转移费用，以及机械在施工现场进行安装、拆卸所需的人工费、材料费、机械费、试运转费和安装所需的辅助设施的费用。

(7) 混凝土、钢筋混凝土模板及支架费：是指混凝土施工过程中需要的各种钢模板、木模板、支架等的支、拆、运输费用及模板、支架的摊销（或租赁）费用。

(8) 脚手架费：是指施工需要的各种脚手架搭、拆、运输费用及脚手架的摊销（或租赁）费用。

(9) 已完工程及设备保护费：是指竣工验收前，对已完工程及设备进行保护所需费用。

(10) 施工排水、降水费：是指为确保工程在正常条件下施工，采取各种排水、降水措施所发生的各种费用。

(11) 垂直运输机械及超高增加费：为满足施工中垂直运输的需要，应搭设的垂直运输机械使用费。

(12) 冬、雨季施工增加费：冬雨季施工期间，为保证工程质量，采取防水、防雨措施以及人工、机械降效所增加的费用。

(13) 构件运输及安装费：指混凝土、金属构件、门窗自堆放地或构件加工厂至施工吊装点的运输费用，以及混凝土、金属构件的吊装费用。

(14) 总承包服务费：指为配合、协调招标人进行的工程分包和材料采购所需的费用。

5. 间接费

间接费由规费和企业管理费组成。

(1) 规费：是指政府和有关权力部门规定缴纳的费用。

1) 工程排污费：是指施工现场按规定缴纳的工程排污费。

2) 工程定额测定费：是指按规定支付工程造价（定额）管理部门的定额测定费。

3) 住房公积金：是指企业按规定标准为职工缴纳的住房公积金。

4) 社会保障费

养老保险费：是指企业按规定标准为职工缴纳的基本养老保险费。

失业保险费：是指企业按照国家规定标准为职工缴纳的失业保险费。

医疗保险费：是指企业按规定标准为职工缴纳的基本医疗保险费。

5) 危险作业意外伤害保险：是指按照规定，企业为从事危险作业的建筑安装作业的建筑安装施工人员，支付的意外伤害保险费。

6) 社会保障费、意外伤害保险由专门机构直接向工程招标人收取，投标人报价、承包方结算不得重复计算该项费用，但工程结算时，应作为基数的一部分，计取税金。

7) 安全施工费：是指施工现场安全施工所需要的各项费用。

(2) 企业管理费

是建筑安装企业组织施工生产和经营管理所需费用。

1) 管理人员工资：是指管理人员的基本工资、工资性补贴、职工福利费、劳动保护费等。

2) 办公费：是指企业管理办公用的文具、纸张、账表、印刷、邮电、书报、会议、水电、烧水和集体取暖（包括现场临时宿舍取暖）用煤等费用。

3）差旅交通费：是指职工因公出差、调动工作的差旅费、住勤补助费，市内交通费和误餐补助费，职工探亲路费，劳动力招募费，职工退休、退职一次性路费，工伤人员就医路费，工地转移费以及管理部门使用的交通工具的油料、燃料、养路费及牌照费。

4）固定资产使用费：是指管理和试验部门及附属生产单位，使用的属于固定资产的房屋、设备仪器等的折旧、大修、维修或租赁费。

5）工具用具使用费：是指管理使用的不属于固定资产的生产工具、器具家具、交通工具和检验、试验、测绘、消防用具等的购置、维修和摊销费。

6）劳动保险费：是指由企业支付离退休职工的易地安家补助费、职工退职金、六个月以上的病假人员工资、职工死亡丧葬补助费、抚恤费、按规定支付给离休干部的各项经费。

7）工会经费：是指企业按职工工资总额计提的工会经费。

8）职工教育经费：是指企业为职工学习先进技术和提高文化水平，按职工工资总额计提的费用。

9）财产保险费：是指施工管理用财产、车辆保险。

10）财务费：是指企业为筹集资金而发生的各种费用。

11）税金：是指企业按规定缴纳的房产税、车船使用税、土地使用税、印花税等。

12）其他：包括技术转让费、技术开发费、业务招待费、绿化费、广告费、公证费、法律顾问费、审计费、咨询费等。

（3）利润：是指施工企业完成所承包的工程获得的盈利。

（4）税金

1）营业税。

2）城市建设维护税。

3）教育费附加。

6. 定额计价的计算程序

定额计价的计算程序见表13-1。

定额计价的计算程序表 **表13-1**

序号	费用名称	计算方法
一	直接费	（一）+（二）
	（一）直接工程费	Σ{工程量×Σ[（定额工日消耗数量×人工单价）+（定额材料消耗数量×材料单价）+（定额机械台班消耗数量×机械台班单价）]}
	（一）′省价直接工程费	Σ（工程量×省基价）
	（二）措施费	1+2+3
	1. 参照定额规定计取的措施费	按定额规定计算
	2. 参照省发布费率计取的措施费	（一）′×相应费率
	3. 按施工组织设计（方案）计取的措施费	按施工组织设计（方案）计取
	（二）′其中省价措施费	见说明
二	企业管理费	[（一）′+（二）′]×管理费费率
三	利润	[（一）′+（二）′]×利润率
四	规费	（一+二+三）×规费费率
五	税金	（一+二+三+四）×税率
六	建筑工程费用合计	一+二+三+四+五

说明：

1. 参照定额规定计取的措施费，是指建筑工程消耗量定额中列有相应子目或规定有计算方法的措施项目费用。例如：防水、脚手架费、垂直运输及安装费等。（注：本类中措施费有些结合施工组织设计或技术方案计算）。
2. 参照省发布费率计取的措施费，是指按省建设行政主管部门，根据建筑市场状况和多数企业经营管理情况、技术水平等测算发布了参考费率的措施项目费用。包括环境保护、文明施工、临时设施、夜间工及冬雨季施工增加费、二次搬运费以及已完工程及设备保护费等。
3. 按施工组织设计（方案）计取的措施费，是指承包方按施工组织设计（技术方案）计算的措施项目费用。
4. 省价措施费是指按照省价目表中的人、材、机单价计算的措施费与按照省发布费率及规定计取的措施费之和。
5. 计算程序中，直接工程费中的“工程量”，不包括消耗量定额第十章“施工技术措施工项目”。

7. 建筑工程费率表（以山东省建筑工程取费为例）

建筑工程费率见表13-2。

企业管理费、利润、税金（单位:%） **表13-2**

<table>
<tr><td colspan="2" rowspan="2">工程名称 / 工程类别 / 费用名称</td><td colspan="3">工业、民用建筑工程</td><td colspan="6">构筑物工程</td></tr>
<tr><td>Ⅰ</td><td>Ⅱ</td><td>Ⅲ</td><td colspan="2">Ⅰ</td><td colspan="2">Ⅱ</td><td colspan="2">Ⅲ</td></tr>
<tr><td colspan="2">企业管理费</td><td>8.9</td><td>7.1</td><td>5.1</td><td colspan="2">7.1</td><td colspan="2">6.3</td><td colspan="2">4.1</td></tr>
<tr><td colspan="2">利润</td><td>7.6</td><td>4.3</td><td>3.2</td><td colspan="2">6.3</td><td colspan="2">5.1</td><td colspan="2">2.4</td></tr>
<tr><td colspan="2" rowspan="2"></td><td colspan="3">单独土石方工程</td><td colspan="3">桩基础工程</td><td colspan="3">装饰工程</td></tr>
<tr><td>Ⅰ</td><td>Ⅱ</td><td>Ⅲ</td><td>Ⅰ</td><td>Ⅱ</td><td>Ⅲ</td><td>Ⅰ</td><td>Ⅱ</td><td>Ⅲ</td></tr>
<tr><td colspan="2">企业管理费</td><td>5.8</td><td>4.1</td><td>2.5</td><td>4.6</td><td>3.5</td><td>2.5</td><td>107</td><td>85</td><td>51</td></tr>
<tr><td colspan="2">利润</td><td>4.7</td><td>3.4</td><td>1.4</td><td>3.6</td><td>2.8</td><td>1.0</td><td>36</td><td>23</td><td>17</td></tr>
<tr><td rowspan="3">税金</td><td>市区</td><td colspan="9">3.44</td></tr>
<tr><td>县城、城镇</td><td colspan="9">3.38</td></tr>
<tr><td>市县镇以外</td><td colspan="9">3.25</td></tr>
</table>

8. 措施费、规费费率表

措施费、规费费率见表13-3。

措施费、规费费率表（以山东省建筑工程为例，单位:%）

表13-3

<table>
<tr><td colspan="2">工程名称 / 费用名称</td><td>建筑工程</td><td>装饰工程</td></tr>
<tr><td rowspan="8">措施费</td><td>环境保护费</td><td>0.15</td><td>1.0</td></tr>
<tr><td>文明施工费</td><td>0.40</td><td>0.80</td></tr>
<tr><td>临时设施费</td><td>1.0</td><td>14</td></tr>
<tr><td>夜间施工费</td><td>0.7</td><td>4.2</td></tr>
<tr><td>二次搬运费</td><td>0.6</td><td>3.8</td></tr>
<tr><td>冬雨季施工增加费</td><td>0.8</td><td>4.7</td></tr>
<tr><td>已完工程及设备保护费</td><td>0.15</td><td>0.15</td></tr>
<tr><td>总承包服务费</td><td colspan="2">0.3</td></tr>
</table>

续表

费用名称 \ 工程名称		建筑工程	装饰工程
规费	工程排污费	按环保部门有关规定计算	
	工程定额测定费	按各市有关规定计算	
	社会保障费	按建安工作量 2.6% 计算	
	住房公积金	按有关规定计算	
	危险作业意外伤害保险	按实际工程投保金额计算	
	安全施工费	由各市工程造价管理机构核定	

其中：1. 装饰工程已完工程及设备保护费计费基础为价目表基价，其他项目取费基础均为定额人工费。

2. 措施费中人工费含量：夜间施工增加费、冬雨季施工增加费及二次搬运费为 20%，其余按 10%。

13.1.3 消耗量定额有关防水部分内容

《山东省建筑工程消耗量定额》（DXD37－101－2002）有关防水部分内容。

1. 平瓦屋面消耗量定额

平瓦屋面消耗量定额见表 13-4。

平瓦屋面消耗量定额（单位：$10m^2$） **表 13-4**

定额编号			6－1－1	6－1－2	6－1－3	6－1－4
项 目			黏土瓦			水泥瓦
			屋面板上或椽子挂瓦条上铺设	混凝土檩条上铺钉苇箔三层铺泥挂瓦	混凝土板上浆贴	屋面板上或椽子挂瓦条上铺设
名 称		单位	数 量			
人工	综合工日	工日	0.68	1.9	0.64	0.68
材料	水泥砂浆 1∶2.5	m^3	0.011			0.011

续表

定额编号			6-1-1	6-1-2	6-1-3	6-1-4
项　目			黏土瓦			水泥瓦
			屋面板上或椽子挂瓦条上铺设	混凝土檩条上铺钉苇箔三层铺泥挂瓦	混凝土板上浆贴	屋面板上或椽子挂瓦条上铺设
名　称		单位	数　量			
材料	水泥砂浆 1:3	m^3			0.21	
	混合砂浆 1:0.2:2	m^3		0.011		
	水泥脊瓦	块				2.846
	水泥瓦 387×218	块				0.1853
	板条 1000×30×8	百根		0.212		
	麦秸	kg		5.898		
	黏土	m^3		0.313		
	苇箔	m^2		32.1		
	黏土平瓦	千块	0.1822	0.1822	0.1822	
	黏土脊瓦	块	2.846	2.846	2.846	
	装修元钉	kg		0.48		
	水	m^3		0.1974		
机械	灰浆搅拌机	台班			0.031	

注：水泥瓦或黏土瓦若穿铁丝钉元钉，每 $10m^2$ 增加 1.1 人工，22 号镀锌低碳钢丝 0.35kg，元钉 0.25kg。

2. 彩钢压型板屋面消耗量定额

彩钢压型板屋面消耗量定额见表 13-5。

彩钢压型板屋面消耗量定额（单位：10m²） 表 13-5

定额编号			6-1-28	6-1-29
项 目			彩钢压型板屋面	
			安装于 S/C 型轻型钢檩条	
			彩钢波纹瓦	彩钢夹心板
名 称		单位	数 量	
人工	综合工日	工日	1.38	1.38
材料	S/C 型轻型钢檩条	t	0.0966	0.0966
	彩钢压型板	m^2	13.073	
	彩钢夹芯板	m^2		13.073
	彩钢脊瓦	块	0.473	0.473
	电焊条	kg	0.403	0.403
	二等板方材	m^3	0.0059	0.0059
	固定螺栓	百套	0.42	0.42
	铝拉铆钉	百个	0.7	0.7
	元钉	kg	0.007	0.007
	铁件	千块	0.971	0.971
机械	交流电焊机 30KVA	台班	0.11	0.11
	汽车起重机 5t		0.16	0.16

3. 刚性防水屋面消耗量定额

刚性防水屋面消耗量定额 13-6。

刚性防水屋面消耗量定额（单位：10m²） 表 13-6

定额编号			6-2-1	6-2-2	6-2-3	6-2-4
项 目			细石混凝土		水泥砂浆二次抹压	
			厚 40mm	每增减 mm	厚 20mm	每增减 mm
名 称		单位	数 量			
人工	综合工日	工日	1.87	0.15	1.56	0.01
材料	水泥砂浆 1:2	m^3	—	—	0.202	0.101
	细石混凝土 C20	m^3	0.404	0.101	—	—

续表

定额编号			6-2-1	6-2-2	6-2-3	6-2-4
项目			细石混凝土		水泥砂浆二次抹压	
			厚 40mm	每增减 mm	厚 20mm	每增减 mm
名称		单位	数量			
材料	模板材	m^3	0.0069	0.001	0.004	0.001
	建筑油膏	m^2	8.6942	—	8.6942	—
	木柴	kg	2.6082	—	2.6082	—
	水	m^3	0.964	0.02	0.1127	0.03
机械	灰浆搅拌机 200L	台班	—	—	0.032	0.013

4. 防水砂浆屋面消耗量定额

防水砂浆屋面消耗量定额见表 13-7。

防水砂浆屋面消耗量定额（单位：$10m^2$） **表 13-7**

定额编号			6-2-10	6-2-11	6-2-12	6-2-13
项目			防水砂浆		防水砂浆五遍做法	
			平面	立面	平面	立面
名称		单位	数量			
人工	综合工日	工日	0.92	1.40	1.74	2.26
材料	水泥砂浆 1:2	m^3	0.204	0.204	0.101	0.102
	素水泥浆	m^3			0.061	0.061
	防水粉	kg	5.50	5.50		
	水	m^3	0.38	0.38	0.38	0.38
机械	灰浆搅拌机 200L	台班	0.034	0.034	0.027	0.027

5. 沥青卷材屋面消耗量定额

沥青卷材防水屋面消耗量定额见表 13-8。

沥青卷材防水屋面消耗量定额（单位：$10m^2$） 表 13-8

定额编号			6-2-14	6-2-15	6-2-16	6-2-17
项目			沥青油毡			
			二毡三油		每增减一毡一油	
			平面	立面	平面	立面
名称		单位	数量			
人工	综合工日	工日	0.79	1.14	0.37	0.51
材料	冷底子油 30:70	kg	4.848	4.848		
	木柴	kg	20.074	20.074	5.46	5.88
	石油沥青 10 号	kg	48.51	51.975	15.015	16.17
	石油沥青油毡	m^2	23.805	23.805	11.5637	11.5637

6. SBS 卷材防水屋面消耗量定额

SBS 卷材防水屋面消耗量定额见表 13-9。

SBS 卷材防水屋面消耗量定额（单位：$10m^2$） **表 13-9**

定额编号			6-2-30	6-2-31	6-2-32	6-2-33
项目			SBS 改性沥青卷材（满铺）			
			一层		二层	
			平面	立面	平面	立面
名称		单位	数量			
人工	综合工日	工日	0.40	0.51	0.61	0.78
材料	SBS 改性沥青卷材	m^2	12.417	12.417	23.794	23.794
	钢钉	kg	0.028	0.028	0.028	0.028
	钢筋 $\phi 8$	t	0.0005	0.0005	0.0005	0.0005
	高强 APP 基底处理剂	kg	2.528	2.528	2.528	2.528
	高强 APP 胶粘剂 B 型	kg	9.1	9.1	13.6	13.6

7. APP 卷材防水屋面消耗量定额

APP 卷材防水屋面消耗量定额见表 13-10。

APP卷材防水屋面消耗量定额（单位：10m²）**表13-10**

定额编号			6-2-34	6-2-35	6-2-36	6-2-37
项目			高强APP改性沥青卷材			
			一层		二层	
			平面	立面	平面	立面
名称		单位	数量			
人工	综合工日	工日	0.40	0.51	0.61	0.78
材料	APP改性沥青卷材	m²	12.417	12.417	23.794	23.794
	钢钉	kg	0.028	0.028	0.028	0.028
	钢筋 $\phi 8$	t	0.0005	0.0005	0.0005	0.0005
	高强APP基底处理剂	kg	2.528	2.528	2.528	2.528
	高强APP胶粘剂B型	kg	9.1	9.1	13.6	13.6

8. 高分子卷材防水屋面消耗量定额

高分子卷材防水屋面消耗量定额见表13-11。

高分子卷材防水屋面消耗量定额（单位：10m²）**表13-11**

定额编号			6-2-38	6-2-39	6-2-40	6-2-41
项目			氯化聚乙烯-橡胶共混卷材		三元乙丙橡胶卷材冷贴满铺	
			平面	立面	平面	立面
名称		单位	数量			
人工	综合工日	工日	1.93	2.5	1.93	2.5
材料	普硅32.5	t	0.0015	0.0015	0.0015	0.0015
	108胶	kg	0.2	0.2	0.2	0.2
	BX-12乙组分800mL	瓶	3.228	3.228		
	BX-12胶粘剂	kg	4.545	4.545		
	氯丁胶	kg	2.02	2.02		
	丁基粘合剂	kg			1.76	1.76
	非硫化三元乙丙橡胶卷材冷贴满铺	m²			12.417	12.417

续表

定额编号			6-2-38	6-2-39	6-2-40	6-2-41
项　目			氯化聚乙烯-橡胶共混卷材		三元乙丙橡胶卷材冷贴满铺	
			平面	立面	平面	立面
名　称		单位	数　量			
材料	氯化聚乙烯-橡胶共混卷材	m^2	12.453	12.453		
	钢筋	kg	0.438	0.438	0.438	0.438
	CSPE 嵌缝油膏 330mL	支	3.0	3.0	3.0	3.0
	二甲苯	kg	2.7	2.7	2.7	2.7
	聚氨酯甲乙料	kg	1.355	1.355	3.174	3.174
	元钉	kg	0.023	0.023	0.023	0.023
	乙酸乙酯	kg	0.505	0.505	0.505	0.505

9. PVC 卷材防水屋面消耗量定额

PVC 卷材防水屋面消耗量定额见表 13-12。

PVC 卷材防水屋面消耗量定额（单位：$10m^2$） **表 13-12**

定额编号			6-2-44	6-2-45
项　目			PVC 卷材	
			平面	立面
名　称		单位	数　量	
人工	综合工日	工日	0.743	0.94
材料	FL -15 胶粘剂	kg	11.71	11.71
	PVC 卷材	m^2	11.48	11.48

10. 高分子防水涂膜屋面消耗量定额

高分子防水涂膜屋面消耗量定额见表 13-13。

高分子防水涂膜屋面消耗量定额（单位：10m²）表 13-13

定额编号			6-2-71	6-2-84	6-2-85	6-2-86	6-2-87
项　目			聚氨酯涂料	聚合物水泥防水涂料			
			二遍	三遍		每增一遍	
				平面	立面	平面	立面
名　称		单位	数　量				
人工	综合工日	工日	0.41	0.23	0.29	0.09	0.11
材料	二甲苯	kg	1.26				
	聚氨酯甲、乙料	kg	27.605				
	JS 防水复合涂料	kg		22.05	22.05	9.45	9.45
	水	m³		0.0047	0.0047	0.0005	0.0005

13.1.4 综合单价法具体构成

1. 措施项目清单、其他项目清单项目设置及其消耗量定额（计价方法）

措施项目清单项目设置及其消耗量定额（计价方法）见表 13-14。

措施项目清单项目设置及其消耗量定额（计价方法）

表 13-14

序号	项目名称	消耗量定额（计价方法）
1	脚手架	参照建筑工程消耗量定额第十章第一节“脚手架工程”计算
2	混凝土、钢筋混凝土模板及支架	参照建筑工程消耗量定额第十章第四节“混凝土模板及支撑”计算
3	大型机械设备进出场及安拆	根据施工组织设计计算
4	垂直运输机械	根据施工组织设计或参照建筑工程消耗量定额第十章第二节“垂直运输机械及超高费”计算
5	施工排水、降水	参照建筑工程消耗量定额第二章，“六、排水与降水”计算

续表

序号	项目名称	消耗量定额（计价方法）
6	临时设施	根据施工组织设计或参照工程造价管理部门发布的系数计算
7	文明施工	根据施工组织设计或参照工程造价管理部门发布的系数计算
8	安全施工	根据施工组织设计或参照工程造价管理部门发布的系数计算
9	二次搬运	根据施工组织设计或参照工程造价管理部门发布的系数计算
10	已完工程及设备保护	根据施工组织设计或参照工程造价管理部门发布的系数计算
11	环境保护	根据施工组织设计或参照工程造价管理部门发布的系数计算
12	夜间施工	根据施工组织设计或参照工程造价管理部门发布的系数计算
13	泵送混凝土输送机械	根据施工组织设计计算
14	冬、雨季施工	根据施工组织设计或参照工程造价管理部门发布的系数计算

2. 其他项目清单项目设置及其计价方法

其他项目清单项目设置及其计价方法见表13-15。

其他项目清单项目设置及其计价方法　　表13-15

序号	项目名称	计价方法
1	招标人部分预留金 材料购置费	招标人为可能发生的工程量清单有误、施工中设计变更增加的工程量而预留的金额。由招标人估算，并在发出的工程量清单“总说明”中注明估算金额 由招标人对拟自行购置的材料所需金额进行估算，并将估算的金额在发出的工程量清单“总说明”中注明
2	投标人部分：总承包服务费 零星工作项目费	由投标人根据招标人发出的工程量清单“总说明”中的要求和分包情况，进行计算。按“零星工作项目计价表”中的合计金额确定

3. 工程量清单计价的计算程序

工程量清单计价的计算程序（山东省规定为例）见表13-16。

工程量清单计价的计算程序（山东省规定为例）表13-16

序号	费用项目名称	计算方法
一	分部分项工程费合价	
	分部分项工程费综合单价（Ji）	1+2+3+4+5
	1. 人工费	Σ清单项目每计量单位工日消耗×人工单价
	1′人工费	Σ清单项目每计量单位工日消耗×省价目表单价
	2. 材料费	Σ清单项目每计量单位材料消耗×材料单价
	2′材料费	Σ清单项目每计量单位材料消耗×省价材料单价
	3. 按施工机械使用费	Σ清单项目每计量单位施工机械台班消耗量×机械台班单价
	3′按施工机械使用费	Σ清单项目每计量单位施工机械台班消耗量×省价机械台班单价
	4. 企业管理费	（1′+2′+3′）×管理费费率
	5. 利润	（1′+2′+3′）×利润率
	分部分项工程量（L_i）	按工程量清单数量计算
二	措施项目费	Σ单项措施费
	单项措施费	某项措施项目基价+省价措施费基价×（管理费费率+利润率）
三	其他项目费	（一）+（二）
	（一）招标人部分	（1）+（2）+（3）
	（1）预留金	由招标人根据拟建工程实际计列
	（2）材料购量费	由招标人根据拟建工程实际计列
	（3）其他	由招标人根据拟建工程实际计列

续表

序号	费用项目名称	计算方法
三	(二) 投标人部分	(4) + (5) + (6)
	(4) 总承包服务费	由投标人根据拟建工程需要或参照省发布费率计列
	(5) 零星工作项目费(按零星工作清单数量计列)	零星工作人工费+零星工作省价人工费×(管理费费率+利润率)+材料费+机械使用费
	(6) 其他	由投标人根据拟建工程需要计列
四	规费	(一+二+三)×规费费率
五	税金	(一+二+三+四)×税率
六	建筑工程费用合计	一+二+三+四+五

4. 工程费用组成

工程费用应由分部分项工程费、措施项目费、其他项目费、规费、税金组成。

(1) 分部分项工程费

分部分项工程费应由分项“实体”工程项目费组成。按“分部分项工程量清单项目设置及其消耗量定额”表规定列项。

(2) 措施项目费应根据拟建工程的实际，参照下列费用项目确定。

1) 环境保护费：是指施工现场为达到环保部门要求所需要的各项费用。

2) 文明施工费：是指施工现文明施工所需要的各项费用。

3) 安全施工费：是指施工现场安全施工所需要的各项费用。

4) 临时设施费：是指施工企业进行建筑工程施工所必须搭设的生活和生产用的临时建筑物、构筑物和其他临时设施费用等。

5) 夜间施工费：是指因夜间施工所发生的夜班补助费、夜间施工降效、夜间施工照明设备摊销及照明用电等费用。

6) 二次搬运费：是指因施工场地狭小等特殊情况而发生的二

次搬运费用。

7）大型机械设备进出场及安拆费：是指机械整体或分体自停放场地，运至施工现场或由一个施工地点运至另一个施工地点，所发生的机械进出场运输转移费用，及机械在施工现场进行安装、拆卸所需的人工费、材料费、机械费、试运转费和安装所需的辅助设施的费用。

8）混凝土、钢筋混凝土模板及支架费：是指混凝土施工过程中需要的各种钢模板、木模板、支架等的支、拆、运输费用及模板、支架的摊销（或租赁）费用。

9）脚手架费：是指施工需要的各种脚手架搭、拆、运输费用及脚手架的摊销（或租赁）费用。

10）已完工程及设备保护费：是指竣工验收前，对已完工程及设备进行保护所需费用。

11）施工排水、降水费：是指为确保工程在正常条件下施工，采取各种排水、降水措施所发生的各种费用。

12）垂直运输机械费：为满足施工中垂直运输的需要，应搭设的垂直运输机械使用费。

13）泵送混凝土费：混凝土输送泵将混凝土输送至浇筑点所发生的费用。

14）冬、雨季施工增加费：冬雨季施工期间，为保证工程质量，采取防水、防雨措施以及人工、机械降效所增加的费用。

（3）其他项目费

1）招标人部分：预留金、材料购置费。

2）投标人部分：承包服务费、零星工作项目费。

（4）规费：是指政府和有关权力部门规定缴纳的费用（简称规费）。

1）工程排污费：是指施工现场按规定缴纳的工程排污费。

2）工程定额测定费：是指按规定支付工程造价（定额）管理部门的定额测定费。

3）住房公积金：是指企业按规定标准为职工缴纳的住房公

积金。

4）社会保障费

养老保险费：是指企业按规定标准为职工缴纳的基本养老保险费。

失业保险费：是指企业按照国家规定标准为职工缴纳的失业保险费。

医疗保险费：是指企业按规定标准为职工缴纳的基本医疗保险费。

危险作业意外伤害保险：是指按照规定，企业为从事危险作业的建筑安装作业的建筑安装施工人员支付的意外伤害保险费。

社会保障费、意外伤害保险由专门机构直接向工程招标人收取，投标人报价、承包方结算不得重复计算该项费用，但工程结算时，应作为基数的一部分，计取税金。

(5) 税金

1）营业税。

2）城市建设维护税。

3）教育费附加。

5. 综合单价费用组成

(1) 人工费：是指直接从事建筑安装工程施工的生产工人开支的各项费用。

1）基本工资：是指发放给生产工人的基本工资。

2）工资性补贴：是指按规定标准发放的物价补贴，煤、燃气补贴，交通补贴，住房补贴，流动施工津贴等。

3）生产工人辅助工资：是指生产工人年有效施工天数以外非作业天数的工资，包括职工学习、培训期间的工资，调动工作、探亲、休假期间的工资，因气候影响的停工工资，女工哺乳时间的工资，病假在六个月以内的工资及产、婚、丧假期的工资。

4）职工福利费：是指按规定标准计提的职工福利费。

5）生产工人劳动保护费：是指按规定标准发放的劳动保护用品购置费及修理费，徒工服装补贴，防暑降温费，在有碍身体健康环境中施工的保健费用等。

（2）材料费：是指施工过程中耗费的构成工程实体的原材料、辅助材料、构配件、零件、半成品的费用。

1）材料原价（或供应价格）。

2）材料运杂费：是指材料自来源地运至工地仓库或指定堆放地点所发生的全部费用。

3）运输损耗费：是指材料在运输装卸过程中不可避免的损耗。

4）采购及保管费：是指为组织采购、供应和保管材料过程中所需要的各项费用。包括：采购费、仓储费、工地保管费、仓储损耗。

5）检验试验费：是指对建筑材料、构件和建筑安装物进行一般鉴定、检查所发生的费用，包括自设试验室进行试验所耗用材料和化学药品等费用。不包括新结构、新材料的试验费，和建设单位对具有出厂合格证明的材料进行检验，对构件做破坏性试验及其他特殊要求检验试验的费用。

（3）施工机械使用费：是指施工机械作业所发生的机械安拆费和场外运费。

1）折旧费：指施工机械在规定的使用年限内，陆续收回其原值及购置资金的时间价值。

2）大修理费：指施工机械按规定的大修理间隔台班进行必要的大修理，以恢复其正常功能所需的费用。

3）经常修理费：指施工机械除大修理以外的各级保养和临时故障排除所需费用，机械运转中日常保养所需润滑与擦拭的材料费用，及机械停滞期间的维护和保养费用等。

4）安拆费及场外运费：安拆费指施工机械在现场进行安装与拆卸所需的人工、材料、机械和试运转费用，以及机械辅助设施的折旧、搭设、拆除等费用；场外运费指施工机械整体或分体自停放地点运至施工现场，或由一施工地点运至另一施工地点的运输、装卸材料及架线等费用。

5）人工费：指机上司机（司炉）和其他操作人员的工作日人工费，及上述人员在施工机械规定的年工作台班以外的人工费。

6）燃料动力费：指施工机械在运转作业中所消耗的固体燃料（煤、木柴）、液体燃料（汽油、柴油）及水、电等。

7）养路费及车船使用税：指施工机械按照国家规定和有关部门规定，应缴纳的养路费、车船使用税、保险费及年检费等。

（4）管理费：是建筑安装企业组织施工生产和经营管理所需费用。

1）管理人员工资：是指管理人员的基本工资、工资性补贴、职工福利费、劳动保护费等。

2）办公费：是指企业管理办公用的文具、纸张、账表、印刷、邮电、书报、会议、水电、烧水和集体取暖（包括现场临时宿舍取暖）用煤等费用。

3）差旅交通费：是指职工因公出差、调动工作的差旅费、住勤补助费，市内交通费和误餐补助费，职工探亲路费，劳动力招募费，职工退休、退职一次性路费，工伤人员就医路费，工地转移费以及管理部门使用的交通工具的油料、燃料、养路费及牌照费。

4）固定资产使用费：是指管理和试验部门及附属生产单位，使用的属于固定资产的房屋、设备仪器等的折旧、大修、维修或租赁费。

5）工具用具使用费：是指管理使用的不属于固定资产的生产工具、器具家具、交通工具和检验、试验、测绘、消防用具等的购置、维修和摊销费。

6）劳动保险费：是指由企业支付离退休职工的易地安家补助费、职工退职金、六个月以上的病假人员工资、职工死亡丧葬补助费、抚恤费、按规定支付给离休干部的各项经费。

7）工会经费：是指企业按职工工资总额计提的工会经费。

8）职工教育经费：是指企业为职工学习先进技术和提高文化水平，按职工工资总额计提的费用。

9）财产保险费：是指施工管理用财产、车辆保险。

10）财务费：是指企业为筹集资金而发生的各种费用。

11）税金：是指企业按规定缴纳的房产税、车船使用税、土地使用税、印花税等。

12）其他：包括技术转让费、技术开发费、业务招待费、绿化费、广告费、公证费、法律顾问费、审计费、咨询费等。

（5）利润

是指施工企业完成所承包的工程获得的盈利。

6. 综合单价费用计算方法

（1）人工费＝人工消耗量×人工费单价

人工费单价＝1＋2＋3＋4＋5（元/工日）

1）基本工资

$$“1”=\frac{生产工人年人均基本工资}{年法定工作日}（元/工日）$$

2）工资性补贴

$$“2”=\frac{生产工人年人均补贴额}{年法定工作日}（元/工日）$$

3）辅助工资

$$“3”=\frac{[(1)+(2)]\times 生产工人年人均非工作天数}{年法定工作日}（元/工日）$$

4）福利费

$$“4”=\frac{按规定计提的生产工人年人均福利费额}{年法定工作日}（元/工日）$$

5）劳动保护费

$$“5”=\frac{生产工人年人均支出劳动保护费额}{年法定工作日}（元/工日）$$

（2）材料费＝Σ（某材料消耗量×相应材料单价）

材料单价＝1＋2＋3＋4＋5（元/每计量单位）

1）材料原价（或供应价格）

材料原价（或供应价格）应根据出厂价，或市场批发成交价，或进口材料抵岸价确定。（元/每计量单位）

2）材料运杂费

材料运杂费应根据不同的材料、运输方式等计算确定。（元/每计量单位）

3）运输损耗费

“3”=（材料原价+运杂费）×材料运输损耗率

4）采购及材料保管费

“4”=[（1）+（2）+（3）]×采购及保管费率（元/每计量单位）

5）检验试验费

$$“5”=\frac{按规定每批材料抽验所需费用}{该批材料数量}（元/每计量单位）$$

（3）施工机械使用费=∑（机械台班使用量×相应机械台班单价）

机械台班单价=折旧费+大修理费+经常修理费+机上人工费+安拆及场外运输费+燃料动力费+养路费、车船使用税等其他费用。

组成机械台班单价的各项费用，可参照“全国统一施工机械台班费用编制规则”进行计算。

（4）管理费=（人工费+材料费+施工机械使用费）×管理费率（元）

$$管理费率=\frac{企业年管理费支出总额}{相应年份建筑产值中（人工费+材料费+施工机械使用费）总额}$$

（5）利润=（人工费+材料费+施工机械使用费）×利润费（元）

7. 规费、税金的计算

规费、税金的计费基础应根据报价、结算价段的不同，分别按规定执行。规费、税金率应按相关规定执行。

13.2 防水定额使用和工程量计算

13.2.1 防水专项定额的应用

1.《山东省建筑工程消耗量定额》是在《全国统一建筑工程

基础定额》的基础上，依据现行国家有关工程建设标准，结合地方实际情况编制的。

2.《山东省建筑工程消耗量定额》中所指的防水工程材料消耗量的取定如下：

定额防水项目不分室内、室外、防水部位，使用时按设计做法套用相应定额。

3. 刚性防水中，分格嵌缝的工料已包括在定额内，不另套用。

4. 卷材防水中，防水薄弱处的附加层、卷材接缝、收头及冷底子油基层均包括在定额内，不再另套项目。防水卷材下找平层的嵌缝内容不包括在定额内，发生时按定额有关项目套用。

5. 防水材料损耗率：

（1）刚性防水材料，以防水砂浆平面做法为例。防水砂浆按20mm厚，损耗率为2%计算，防水粉按1:2水泥砂浆中的水泥量5%计算。

（2）卷材防水材料。油毡材料规格取定为21.86mm×0.915mm，长向搭接160mm，短向搭接110mm，玻璃纤维布规格为22.22mm×0.9mm，附加层按照每10m^2含量为0.617m^2。

玛瑞脂涂刷厚度为：

1）平面：底层1.9mm，中层1.5mm，面层1.4 mm。

2）立面：底层2.0 mm，中层1.6 mm，面层1.5mm。

卷材定额用量＝｛［（10m^2×层数）／（卷材有效长度×卷材有效宽度）］×每卷卷材面积＋附加层｝×（1＋损耗率），损耗率为5%。

（3）防水高分子卷材。高分子卷材规格取定为20×1m，均为满粘法，长、短边搭接长度均为80mm。附加层取定为每10m^2含量0.671m^2，均为聚氨酯涂膜。接缝材料长度105.84mm，宽120mm。收头零星材料：稀释剂为二甲苯0.25kg/m^2，洗涤剂为乙酸乙酯0.05kg/m^2。

（4）瓦屋面：

1）屋面中瓦材的规格已列于相应的定额项目中，或参考前面有关数据的取定，如果设计使用的规格与定额不同时，可按如下方法调整：

调整用量 =[设计实铺面积/(单页有效瓦长×单页有效瓦宽)]×(1+损耗率)

单页有效瓦长、单页有效瓦宽 = 瓦的规格 - 规范规定的搭接尺寸

2）黏土瓦规格为387mm×218mm，长向搭接80mm，宽向搭接33mm；脊瓦规格为455×195mm，搭接长55mm，每$10m^2$取定含脊长1.1m。

3）水泥瓦规格为387mm×218mm，长向搭接85mm，宽向搭接33mm；瓦取定同黏土瓦。

瓦材用量=10/（有效瓦长×有效瓦宽）×（1+损耗率），损耗率为3.5%。

13.2.2 定额工程量计算规则

1. 瓦屋面工程量计算

各种瓦屋面，均按设计图示尺寸的水平投影面积乘以屋面坡度系数，以平方米计算。

对于坡屋面，无论两坡还是四坡屋面，均按下式计算工程量：

坡屋面工程量 = 屋面水平投影面积 × 延尺系数
= 屋面檐口长 × 檐口宽 × 延尺系数

延尺系数等于坡屋面斜长 C 与水平长 A 之比

延尺系数的计算与使用如下：

（1）当已知坡度角 α 时，按角度查相应的延尺系数 C；

（2）若已知坡度角 α 不在定额屋面坡度系数表中时，则利用延尺系数定义 $C=1/\cos\alpha$，直接计算出延尺系数 C；

（3）当已知斜坡高度 B 和水平长 A 时，计算 B/A 的值，按计算值查相应的延尺系数 C；

［例13-1］ 斜坡高度 $B=1.5$m，水平长 $A=3$m，则 $B/A=0.5$，查系数表得 $C=1.1180$

（4）若计算出的 B/A 值不在定额屋面坡度系数表中时，则利用公式 $C=[(A^2+B^2)^{1/2}]/A$，直接计算出延尺系数 C；

［例 13-2］　斜坡高度 $B=1.8\text{m}$，水平长 $A=4.2\text{m}$，则 $B/A=0.4286$，不在定额屋面坡度系数表中，计算 $C=[(4.2^2+1.8^2)^{1/2}]/4.2=1.088$

偶延尺系数 D 按下式计算：$D=(1+C^2)^{1/2}$

偶延尺系数 D 可用于计算四坡屋面斜脊长度。斜脊长＝斜坡水平长×D

屋面坡度计算图见图 13-1。

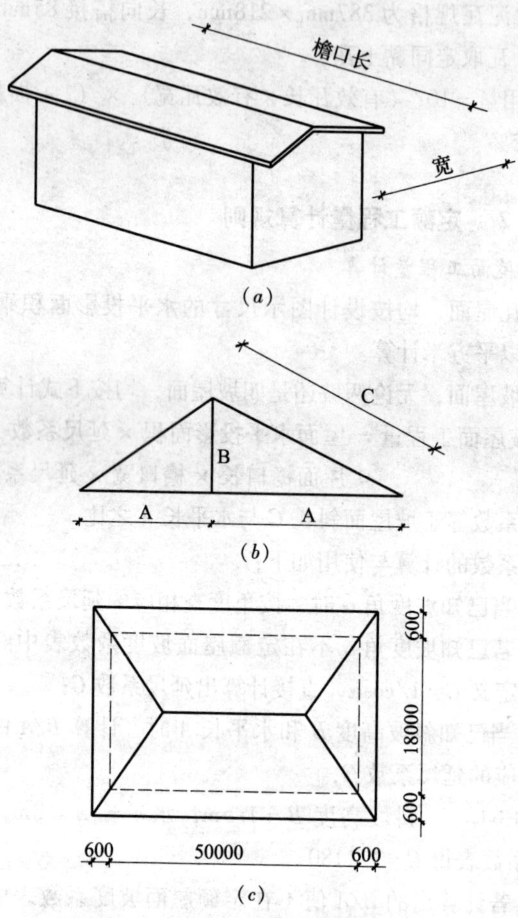

图 13-1　屋面坡度计算示意

［例 13-3］　已知某四坡水屋面平面如图 13-1，设计屋面坡度 0.5，计算斜面积和斜脊长度。

解：

屋面坡度 $=B/A=0.5$，查屋面坡度系数表得 $C=1.118$，

屋面斜面积 $=(50+0.6\times2)\times(18+0.6\times2)\times1.118$

$=1099.0387\text{m}^2$

查屋面坡度系数表得 $D=1.5$

斜脊长 $=A\times D=9.6\times1.5=14.4\text{m}$

2. 定额屋面防水工程量计算规则

屋面防水，按设计图示尺寸的水平投影面积乘以坡度系数，以平方米计算。屋面的女儿墙、伸缩缝和天窗等处的弯起部分，按设计图示尺寸并入屋面防水工程量内。

定额中屋面防水，坡屋面工程量按斜铺面积加弯起部分；平屋面工程量按水平投影面积加弯起部分，坡度小于 1/20 的屋面均按平屋面计算。卷材铺设时的搭接、防水薄弱处的附加层，均包括在定额内，其工程量不单独计算。

在定额中，地面防水，包括地面、楼面、地下室地面的防水，均按主墙间的净空面积计算，扣除地面上的构筑物、设备基础外，柱、垛、间壁墙、烟囱及 $0.3\ \text{m}^2$ 以内的孔洞所占面积均不扣除。如果与立面交接处防水层上卷，上卷面积按墙体净长度乘以上卷高度计算，上卷高度在 500mm 以内时，上卷面积并入地面防水工程量内；上卷高度在 500mm 以外时，上卷面积单独计算。

［例 13-4］　已知某建筑物轴线尺寸 50m×16m，墙厚 240mm，四周女儿墙，无挑檐。屋面做法：水泥珍珠岩保温层，最薄处 60mm，屋面坡度 $i-1.5\%$，1∶3 水泥砂浆找平层 20mm 厚，刷冷底子油一道，4mm 厚高聚物改性沥青（SBS）防水层，弯起 250mm，如图 13-2 所示，计算防水层工程量。

解：

由于屋面坡度小于 1/20，因此按平屋面防水计算。

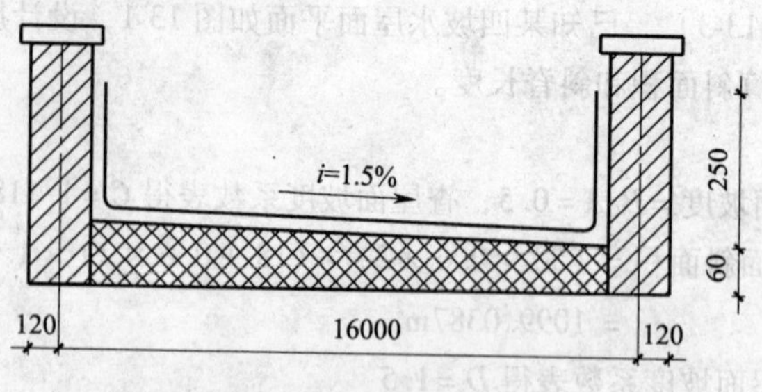

图 13-2　横剖面示意图

平面防水面积 = (50 − 0.24) × (16 − 0.24) = 784.2176m^2

上卷面积 = [(50 − 0.24) + (16 − 0.24)] × 2 × 0.25 = 32.76m^2

由于冷底子油已包括在定额内容中，不另计算。

因此防水工程量 = 784.2176 + 32.76 = 816.9776m^2

13.2.3　防水工程工料计算

防水专项施工中，编制作业计划，安排每日工程进度和投入人力，合理地组织材料进场等，都要对所使用的防水材料用量和使用的人工工日数，根据施工图纸和企业施工定额进行计算，同时要与预算定额进行对比分析。

1. 防水用工计算

用工总数 = 工程总工作量 ÷ 每工日工作量

每工日工作量主要根据不同防水工程历年来完成数量统计，取平均值而得；也可以通过施工情况进行实测。《全国统一建筑工程基础定额》(GJD 101—95) 土建下册第九章有关定额的综合工日数，可作为参考。

2. 防水用料计算

在用量计算中，除本章节明确的材料损耗外，其他未注明的材料一般损耗均按 2% ~3% 考虑，但不得重复计算。

(1) 防水涂料

防水涂料用量(kg) = 防水总面积 × 单位面积涂料用量 + 涂料损耗。

(2) 高分子防水卷材

1）防水卷材

防水卷材用量（m^2）=防水总面积+搭接面积+卷材损耗。

经验公式一般为每平方米防水面积需要用卷材1.13m^2。

2）基层处理剂

$$\text{基层处理剂用量（kg）}=\text{防水总面积}\times\text{单位面积卷材用量}+\text{处理剂损耗}。$$

3）胶粘剂

$$\text{胶粘剂用量（kg）}=\text{粘贴面积}\times\text{单位面积胶粘剂用量}+\text{胶粘剂损耗}。$$

13.2.4 防水材料估算

防水材料估算见表13-17。

防水材料估算表 表13-17

项目名称	单位	综合单价	其中人工费	其中材料费	其中机械费	其中管理费	其中利润税金
SBS卷材防水	m^2	33	3	20	1	6	3
聚氨酯涂膜	m^2	35	3	22	1	6	3

13.3 防水工程定额计价法和清单计价法实例

13.3.1 计价概述

防水工程定额计价法（工料单价法），是以定额直接费、间接费、法定利润、税金等组成。定额直接费是由直接工程费和措施费组成。直接费应根据各省、市地方编制的工程消耗量定额以及相应的地区价日表，计算人工、材料、机械的消耗量及其相应价格。措施费是指为完成工程项目施工，发生于该工程施工前和施工过程中非工程实体项目的费用，根据各省、市工程造价部门定期发布的不同的取费项目和计取费率规定计算。间接费由规费和企业管理费组成，间接费、利润、税金根据各省、市工程造价部门定期发布的不同的取费项目和计取费率规定，考虑具体工程类别计算。

防水工程清单计价法（综合单价法）中的工程费用由分部分项工程费、措施项目费、其他项目费、规费、税金组成。分部分项工程费应由分项“实体”工程项目费组成。分部分项工程量的单价为全费用单价，全费用单价综合计算，按“分部分项工程量清单项目设置及其消耗量定额”表规定列项完成分部分项工程所发生的直接费、间接费、利润、税金。措施费按各省、市工程造价部门定期发布的不同的取费项目和计取费率规定计取。规费和税金按各省市工程造价部门规定计取。

13.3.2 防水计价实例

1. 屋面防水工程定额计价

根据《山东省建筑工程消耗量定额》规定列表计算。

[例 13-5] 查《山东省建筑工程消耗量定额》定额号 6-2-30，混凝土板上满铺一层 SBS 改性沥青卷材面积为 816.978 m^2（计算过程详见 [例 13-4]），厚度为 4mm，相应的 2006 年《山东省建筑工程价目表》中，单价为 39.389 元/m^2，则屋面防水合价为：

$$816.978 \times 39.389 = 32179.95\ 元/m^2$$

防水工程直接费为 32179.95 元/m^2。具体明细详见防水工程预算表 13-18，再加上各种取费，得到专项防水工程总造价，详见防水工程预算费用表 13-19。

防水工程预算表 **表 13-18**

定额号	项目名称	单位	数量	单价	合价	其中人工	其中材料	其中机械
	防水							
6-2-30	平面一层 SBS 改性沥青卷材满铺	10m^3	816.978	39.389	32179.95	941.16	31238.79	
	小计				32179.95	941.16	31238.79	
	建筑项目合计				32179.95	941.16	31238.79	

防水工程预算费用表 表13-19

序号	费用名称	费率	费用说明	金额
1	一、直接费		（一）+（二）	33508.97
2	（一）直接工程费			32179.95
3	（一）′省价直接工程费			32415.24
4	（二） 措施费		1+2+3	1329.03
5	参照费率计取的措施费			1329.03
6	1）环境保护费	0.15%	（一）′	48.62
7	2）文明施工费	0.4%	（一）′	129.66
8	3）临时设施费	1%	（一）′	324.15
9	4）夜间施工费	0.7%	（一）′	226.91
10	5）二次搬运费	0.6%	（一）′	194.49
11	6）冬雨季施工增加费	0.8%	（一）′	259.32
12	7）已完工程及设备保护费	0.15%	（一）′	48.62
13	8）总承包服务费	0.3%	（一）′	97.25
14	其中人工费		(4+5+6)*.2+ (1+2+3+7+8)*.1	200.97
15	（二）′省价措施费			1329.03
16	二、企业管理费	8.9%	（一）′+（二）′	3003.24
17	三、利润	7.6%	（一）′+（二）′	2564.56
18	四、规费		1+…+6	1879.59
19	1）工程排污费	0.26%	一+二+三	101.60
20	2）定额测定费	0.1%	一+二+三	39.08
21	3）社会保障费	2.6%	一+二+三	1016.0
22	4）住房公积金	0.2%	一+二+三	78.15
23	5）危险作业意外伤害险	0.15%	一+二+三	58.62
24	6）安全施工费	1.5%	一+二+三	586.15
25	五、税金	3.44%	一+…+四	1408.9
26	六、建筑工程费用合计		一+…+五-四中3	41349.27

2. 屋面防水工程清单计价

［例13-6］　根据本章［例13-4］中已知的工程量屋面防水工程面积为816.978 m^2，结合《山东省建筑工程消耗量定额》计算出屋面防水单价和合价，其中的人工费用28.8元/工日替换原2006年《山东省建筑工程价目表》中的36.0元/工日，然后对该综合单价，进行屋面防水分部分项工程量清单分析，再用合价结合各省、市工程造价部门定期发布的不同的取费项目和计取费率规定，计算出各项措施费；再以直接费为基数计算出各种规费；再以直接费加规费为基数，计算出建筑工程营业税，最后直接费加规费加营业税，得到防水专项工程造价。屋面防水单价和合价计算见表13-20；屋面防水分部分项工程量清单综合单价分析见表13-21；各项措施费计算见表13-22；以直接费为基数，进行规费、建筑工程营业税计算见表13-23；得到防水专项工程总造价。

防水工程分部分项工程量清单计价表　　表13-20

序号	项目编号	项目名称	单位	工程量	金额（元）	
					综合单价	合价
1	010702001001	屋面卷材防水	m^2	816.978	42.90	35048.36
		合　计				35048.36

防水工程分部分项工程量清单综合单价分析表 表13-21

序号	项目编码	项目名称	工程内容	工程量	费用组成 其中：					综合单价
					人工费	材料费	机械费	管理费	利润	
1	010702001001	屋面卷材防水			1.44	38.17		2.02	1.27	42.90
			平面一层SBS改性沥青卷材满铺	1	1.44	38.17				

防水工程分部分项措施费分析表 表13-22

序号	措施项目名称	单位	数量	金额（元）					
				人工费	材料费	机械费	管理费	利润	小计
1	临时设施	项	1	32.42	291.74		16.53	10.37	351.06
	分部分项人材机合计32415.32×1%，其中人工占10%		1	32.42	291.74				
2	文明施工	项	1	12.97	116.70		6.61	4.15	140.43
	分部分项人材机合计32415.32×4%，其中人工占10%		1	12.97	116.70				
3	二次搬运	项	1	38.90	155.59		9.92	6.22	210.63
	分部分项人材机合计32415.32×6%，其中人工占20%		1	38.90	155.59				
4	已完工程及设备保护	项	1	4.86	43.76		2.48	1.56	52.66
	分部分项人材机合计32415.32×15%，其中人工占10%		1	4.86	43.76				
5	环境保护	项	1	4.86	43.76		2.48	1.56	52.66
	分部分项人材机合计32415.32×15%，其中人工占10%		1	4.86	43.76				
6	夜间施工	项	1	45.38	181.53		11.57	7.26	245.74
	分部分项人材机合计32415.32×7%，其中人工占20%		1	45.38	181.53				
7	泵送混凝土输送机械	项	1						
8	冬、雨季施工	项	1	51.86	207.46		13.23	8.30	280.85
	分部分项人材机合计32415.32×8%，其中人工占20%		1	51.86	207.46				

防水工程分部分项措施费汇总　　表 13-23

序号	项目名称	金额（元）
1	（一）分部分项工程费	35048.36
2	（二）措施项目费	1561.70
3	（三）其他项目费	
4	（四）直接费合计	36610.06
5	（五）规费	1760.95
6	1. 工程排污费	95.19
7	2. 定额测定费	36.61
8	3. 社会保障金	951.86
9	4. 住房公积金	73.22
10	5. 危险工作意外伤害保险	54.92
11	6. 安全施工费	549.15
12	（六）税金	1319.96
13	（七）合计	38739.11

13.4　工程价款的结算

13.4.1　工程价款的结算方式

工程价款的结算是承包方在工程实施过程中，依据承包合同中关于付款条款的规定和已经完成的工程量，按照规定的程序，向业主收取工程价款的一项经济活动。工程价款结算是反映工程进度的重要指标，是加速资金周转的重要环节，是考核经济效益的重要指标。工程价款结算根据不同情况采取下列几种形式：

1. 按月结算方式；
2. 竣工后一次结算方式；
3. 分段结算方式；
4. 目标结算方式。

13.4.2　工程预付款的结算与支付

1．工程的预付款拨付

施工企业承包工程，一般都实行包工包料，这就需要在开工前具备一定数量的备料周转金，一般工程规定发包方在开工前，应按合同约定拨付给承包方一定限额的预付款，此预付款是施工企业为该承包工程项目的储备主要材料、构件所需的流动资金。

2．工程的预付款拨付比例

工程的预付款拨付比例取决于工程类型、承包方式、主要材料占总造价的比例和供应体制、施工工期。工程预付款应在合同中约定拨付比例，一般不低于合同金额的10%，不高于合同金额的30%；对于只包定额工日的工程项目，则可不付预付备料款。

3．工程预付款的扣回

发包方拨付给承包方的工程的预付款属于预支性质，随着工程进度的发展和工程所需主要材料的逐渐减少，应以抵扣工程价款的方式陆续扣回。

（1）预付的工程款必须在合同中约定抵扣方式和时间，如约定承包方完成合同总价的一定比例后，发包方从每次拨付给承包方的工程进度款中进行抵扣。工程竣工前应将工程预付款的全部扣回。《招标文件范本》中规定，在承包方完成金额累计达到合同总价的10%后，由承包方开始向发包方还款，发包方从每次应付给承包方的金额中扣回工程预付款，发包方至少在合同规定的完工期前三个月将工程预付款的总计金额按逐次分摊的办法扣回。

（2）如果发包方向承包方提供部分主要材料，经过双方确认价格后，该部分材料价款，在工程进度款拨付中，按照双方事先约定的抵扣方式和时间分期分批进行抵扣。

（3）也可以采取如下方式：从尚未施工的专项工程中的主要材料价值相当于预付款数额时起扣，从每次结算工程价款中，按照主要材料比重抵扣工程价款，竣工前全部扣完。其表达公式如下：

$$T = P - (M/N) \tag{13-1}$$

式中　T——起扣点，即开始扣回预付款的累计完成工作量金额；

P——承包工程价款总额；

M——预付款限额；

N——主要材料所占比重。

13.4.3　工程进度款的结算与支付

承包方在施工过程中，按照每个月度形象（或控制界面）完成的工程量计算各项费用后，向发包方办理工程进度款的支付。

1. 按月结算与支付

正常施工的专项工程，按照每个月度工程形象进度支付进度款，竣工后清算的方式，具体做法是承包方在每旬末或月中向发包方提出预支工程款账单，预支一旬或半月的工程款，月终再提出工程款结算单和已完的工程量月报表，收取当月工程价款。为简化手续，多年来采用的办法一般是承包方每月月底25日以前，将本月完成的工作量汇总统计后，上报监理方审查核实，最后由发包方审查确认后，于下月5日左右按照合同约定付款，付款比例一般是每月度进度款的70%～100%。凡是合同工期在两个年度以上的工程，在年度进行工程盘点，办理年度结算。

2. 分段结算与支付

凡是合同工期在两个年度以上的工程，按照工程形象进度进行到不同阶段，支付工程进度款。如基础完工，拨付一次相应工程进度款的70%～90%，地上形象进度完成到一定楼层时，拨付一次相应工程进度款的70%～90%，以此类推，直到工程主体完工，拨付相应一次主体工程进度款的70%～90%。装饰形象进度进行到一定程度时，拨付一次相应进度款，工程竣工拨付到85%～90%，待工程结算后，经过双方核对，并经过审计部门审核后，拨付到工程结算值的95%，剩余的5%作为工程保修金，在保修期结束后全部拨付完毕。

3. 目标结算方式

将承包工程内容分解成不同的控制界面，以业主验收控制界面作为支付工程款的前提条件称为目标结算方式，就是将合同中工程内容分解成不同的验收单元，当承包方完成工程并经业主验收后，业主支付工程内容的工程价款。目标结算方式中控制界面应明确，便于量化和质量控制，当承包方组织得力，质量控制好，工期提前完成，意味着将提前获得工程价款，增加承包收益。当承包方组织不力，工程质量较差，工期拖后，则意味着延期获得工程价款，这样将会造成承包方的经济损失。同时要同项目资金的供应周期和支付频率相适应。例如，屋面防水专项工程施工中，规定水泥砂浆找平层施工完成并经过业主和监理方验收，拨付相应工程款，防水卷材施工完成并经过业主和监理方验收，再拨付相应的工程款项，混凝土保护层施工完成并经过业主和监理方验收，拨付相应的工程款项。

4. 工程量核算

承包方应当按照合同约定的方法和时间，向发包方提交工程量报告，发包方接到报告后7日内核实已完成的工程量，并提前1日通知承包方，发包方收到承包方提交的工程量报告7日内未核实已完成的工程量，从8日起承包方提交的工程量视为确认，作为工程款拨付的依据。双方合同中另有约定的除外。

5. 工程进度款的拨付方式

根据确定的工程量结果，承包方向发包方提出支付工程进度款的申请。在14d内，发包方应拨付工程款，工程款拨付比例按照事先约定，如为当月审定工程款的70% ~90%之间或者更多一些，其中发包方应按事先的约定按比例扣回预付款，如发包方提供部分材料，也应将该部分材料款按事先的约定比例扣回。

工程设计变更、经济签证和索赔等调整的合同价款及其他条款中约定的追加合同价款，应同工程进度款同期调整支付。

13.4.4 工程竣工结算

工程竣工结算是指承包方在规定的工期内，按照合同规定的内容全部完成所承包的工程，经质量验收合格，向发包方进行最终工程价款的结算。工程竣工结算一般公式为：

$$\text{工程竣工结算价款}=\text{合同价款}+\text{施工过程中合同调整数额}-\text{预付及已结算工程价款}-\text{保修金} \tag{13-2}$$

1. 工程竣工结算方式

发包方当收到承包方提交的竣工结算报告和完整结算资料后，在《建设工程价款结算崭行办法》规定的时间内审查完成，并经过双方确认。由发包方向承包方支付工程竣工结算价款，只保留5%的质量保证（保修）金，待工程交付使用一年后，质保期到期时彻底清算。承包方竣工结算编制时间应在规定期限内完成，并及时提交给发包方。

2. 工程竣工结算审核

工程竣工结算审核是竣工结算阶段的重要工作，经过审核的工程竣工结算是核定建设工程造价的依据，是编制竣工决算的依据。工程竣工结算分为单位工程竣工结算、单项工程竣工结算、建设项目工程竣工总结算三种。

（1）单位工程结算由承包方编制，由发包方审查或委托具有资质的工程造价咨询机构审查确认，政府投资项目由同级财政部门审查。

（2）专项工程结算由专项承包人编制，由发包方审查或委托具有资质的工程造价咨询机构审查确认。

（3）零星项目工程结算：凡是合同之外的零星项目，承包方在接受发包方要求后7日内，就用工数量和单价、机械台班数量和单价、材料数量和单价，向发包方提交经济签证，经发包方认定后施工，并在工程竣工后随工程价款拨付给承包方。

3. 工程竣工结算审核一般程序

(1) 核对合同条款

发包方或委托的工程造价咨询机构应按照合同约定的结算方式、计价方法、取费标准、主要材料价格和优惠条件等审核。

(2) 隐蔽验收记录审核

所有隐蔽验收记录手续完备并有监理工程师签字确认。

(3) 确认设计变更和经济签证

设计变更应手续齐全，要有设计人员和设计单位签字和盖章，并有监理工程师和发包方签字认可，经济签证有承包方、监理工程师和发包方签字，还要同工程合同核对后，确认是否列入工程结算。

(4) 核实工程量

发包方或委托的工程造价咨询机构应依据工程竣工图纸、设计变更、经济签证核实审查竣工结算工程量，按照国家统一规定的工程量计算规则计算工程量。

(5) 核实单价

发包方或委托的工程造价咨询机构认真核实单价，按照工程量清单报价中标的工程或工程合同有规定的不需核实单价。

(6) 审核各项费用

凡是采取传统预算定额的工程，应审核配套的建筑安装套用的定额编号是否正确，取费定额是否正确，审核费用计算程序和计费基数是否正确，材料价差是否符合合同要求。按照工程量清单报价中标的工程除外。

13.4.5 工程价款结算实例

[例 13-7] 已知条件：

1. 某工程屋面防水和室内厕浴间工程造价为 120 万元，材料费及设备费为施工产值的 60%。

2. 工程预付款为工程造价的 20%。工程实施后，工程预付款从未施工工程尚需的主要材料及构件的价值相当于工程预付款数额时起扣，从每次结算工程价款中按材料和设备占施工产值的比重抵扣工程预付款，竣工前全部扣清。

3. 工程进度款逐月计算。

4. 工程保修金为工程造价5%，竣工结算月一次扣留。

5. 材料和设备价差为10%（按地区工程造价部门公布的上半年材料和设备价差系数，在6月一次调增）。

6. 屋面和室内厕浴间防水工程在保修期发生开裂和脱落，业主自行修理花费0.5万元。

7. 各月实际完成产值见表13-24。

各月实际完成产值（单位：万元）　　表13-24

月份	2	3	4	5	6
完成产值	10	21	27	32	30

问题：

1. 工程预付款是多少？

2. 预付款起扣点是多少？

3. 该工程2～5月每月的拨付工程款是多少？累计工程款是多少？

4. 6月份办理工程竣工结算，工程结算造价是多少？业主应付工程结算款是多少？

5. 在保修期内发生的质量通病费用如何处理？

解：工程价款结算方法为按月结算

1. 工程预付款

$$120 \times 20\% = 24 \text{ 万元}$$

2. 工程预付款起扣点

根据公式（13-1）计算

$$120 - 24 \div 60\% = 80 \text{ 万元}$$

3. 各月拨付工程款为

第2月：工程款为10万，累计工程款10万元

第3月：工程款为21万，累计工程款31万元

第4月：工程款为27，累计工程款58万元

第5月：工程款为32－（32＋58－80）×60%＝26万元，累计工程款84万元

4. 工程总造价及工程结算款

工程总造价为：

$$120+120\times60\%\times10\%=127.2\text{ 万元}$$

业主应付工程结算款为：

$$127.2-84-127.2\times5\%-24=12.84\text{ 万元}$$

5. 工程结算时保修金

$$127.2\times5\%=6.36\text{ 万元}$$

应由业主在竣工月份一次扣留，在保修期内发生的质量通病费用0.5万元，应在承包方的保修金中扣除，保修期结束后，业主一次无息拨付保修金为：

$$6.36-0.5=5.86\text{ 万元}$$

13.4.6 工程价款价差调整

由于工程施工周期较长，社会总体物价表现为动态水平，造成工程造价中人工费、材料费、机械费随着变动，为了避免承包方和发包方遭受不必要的经济损失，应采用调价的手段维护双方正当利益。工程价款价差调整方法有以下几种：

1. 工程造价指数调整法

工程造价指数调整法就是承包方和发包方采用当时的预算定额单价计算出合同价，待工程竣工时，根据合理的工期和当地工程造价部门公布的该月（季）工程造价指数，对于原合同价进行调整。

2. 实际价格调整法

发包方会同监理或审计部门，对承包方实际购买的材料价格，经过论证对比调查给予认定。特别是对于工程造价比重较大的材料如钢材、木材、水泥等应采用该方法。

3. 调价文件计算法

承包方和发包方采用当时的预算定额单价计算出合同价，在合同工期内，按照造价管理部门调价文件的规定，进行抽料补差（就是同一价格期内按所完成的材料用量乘以价差）的方法。

4. 调值公式法

该法为国际通用方法，即对建设工程项目价款动态控制，调值公式法分为固定部分、材料部分和人工部分。

14 防水工程成本控制与索赔

14.1 防水专项工程责任成本

14.1.1 工程成本划分

工程施工项目成本管理是施工企业成本管理的基础和重点，是工程施工项目管理的核心。工程成本管理，就是对施工过程中所发生的各种成本进行系统的预测、计划、控制、核算和分析，使工程施工项目成本能够控制在计划成本中，创造工程项目或专项工程利润最大化。

1. 按成本控制需要，从成本管理时间来划分，可分为预算成本、计划成本和实际成本。

2. 按工程生产费用计入成本的方法来划分，可分为直接成本、间接成本。

3. 按照耗用对象和耗用层次来划分，可分为固定成本和变动成本。

14.1.2 施工项目责任成本

1. 施工项目责任成本概述

施工项目责任成本是由施工企业组织内部有关职能部门，根据中标标书工程项目的施工组织设计、预算定额、企业施工定额、项目成本核算制度、资源市场各种价格预测等信息，根据工程不同的类别和特点，确定某项目成本的上限。施工项目责任成本是项目经理部制定施工目标成本和进行成本管理的基础依据。施工项目责任成本测算方法一般采用因素分解法，此时由于工程已确定，施工图纸已经设计完毕。一般采用因素分解法，即采用消耗量×单价的方法，也就是采用具体的施工图工程量为基数，利用企业施工定额或参照国家或省市预算定额计算得出，此方法准确可靠，操作性强。

2. 施工项目责任成本确定依据

（1）施工企业同业主签订的合同及有关协议；

（2）施工图预算或投标报价书；

（3）专项施工分包合同；

（4）有关材料价格信息或规定；

（5）企业有关工程项目管理的制度和规定。

14.1.3　施工项目责任成本确定

1. 人工费的确定

实行施工项目管理以后，工程施工的用工，一般采用项目部同劳务分包方或作业班组签订的合同计算。

（1）人工费单价

由项目部同劳务分包方或操作班组签订的合同确定；一般按技术工种、技术等级和普通工种分别确定人工费单价；按承包的实物工程量和预算定额计算定额人工，作为计算人工费费用的基础。如采用定额人工数量×市场单价、平方米人工费单价包干、预算人工费×（1+取费系数）。

（2）定额人工以外的零工

定额人工以外的零工，可以按定额人工的一定比例一次包死，或按照一定的系数包干，也可以按实计算。

（3）奖励费用

为了加快施工进度和提高工程质量，对于劳务分包方或作业班组，由项目经理或专业工长根据合同工期、质量要求和预算定额确定一定数额。

2. 材料费的确定

材料费包括主要材料费、周转工具费和零星小型材料费。由于主要材料一般是由市场采购，构件是委托社会专业单位加工，周转工具一般是从市场租赁，情况各不相同，分别采用不同的方法确定。

（1）主要材料费确定

$$材料费=\sum（预算用量\times单价） \quad (14\text{-}1)$$

$$预算用量=实际工程量\times企业施工定额材料消耗量 \quad (14\text{-}2)$$

当企业没有施工定额时，可以采用如下公式

$$\frac{施工定额}{材料消耗量}=\frac{预算定额}{材料消耗量}（1-材料节约率） \quad (14\text{-}3)$$

材料费的高低，同消耗数量有关，又与采购价格有关。这就是说，在“量价分离”的条件下，既要控制材料的消耗数量，又要控制材料的采购价格，两者不可缺一。一是采用当地的市场指导价；二是当地工程建设造价管理部门发布的《材料价格信息》中的中准价；三是预算定额中的计划价格。

（2）零星小型材料费

主要指辅助施工的低值易耗品以及定额内未列入的其他小型材料，其费用可以按照定额含量乘以适当降低系数包干使用，也可以按照施工经验测算包干。

（3）周转工具费

降低周转工具费是降低施工成本的重要方面，周转工具费有两种方法确定，一般按照预算定额含量乘以适当的降低系数确定，也可以根据施工方案中的具体数量确定计划用量，再根据计划用量乘以租赁单价确定。

3. 机械费的确定

由定额机械费和大型机械费组成，定额机械费可根据施工实际工程量和预算定额中的机械费计取，由于防水专项工程使用塔式起重机或客货两用电梯很少，因此大型机械费很少，应根据实际使用大型机械适当按一定比例摊销。

4. 其他直接费

其他直接费例如季节施工费、材料二次搬运费、生产工具用具使用费、检验试验费和特殊工种培训费等由项目部统一核定，分摊到专项工程责任成本内。

14.2 防水专项分包目标成本

防水专项分包目标成本是由项目部有关人员根据工程实际情况和具体方案，在专项工程责任成本基础上，通过采用先进的管理手段和技术进步措施，进一步降低成本后确定的项目部内部指标，是进行项目部对于专项施工成本控制的依据。可以作为工长岗位成本责任和签订项目内部岗位责任合同的经济责任指标。防水专项分包目标成本分为专项分包目标成本和专项分包项目成本计划两部分。

14.2.1 专项工程分包形式

1. 劳务分包

专项劳务分包形式就是由施工总承包方负责提供机具、材料等物质要素，并负责工期、质量、安全等全面管理，专项分包方只提供专项劳务服务的分包形式。

2. 专项分包

专项分包一般为包工包料，即专项分包方负责提供所需材料、机具和劳力并对专项分包施工全过程负责。施工总承包方负责总包管理，并对专项分包的各项指标负责。

14.2.2 专项分包目标成本编制依据

专项分包目标成本，是根据施工图计算的工程量及专项施工方案、专项分包合同或劳务分包合同，项目部岗位成本责任控制指标确定。

专项分包目标成本公式如下：

$$\text{专项分包目标成本} = \text{专业分包工程量} \times \text{市场价}(1 - 1\% \sim 5\%) \quad (14\text{-}4)$$

14.2.3 专项分包目标成本确定

1. 人工费目标成本

当前，专业分包人工费实际支出大大超过预算定额的现象非常普遍，因此，在项目施工成本管理中，应通过加强预算管理、经济签证管理和分包管理，确保工程量不漏算，分包人工费不超付，人工费降低率由项目经理组织有关人员共同协商确定。

$$\frac{\text{人工费}}{\text{目标成本}}=\frac{\text{项目施工责任}}{\text{成本人工费}}\times(1-\text{降低率}) \qquad (14\text{-}5)$$

2. 主要材料费目标成本

防水材料种类多、数量大、价值高，是成本控制的重点和难点，一般采用如下两种方法。

(1) 加权平均法

由工程造价人员根据工程设计图纸列出防水材料清单，由项目经理、材料员和专业工长从材料价格和数量两方面综合考虑，逐一审核确定防水材料费降低率。

(2) 综合系数评估法

根据以前相似工程的防水材料用量和防水材料降低率水平，采取分别预估，取其平均值的方法，根据经验系数确定防水材料成本降低率。

3. 周转工具费目标成本

周转工具费的目标成本可根据防水专项施工方案和防水专项工程施工工期，合理计算租赁数量和租赁期限，确定费用支出和租赁费的摊销比例。

4. 机械费目标成本

根据防水专项施工方案，确定预测使用的小型机械或小型电动工具的使用期限、租赁费用和购置费用，并考虑一定的修理费用后汇总，再同预算收入比较，得出定额机械费的成本降低率。

5. 安全设施和文明施工费目标成本

近年来建筑工程安全防护标准大大提高，施工现场文明施工要求标准也较为完善，因此安全设施和文明施工费应根据各地建设主管部门有关规定和工程实际情况，确定一定的安全设施和文明施工费目标成本数额。

14.2.4　专项分包项目成本计划

防水专项分包项目成本计划是根据项目的目标成本制定的成本收入与成本支出计划，将成本收入与成本支出计划落实到防水专业工长、作业班组、劳务队具体操作人员，分工明确，责任到人。

1. 专项分包项目成本计划编制原则

(1) 实际发生原则：对于防水专业分包项目而言，在编制项目月度成本计划时要考虑防水专业分包工程在本月是否发生，如果发生，应按进度计划的要求，确定防水专业分包工程的工程量。

(2) 收支口径一致的原则：适用于机械（工具）分包或材料分包。

2. 专项分包项目施工成本收入的确定

(1) 专业分包工程成本收入：

$$\text{专业分包成本收入} = \frac{\text{当月计划完成分包工程量}}{\text{分包工程量}} \times \text{分包造价} \quad (14\text{-}6)$$

(2) 机械（工具）分包成本收入：

$$\text{机械(工具)分包成本收入} = \frac{\text{当月计划完成分包工程量}}{\text{分包工程量}} \times \text{分包造价} \quad (14\text{-}7)$$

(3) 专项材料分包成本收入：

$$\text{专项材料分包成本收入} = \frac{\text{当月计划完成分包工程量}}{\text{分包工程量}} \times \text{分包造价} \quad (14\text{-}8)$$

3. 专项分包项目施工成本支出的确定

(1) 专业分包工程成本支出

$$\text{专项分包成本支出} = \text{实际完成工程量} \times \text{分包单价} \quad (14\text{-}9)$$

$$\text{专项分包成本支出}=\frac{\text{当月计划完成分包工程量}}{\text{分包工程量}}\times\text{分包总价} \quad (14\text{-}10)$$

(2) 机械（工具）分包成本支出：

$$\text{机械（工具）分包成本支出}=\frac{\text{当月计划完成分包工程量}}{\text{分包工程量}}\times\text{分包总价} \quad (14\text{-}11)$$

(3) 专项材料分包成本支出：

$$\text{专项材料分包成本支出}=\frac{\text{当月计划完成分包工程量}}{\text{分包工程量}}\times\text{分包总价} \quad (14\text{-}12)$$

14.3 防水专项成本过程控制

14.3.1 防水专项成本过程控制内容

防水专项分包成本过程控制，通常是指在项目施工成本的形成过程中，对形成成本的要素，即施工所耗费的人力、物力和各种费用进行监督、调节和限制。预防发现和纠正偏差，从而把各项费用控制在目标成本的预定范围内。防水专项分包成本控制分两方面。既要对专项分包成本进行控制，也要对专项分包控制成本的管理体系是否健全、是否按规定运行进行管理和控制。

为了进行工程成本管理工作，施工企业必须建立成本管理体系，制定相应的程序和制度，在成本管理体系运行过程中，既要保证体系建设的健全完好，又要保证成本管理体系运行良好。

1. 专项成本管理体系建设质量的控制

考虑到防水专项施工的特点和分包方式的不同，施工环境的不同，首先应建立专项成本控制管理体系，并具备适应性、可调性和可运行性。

2. 专项成本控制管理体系运行质量的控制

专项成本控制管理体系运行质量的控制，表现在运行的完整性、时效性和真实性。并应正常运行。

(1) 专项成本控制管理体系运行完整性，第一是指成本管理体系所设定的各项制度、程序在工程项目管理相关部门和相关岗位都能全面执行；第二是指专项成本管理体系所设定的各项制度、程序在时间上必须覆盖工程项目施工从工程成本计划编制、施工成本预测到工程竣工、工程成本决算的全过程；第三是指成本管理体系所设定的各项制度、程序运行必须覆盖工程项目施工管理的全部空间。

(2) 专项成本控制管理体系运行的时效性是指运行过程控制的每一时段的成本计划是否及时编制，否则控制成本失去依据，造成成本管理失控；各项成本支出统计是否及时，综合分析和处理是否及时，否则信息得不到及时反馈，检查缺少依据，也会造成成本管理失控。

(3) 专项成本控制管理体系运行的真实性是管理体系运行的灵魂。由于工程项目施工过程涉及面广，数据量大，准确性存在一定难度，因此，应在成本管理和控制中引进计算机及其网络技术等现代化管理和控制手段，同时提高成本管理人员的素质，切实提高专项成本控制管理体系运行质量。

14.3.2 防水专项工程成本控制原则

为了搞好防水专项工程成本控制，在施工成本控制管理中应当遵循以下原则：

1. 项目全员成本控制原则

防水专项工程成本控制综合性很强，涉及项目施工成本的每一个要素以及项目部各个部门，防水工程成本控制牵扯到所有人员，如项目部管理人员，作业班组、劳务队和操作工人。只有全员努力，才能将防水专项工程成本控制在一定范围内。

2. 施工全过程成本控制原则

防水专项工程要经历施工准备、专项施工、专项验收、回访保修等各个阶段，各个阶段均要有人力、物力、机械费用的消耗和管理费用的支出。由于每一个项目具有一次性的特点，因此施工过程成本控制是成本控制的重点，就是对于施工每一道工序均应控制人力、材料和机械费用及管理费用的消耗，因此工程只有从施工准备一直到工程竣工，乃至到使用保修期均要对成本进行控制，整个防水工程成本才能降低。

(1) 在专项工程投标阶段根据招标文件和工程具体情况，参与专项投标成本的预测，提出有针对性的决策意见。

(2) 在施工准备阶段，应根据工程设计图纸和专项施工方案，通过不同方案技术经济对比，优选技术可行、经济合理的施工方案，编制相应的专项工程成本控制计划。

(3) 施工阶段，以工程量清单报价、施工图预算、施工预算、劳动定额、材料消耗定额为依据，对于实际发生的成本费用进行控制。

(4) 竣工后及保修期，对于将要发生的保修费用进行预测和控制，防止成本超出计划。

3. 适时原则

成本发生过程控制的时段越短越好，最好是边干边算，适时控制，当每道工序执行完毕，操作人员应进行自我成本核算，算一算该道工序成本是节约还是超支，及时优化。

4. 成本目标风险分担的原则

将项目成本指标按岗位设置情况逐项分解，落实到每个管理人员头上，做到成本控制人人有责，同时赋予相关人员一定的权力和利益，保证成本控制真正有效。

5. 开源与节流相结合的原则

节约是项目经济效益的核心，通过节约可以有效地控制成本支出；但是不能忽视开源的重要性，例如，做好现场设计变更经济签证和经济索赔工作，增加成本收入，也是降低成本提高经济效益的有效途径。

6. 例外管理原则

例外管理原则起源于西方决策科学中的例外原则，通常是有一些不经常出现的例外问题，往往是关键问题，对成本目标的完成有较明显的影响，通过例外管理来保证顺利进行。

14.3.3　防水专项工程成本控制方法

1.“两算”对比

工程量清单计价或定额计价是反映生产建筑产品平均劳动消耗水平，作为施工企业对外投标和同业主结算和业主付款的依据。

施工预算则是反映施工企业自身的技术和管理水平，是劳力、材料和机械使用费用具体的细化，是对作业班组或劳务队结算和进行工料分析的依据。施工定额是施工企业组织生产和加强企业内部管理，在企业内部使用的一种定额。属于企业生产定额的性质，它是以同一性质的施工过程为测定对象，规定建筑作业班组或劳务队，在正常施工条件下完成单位合格产品所需消耗的人工、材料和机械台班的数量标准。

(1) 施工定额的作用

施工定额是衡量工人劳动生产率的主要标准；施工定额是施工企业编制施工组织设计和施工作业计划的依据；施工定额是专业工长向作业班组或工人签发施工任务单和限额领料的基本依据；施工定额是编制预算定额、工程量清单和单位估价表的基础；施工定额是项目部加强成本核算和实现专项承包的基础。

(2) 施工定额分类

施工定额分为劳动消耗定额、材料消耗定额、机械台班消耗定额。

1) 劳动消耗定额

劳动消耗定额是在一定生产技术组织条件下，生产质量合格的单位产品所需要的劳动消耗标准。一般用工日表示，如工日/m^3，工日/m^2，工日/t。

2) 材料消耗定额

材料消耗定额是指在合理和节约使用材料的条件下，生产质量合格的单位产品所必须消耗的一定品种规格的材料、燃料、半成品、构件和水电等动力资源的数量标准。

3) 机械台班消耗定额

机械台班消耗定额，是指在合理劳动组织和合理使用机械正常施工条件下，由熟练工人或作业班组操作使用机械，完成单位产品所必须消耗的机械工作时间。一般用台班表示。

(3) 以目标成本控制支出

可根据项目经理部制定的目标成本控制成本支出，实行"以收定支"或"量入为出"的方法。将采用工程量清单计价或定额计价产生的设计预算同施工预算比较，两者考虑的角度和粗细程度均不同，根据两者在材料的消耗量、人工的使用量和机械费用的摊销方面的差异，作出降低成本的具体方法。

2. 人工费控制

应根据工程特点和施工范围，通过招标方式确定劳务队和作业班组，对于具体分项应该按定额工日单价或平方米包干方式一次包死，控制人工费额外支出。

3. 材料费控制

材料费控制是专项成本控制的重点和难点，要制定内部材料消耗定额，由于材料费用占工程成本的70%以上。因此，应控制材料的消耗量和进场价格两个方面，实施限额领料是控制材料成本的关键。

(1) 材料消耗量控制

1) 编制材料需用量计划，特别是编制分阶段需用材料计划，给采购进场留有充裕的市场调查和组织供应时间。材料进场过晚，影响施工进度和效益，材料进场早，储备时间过长，则要占用资金和场地，增大材料保管费用和材料损耗，造成材料成本增加。对于新材料、新技术、新工艺的出现，由于缺乏经济资料，因此，应及时了解市场价格，熟悉新工艺，测算相应的材料、人工、机械台班消耗，自编估价表并报业主审批。

2) 材料领用控制

实行限额领料制度，具体是防水专项工长对作业班组或劳务队签发领料单进行控制，材料员对防水专项工长签发的领料单进行复检控制。

3）工序施工质量控制

同防水分项相关的每道工序施工质量好坏将会影响下道工序的施工质量和成本，例如结构墙体平整度、垂直度较差，将会使外墙防水抹面胶浆或水泥抗裂砂浆厚度增加，材料用量和人工耗费均会增加，因此外墙防水层成本相应增加。

4）材料计量控制

同防水分项有关的计量器具按时检验，校正，计量过程必须受控，计量方法必须全面准确。

（2）材料进场价格控制

由于市场价格处于变动之中，因此，应广泛及时多渠道收集材料价格信息，多家比较质量和价格，采用质优价廉的材料，使材料进场价格应尽量控制在工程投标的材料报价之内。对于新材料的出现，由于缺乏经济资料，因此，应及时了解市场价格信息，确定比较准确的市场价格。

4. 周转工具使用费的控制

$$\begin{matrix}\text{周转工具}\\\text{使用费}\end{matrix}=\left(\begin{matrix}\text{租用}\\\text{费用}\end{matrix}\times\begin{matrix}\text{租用}\\\text{时间}\end{matrix}\times\begin{matrix}\text{租赁}\\\text{单价}\end{matrix}\right)+\begin{matrix}\text{自购周转材料领用}\\\text{部分的合计金额}\end{matrix}\times\text{摊销费}\tag{14-13}$$

具体控制措施如下：

在施工阶段通过合理安排施工进度，采用网络计划进行优化，采用先进的施工方案和先进周转工具，控制周转工具使用费低于专项目标成本的要求。

在施工阶段减少周转工具租赁数量，控制周转工具尽可能晚些进场，使用完闭后尽可能早退场，选择质优价廉的租赁单位，降低租赁费用。

对作业班组或劳务队中的操作工人实行约束和奖励制度，减少周转工具的丢失和损坏现象。

5. 机械使用费控制

大型机械应控制租赁数量，压缩机械在现场使用时间，提高机械利用率，选择质优价廉的租赁单位，降低租赁费用。对于小型机械和电动工具购置和修理费，采用由作业班组或劳务队包干使用的方法控制。

6. 其他

加强定额管理，及时调整经济签证，对于是施工过程中出现的设计变更，应及时办理经济签证。分项工程完工后及时同业主进行工程结算。

14.4 防水专项成本核算

项目施工成本核算是对施工过程所直接发生的各种费用进行项目施工成本核算，确定成本盈亏情况，是项目施工成本管理的重要步骤和内容之一，是施工项目进行施工成本分析和考核的基础，是对目标成本是否实现的检验。一般采用会计核算法和表格核算法两种。其中，专项分包项目的成本核算一般采用成本比例法或单项核算法。

1. 成本比例法

就是把专业分包工程内的实际成本，按照一定比例分解为人工费、材料费、机械费、其他直接费，然后分别计入相应项目的成本中。分配比例可按经验确定，也可根据专业分包工程预算造价中人工费、材料费、机械费、其他直接费占专业分包工程的总价的比例确定。

采用比例法时，当月计入成本的专项分包造价按照下式确定

$$\begin{array}{c}\text{人工费（材料费、}\\\text{机械费、其他直接费）}\end{array}=\begin{array}{c}\text{当月实际完成的}\\\text{专项分包工程}\end{array}\times\begin{array}{c}\text{分配}\\\text{比例}\end{array} \tag{14-14}$$

2. 成本单项核算法

成本单项核算法比较简单，适用于专项分包工程成木核算，只要能够掌握专项分包工程成本收入和成本支出，通过两者对比，可以对专项分包成本进行核算，计算出成本降低率，它是由成本收入和成本支出之间对比得到的实际数量。

$$\begin{array}{c}\text{专项分包项目的}\\\text{成本核算降低率}\end{array}=\frac{\text{专项分包成本收入}-\text{实际支出}}{\text{专项分包成本收入}}\times 100\% \tag{14-15}$$

14.5 专项施工项目成本分析

施工项目的成本分析，是根据统计核算、业务核算和会计核算提供的资料，对项目成本的形成过程和影响成本升降的因素进行分析，寻求进一步降低成本的途径，包括项目成本中有利偏差的调整。

14.5.1 防水专项成本偏差分析

防水专项工程成本偏差的数量，就是对工程项目施工成本偏差进行分析，从预算成本、计划成本和实际成本的相互对比中找差距。成本间相互对比的结果，分别为计划偏差和实际偏差。

1. 专项成本计划偏差

专项成本计划偏差是预算成本与计划成本相比较的差额，它反映成本事前预控制所达到的目标。

$$计划偏差 = 预算成本 - 计划成本 \tag{14-16}$$

预算成本可分别指工程量清单计价成本、定额计价成本、投标书合同预算成本三个层次的预算成本。计划成本是指现场目标成本即施工预算。两者的计划偏差，也反映计划成本与社会平均成本的差异；计划成本与竞争性标价成本的差异；计划成本与企业预期目标成本的差异。如果计划偏差是正值，反映成本预控制的计划效益。

$$计划成本 = 预算成本 - 计划利润 \tag{14-17}$$

在一般情况下，计划成本应该等于以最经济合理的施工方案和企业内部施工定额所确定的施工预算。

2. 专项成本实际偏差

专项成本实际偏差是计划成本与实际成本相比较的差额，它反映施工项目成本控制的实绩，也是反映和考核项目成本控制水平的依据。

$$实际偏差 = 计划成本 - 实际成本 \tag{14-18}$$

分析实际偏差的目的，在于检查计划成本的执行情况。正差意味着有盈利，负差反映计划成本控制中存在缺点和问题，应挖掘成本控制的潜力，缩小和纠正目标偏差，保证计划成本的实现。

14.5.2　专项成本具体分析

1. 人工费分析

根据人工费的特点，工程项目在进行人工费分析的时候，应着重分析执行预算定额或工程量清单计价方法是否认真，人工费单价有无抬高和对零工数量的控制。

2. 材料费分析

（1）采取差额计算法

在进行材料费分析的时候，要采取差额计算法。

分析数量差额对材料费影响的计算公式为：

$$\left(\begin{matrix}\text{定额材料}\\\text{用量}\end{matrix}-\begin{matrix}\text{实际材料}\\\text{用量}\end{matrix}\right)\times\begin{matrix}\text{材料市场}\\\text{指导价}\end{matrix} \tag{14-19}$$

分析材料价格差额对材料费影响的计算公式为：

$$\left(\begin{matrix}\text{材料市场}\\\text{指导价}\end{matrix}-\begin{matrix}\text{材料实际}\\\text{采购价}\end{matrix}\right)\times\begin{matrix}\text{定额材料}\\\text{消耗数量}\end{matrix} \tag{14-20}$$

（2）材料消耗分析

材料消耗包括材料的操作损耗、管理损耗和盘赢盘亏，是构成材料费的主要因素。

（3）材料采购价格分析

材料采购价格是决定材料采购成本和材料费升降的重要因素。因此，在采购材料时，一定要选择价格低、质量好、运距近、信誉高的供应单位。分析材料采购获得情况的计算公式如下：

$$\begin{matrix}\text{材料}\\\text{采购收益}\end{matrix}=\left(\begin{matrix}\text{材料市场}\\\text{指导价}\end{matrix}-\begin{matrix}\text{材料实际}\\\text{采购价}\end{matrix}\right)\times\begin{matrix}\text{材料}\\\text{采购数量}\end{matrix} \tag{14-21}$$

（4）材料采购保管费分析

材料采购保管费也是材料采购成本的组成部分，包括材料采购保管人员的工资福利、劳动保护费、办公费、差旅费，以及材料采购保管过程中，发生的固定资产使用费、工具用具使用费、检验试验费、材料整理及零星运费、材料的盘亏和毁损等。

在一般情况下，材料采购保管费的多少，与材料采购数量同步增减，即材料采购数量越多，材料采购保管费也越多。因此，材料采购保管费的核算，也要按材料采购数量进行分配，即先计算材料采购保管费使用率，然后按使用率进行分配。材料采购保管费使用率的公式如下：

$$\text{材料采购保管费使用率}=\frac{\text{计算期实际发生的材料采购保管费}}{\text{计算期实际采购的材料总值}}\times 100\% \tag{14-22}$$

从上述公式看，材料采购保管费用使用率，就是材料采购保管费占材料采购总值比例。如前所述，这两个数字应同步增减，但不可能同比例增减，有时采购批量越大，而所发生的采购保管费却增加不多。因此，定期分析材料保管费对材料采购成本的影响，将有助于节约材料采购保管费，降低材料的采购成本。其分析的方法，可采用“对比法”，即与上期比，与去年同期比，与历史最低水平比，与同行业先进水平比。对比的目的在于寻找差距，寻找节约途径，减少材料采购保管费支出。

（5）材料计量验收分析

材料进场（入库），需要计量验收。在计量验收中，有可能发生数量不足或质量、规格不符合要求等情况。对此，一方面要向材料供应单位索赔；另一方面，要分析因数量不足和质量、规格不符合要求而对成本的影响。

（6）现场材料管理效益分析

现场的材料、构件，按照平面布置的规定堆放有序，既可保持场容整洁，减少丢失现象，又可减少二次搬运费用。

3. 储备资金分析

储备资金分析应根据施工需要合理储备材料，减少资金占用，减少利息支出。

4. 周转材料分析

工程施工项目的周转材料，主要是脚手架用钢管、安全网和毛竹。周转材料在施工过程中的表现形态是：周转使用，逐步磨损，直至报损报废。因此，周转材料的价值也要按规定逐月摊销。实行周转材料内部租赁制的，则按租用数量、租用时间，由租赁单位定期向租用单位收费。根据上述特点，周转材料分析的重点是周转材料的周转利用率和周转材料的赔损率的高低。

（1）周转材料的周转利用率。周转材料的特点，就是在施工中反复周转使用，周转次数越多，利用效率越高，经济效益也越好。

对周转材料的租用单位来说，周转利用率是影响周转材料使用费的直接因素。

［例 14-1］　某施工专项防水施工项目向社会某单位租用钢管脚手架 10000m，租赁单价为 0.03 元/（d·m），计划周转利用率 85%。后因加快施工进度，使钢管脚手架的周转利用率提高到 95%，应用“差额计算法”计算可知：

可少租钢管脚手架 =（95% －85%）×10000 = 1000m

$$\text{每日减少钢管脚手架租赁费} = 1000\text{m} \times 0.03\ \text{元}/(\text{d}\cdot\text{m}) = 30\ \text{元}/\text{d}$$

（2）周转材料赔损率分析。由于周转材料的缺损要按原价赔偿，对企业经济效益影响很大。特别是周转材料的缺损，所以只能用进场数减退场数进行计算。由此，周转材料赔损率的计算公式是

$$\text{周转材料赔损率} = \frac{\text{周转材料进场数} - \text{周转材料退场数}}{\text{周转材料进场数}} \times 100\% \tag{14-23}$$

14.6　降低防水工程造价具体措施

14.6.1　防水材料

1. 混凝土或砂浆

水泥内掺用粉煤灰，代替部分水泥，降低胶凝材料费用，有利于泵送混凝土的输送，特别是大体积混凝土和超长混凝土降低

水化热，防止混凝土开裂。

砂浆中筛出的粗颗粒部分改用在混凝土垫层中或低强度等级混凝土中作为粗骨料使用。

2. 防水卷材

铺贴前，应根据拟铺的屋面或地下混凝土尺寸，对于卷材做事前计划，每铺贴剩余卷材应尽力用到附加层或特殊部位。

3. 防水涂料

基层应做到平整密实，这样可将涂料尽量涂刷的薄一些，凡是双组分涂料，应事先计划好涂料的用量，一经混合及时刮涂，不得有剩余涂料混合料。

4. 人工管理

根据拟施工部位，对于防水作业班组或劳务队实行小包工办法，即对于作业班组或劳务队准备施工的部位，进行测算后将人工费用、所用材料一次包死，剩余材料时奖励作业班组或劳务队，材料浪费时处罚作业班组或劳务队。

14.7 建筑工程施工索赔

14.7.1 施工索赔的内容

工程索赔是在工程合同履行中，当事人一方由于另一方未履行合同所规定的义务，或出现了应当由对方承担的风险而遭受损失时，向另一方提出赔偿要求的行为，“索赔”是双向的，既包括承包人向发包人的索赔，也可以包括发包人向承包人的索赔。

以上这些原因要求延长工期，均要承包方提出合理的证据，一般可以获得监理工程师及业主的同意，索赔费用损失。但在某些延误工期的事件中，也会出现多种原因相互重叠造成的状况。在这时需要实事求是地认真地加以调查分析，力求给予合理解决。

由于承包人对发包人的索赔数额较大，对工程影响较大，因此，本文的“索赔”所指的是由于业主或其他非承包方原因，致使承包方在项目施工中造成损失或付出了额外的费用，承包方通过合理合法途径和程序，要求业主偿付其在施工中的费用损失或延长施工工期。

14.7.2 索赔产生的原因

1. 不利的自然条件与人为障碍引起的索赔

(1) 不利的自然条件

是指承包方施工中遭遇到的实际自然条件，比招标文件中所描述的更为困难和恶劣，如有记录可查的特殊反常的恶劣天气。这些不利的条件和人为障碍增加了施工的难度，导致了承包方必须花费更多的时间和费用，在这种情况下，承包方可以提出索赔要求。

(2) 地质条件变化引起的索赔

一般来说，业主在招标文件中，会提供有关该工程的勘察所取得的水文及地质资料。但是这类资料反映的情况往往同实际相差较大，从而给承包方施工带来严重困难，导致费用加大或工期延误，为此承包方提出索赔要求。

2. 业主未提供施工条件的索赔

如业主未按合同要求对拟施工的现场进行“三通一平”，造成承包方无法进入现场施工；业主或设计方未按照合同约定提供满足施工要求的设计图纸和技术文件，为此承包方提出索赔要求。

3. 工程变更或工程量增加引起的索赔

在施工过程中，由于业主或设计方提出新的工程变更或增加工程量，引起施工程序的改变，造成承包方索赔。

4. 加速施工的索赔

当工程项目的施工计划进度受到干扰，导致项目不能按时竣工，业主的经济效益受到影响时，有时业主和监理工程师会发布加快施工指令，要求承包方投入更多资源、加班赶工来完成工程项目。这可能会导致工程成本的增加，承包方可以索赔。

5. 因施工临时中断和工效降低引起的索赔

由于业主和监理工程师不合理的指令，造成工程项目临时停工或施工中断，造成施工工效的大幅度降低，从而导致工程费用支出增加，承包方可以提出索赔。

6. 业主不正当的终止工程而引起的索赔

由于业主不正当地终止工程，承包方有权要求补偿损失，其数额是承包方在被终止工程上的人工、材料、机械设备的全部支出，以及各项管理费用、保险费、贷款利息、保函费用的支出（减去已结算的工程款），并有权要求赔偿其减少的盈利。

7. 拖欠支付工程款引起的索赔

一般工程合同中都有支付工程款的时间限制，及延期付款计息的利率要求。如果业主不按时支付工程进度款或最终工程款，承包方可以向业主索要拖欠的工程款并索赔相应的利息，敦促业主迅速偿付。对于严重拖欠工程款，导致承包方资金周转困难，影响工程进度，甚至引起中止合同的严重后果，承包方则必须提出索赔，甚至诉讼。

8. 物价上涨引起的索赔

由于物价上涨的因素，带来人工费、材料费、甚至施工机械费用的不断增长，导致工程成本大幅度上升，严重影响承包方的利润，也会引起承包方提出索赔要求。

9. 特殊风险引起的索赔

根据国际惯例：战争、敌对行动、入侵；叛乱、暴动，内战；核废物、核辐射、放射线、核泄漏等发生时；这种自然力所产生的不利作用，即使是有经验的承包方也无法预见和抗拒，无法保护自己和使工程免遭损失，引起的工程损坏和修复，使承包方的利益损失或造成工期的延误，承包方则必须提出索赔。

10. 业主承担的风险而导致索赔

由于业主提前使用或占用工程的未完工交付的任何一部分，致使破坏；或是由于工程设计原因，产生对工程质量和使用或对施工进度造成不利影响，由于业主承担的风险而导致承包方的费用损失增大时，承包方可以提出索赔。

11. 因合同缺陷、条文错误引起的索赔

在合同签订中，对方对合同条款审查不认真，合同文件中某些内容的错误或互相矛盾，有的措词不够严密，有的合同文字有漏洞，这都可能导致索赔的发生。

14.7.3　工程索赔的分类

1. 索赔按事件性质分类

索赔按事件性质分类可以将工程索赔分为工程延误索赔、工程变更索赔、合同被迫终止索赔、工程加速索赔、意外风险索赔和其他索赔。

2. 按照索赔目的分类分为工期索赔和费用索赔

（1）工期索赔

工期延长和延误的索赔通常包括两方面：一是承包方要求延长工期；二是承包方要求偿付由于发包方原因，导致工程延误而造成的经济损失。一般这两方面的索赔报告要求分别编制，因为工期和费用索赔并不一定同时成立。

（2）费用索赔

由于客观条件改变方面原因，导致承包方在项目施工中造成损失或付出了额外的费用，承包方要求对超出计划成本的附加开支给予补偿。

14.7.4　施工索赔的程序

1. 建设工程索赔程序

建设工程索赔程序，一般包括发出索赔意向通知、收集和提供索赔证据、编制和提交索赔报告、评审索赔报告、举行索赔谈判、解决索赔争端等。

（1）发出索赔意向通知

索赔意向通知是一种维护自身索赔权利的文件。承包方发现索赔或意识到存在潜在的索赔机会后，要及时将自己的索赔意向，用书面形式通知业主或监理工程师。

索赔意向通知，应当简明扼要向业主或监理工程师表明索赔意向，通常包括下列内容：索赔事由发生的时间、地点、简要事实情况和发展动态；索赔所依据的合同条款和主要理由；索赔事件对工程成本和工期产生的不利影响。

（2）索赔资料的准备

承包方在正式提出索赔报告前，索赔资料准备工作极为重要。这就要求承包方注意记录和积累保存工程施工过程中各种原始资料，并可随时从中索取与索赔事件有关的证明资料。

（3）索赔报告的编写与提交

索赔报告是承包方向业主或监理工程师提交的一份正式报告，该报告要求业主给予一定经济补偿和（或）延长工期。编制索赔报告是承包方进行索赔的重要工作，也是索赔能否成功的重要保证。承包方应该在索赔事件对工程产生的影响结束后，尽快向业主或监理工程师提交正式的索赔报告。

（4）索赔报告的评审

业主和监理工程师在接到承包方的索赔报告后，应当站在公正的立场，以科学的态度及时认真地审阅报告，重点审查承包方索赔要求的合理性和合法性，审查索赔值的计算是否正确、合理。对不合理的索赔要求或不明确的地方提出反驳和质疑，或要求作出解释和补充。监理工程师可在业主的授权范围内作出自己独立的判断。

（5）索赔谈判

业主、监理工程师和承包方三方就索赔问题，进行进一步讨论、磋商。对经谈判达成一致意见的，作出索赔决定。

2. 我国有关索赔的程序和时限要求

我国《建设工程施工合同（示范文本）》对索赔的程序和时间要求有明确而严格的限定，主要包括：

发包方未能按合同约定履行自己的各项义务或发生错误，以及应由发包方承担责任的其他情况，造成工期延误或承包方不能及时得到合同价款及承包方的其他经济损失，承包方可按下列程

序以书面形式向发包方索赔:

(1) 索赔事件发生28天内，向业主发出索赔意向通知。

(2) 发出索赔意向通知后28天内，向业主提出补偿经济损失和（或）延长工期的索赔报告及有关资料。

(3) 业主在收到承包方送交的索赔报告和有关资料后，28天内给予答复，或要求承包方进一步补充索赔理由和证据。

(4) 业主在收到承包方送交的索赔报告和有关资料后，28天内未予答复，或未对承包方作进一步要求，视为该项索赔已经认可。

(5) 当该索赔事件持续进行时，承包方应阶段性向业主发出索赔意向，在索赔事件终了后28天内，向业主方提交索赔的有关资料和最终索赔报告。

14.7.5 施工索赔的证据和索赔文件

1. 索赔证据

索赔证据是承包方用来支持其索赔成立的资料。没有证据或证据不足，索赔时难以成功。索赔证据由以下文件组成:

(1) 招标文件、工程合同及协议、施工技术规范、工程设计图纸，业主和监理批准的施工组织设计等。

(2) 工程各项有关设计交底记录、变更图纸、变更施工指令等。

(3) 工程各项经业主或监理工程师签认的经济签证。

(4) 工程各项往来信件、指令、信函、通知、答复等。

(5) 工程各项有关工程的会议纪要。

(6) 施工计划及现场实施情况记录。

(7) 施工工长施工日志。

(8) 工程施工用电、施工用水和施工道路开通、封闭的日期及数量记录。工程施工停电、施工停水和干扰事件影响日期及恢复施工的日期。

(9) 工程预付款、进度款拨付的数额及日期记录。

（10）工程有关施工部位的图像资料等。

（11）工程现场气候的记录，有关天气的温度、风力、雨雪等。

（12）工程分项分部验收报告及各项技术鉴定报告等。

（13）工程材料采购、订货、运输、进场、验收、使用等方面的凭据。

（14）工程会计核算资料。

（15）国家、省、市有关影响工程造价、工期的文件、规定等。

2. 索赔文件格式

索赔文件也称索赔报告，是承包方向业主索赔的正式书面材料，也是业主审议承包方索赔请求的主要依据。索赔文件格式为：

（1）标题。索赔报告的标题，应该能够简要明确概括索赔的中心内容。

（2）事件。详细描述事件过程，主要包括：事件发生的时间和持续时间、发生的工程部位、原因和经过、事件产生的影响范围，以及承包方当时采取的防止经济损失扩大的措施、承包方当时向业主或监理工程师报告的次数及日期、最终结束影响的时间、事件处置过程中的有关主要人员办理的有关事项等。

（3）理由。是索赔的依据，主要是法律依据和合同条款的规定。建立事实和损失之间的因果关系，说明索赔的合理合法性。

（4）结论。指业主方造成的经济损失及其大小，要求补偿的金额，以及顺延的工期。

（5）详细计算书。为了证实索赔金额和工期的真实性，必须指明计算依据及计算资料的合理性，包括损失费用、工期延长的计算基础、计算方法、计算公式及计算过程。

（6）附件。包括索赔报告中所列举事实、理由、影响等的证明文件和证据。

3. 索赔报告的基本要求

编制索赔报告是索赔过程中的一项重要工作。索赔报告的表述方式对索赔的解决有重大影响。一般要注意如下方面：

(1) 索赔事件要真实、证据确凿。索赔必须实事求是，对事件叙述要清楚明确，有确凿的证据。

(2) 强调事件的不可预见性和突发性。说明即使一个有经验的承包方对它不可能有预见或有准备，也无法制止，强调承包方为了避免和减轻该事件的影响和损失，已尽了最大的努力，采取了能够采取的措施。

(3) 论述要有逻辑，说服力强。明确阐述由于索赔事件的发生和影响，使承包方的工程施工受到严重干扰，并为此增加了支出，拖延了工期。应强调索赔事件是业主方责任或不可抗拒的自然原因。

(4) 责任分析要清楚。一般索赔所针对的事件，都是由于非承包方责任而引起的，工程受到的影响和索赔之间有直接的因果关系。因此，在索赔报告中要善于引用法律和合同条款，详细、准确的分析，并明确指出对方应付的全部责任。

(5) 简明扼要。索赔报告在内容上应组织合理，书写时要条理清楚，简明扼要，即能完整地反映索赔要求，使对方能很快的理解索赔的目的。

14.7.6 施工索赔的计算

1. 工期索赔计算

工期索赔的计算主要有网络图分析法和比例计算法两种。

(1) 网络分析法

网络分析法是利用网络图对延误工期进行分析，如果延误的工期是发生在关键线路上的关键工作，则延误的事件为索赔工期，可纳入合同工期。如果延误的工作发生在非关键工作上，但延误的时间超过该工作的总时差，则超过总时差的时间为索赔工期。

(2) 比例计算法

如果已知额外增加工程量的价格，可用下式进行计算：

$$\text{工期索赔值} = \frac{\text{额外增加工程量的价格} \times \text{原合同工期}}{\text{原合同总价}} \tag{14-24}$$

比例计算比较简单，但有时不符合实际情况，应用时应慎重。

2. 费用索赔计算

费用索赔计算一般采用分项计算法、总费用法或修正总费用法、实际费用法。

(1) 总费用法

总费用法就是从计算出工程已实际开支的总费用中，减去投标报价时的成本费用，即为要求补偿的费用额。

此种方法并不十分科学，但具备以下条件时，采用总费用法计算索赔费用额也是较合理的。

1) 实际开支的总费用是合理的。

2) 承包方原始报价是合理的。

3) 费用的增加不是因承包方的原因造成的。

4) 难以用精确的方法进行索赔费用的计算。

(2) 修正总费用法

就是在总费用计算的基础上，去掉一些不确定的因素，对总费用法进行相应的修改和调整。

(3) 分项计算法

1) 人工费索赔

人工费索赔侧重于劳力人员闲置和劳动生产率降低费用的计算。人员闲置费用，一般按人工单价的0.70折算。劳动生产率降低费用的计算，一般采用实际成本和预算成本比较法，也可采用正常施工期与受影响期比较法。后者是指受影响时生产率的下降，造成人工费用增加。

2) 机械费用索赔

机械闲置费用索赔计算有两种情况，对于自有机械的闲置，一般只对机械的折旧费补偿；如果是租赁的机械对于台班费进行补偿。

3) 现场管理费索赔计算

现场管理费索赔的计算一般采用如下公式：

$$\text{现场管理费索赔值}=\text{索赔的直接成本费用}\times\text{现场管理费率} \quad (14\text{-}25)$$

（4）实际费用法

该方法就是按照各索赔事件所引起损失的费用分别分析计算索赔值，然后将各费用值汇总，即可得到总索赔费用值。

14.7.7 防水分项工程索赔计算实例

1. 防水分项工程费用索赔计算

[例 14-2] 某工程屋面和室内防水由业主和承包方签订了可调价格的专项合同，合同中规定，竖向运输采用承包方自有的人货两用电梯，台班单价为 1000 元/台班，折旧费为 100 元/台班，人工工资为 80 元/工日，工费为 20 元/工日，合同履行一个月后，某日，因场外线路停电检修两天，造成人员误工 50 个工日，合同履行两个月后，业主要求部分室内墙面增作涂膜防水，完成增加的工作需要 8d 时间，机械 8 个台班，人工增加 48 工日，材料费用为 12000 元，求承包方可获得的直接工程费的补偿额。

解：

因场外线路停电检修两天导致直接工程费的索赔额：

人工费 = 50 × 20 = 1000 元

机械费 = 2 × 100 = 200 元

索赔额小计：1000 + 200 = 1200 元

因业主要求部分室内墙面增作内防水，导致直接工程费的索赔额：

人工费 = 48 × 80 = 3840 元

机械费 = 8 × 1000 = 8000 元

材料费用为 12000 元

索赔额小计：3840 + 8000 + 12000 = 23840 元

可获得工程费的补偿额为：

1200 + 23840 = 25040 元

2. 防水分项工程工期索赔计算

［例 14-3］　某工程屋面和室内防水工程，原合同规定屋面防水工程施工工期为 80 天；室内防水工程为 30d，在工程量增减 5% 的范围内，承包方应承担工期风险，不能要求工期补偿。假定以一定量的劳动力需要量为相对单位，则合同规定屋面防水工程量可折算为 120 个相对单位；室内防水工程量可折算为 40 个相对单位。在履行合同中，业主要求屋面和室内防水工程工程量均有较大幅度的增加，屋面防水工程量达到 150 个相对单位；室内防水工程量达到 60 个相对单位。求承包方可以提出的工期索赔额是多少？

解：

无法索赔的外墙屋面防水工程量上限值为：

$$120 \times 105\% = 126 \text{ 相对单位}$$

无法索赔的室内防水工程量上限值为：

$$40 \times 105\% = 42 \text{ 相对单位}$$

实际外墙屋面防水工程量为 150 个相对单位；实际室内防水工程量为 60 个相对单位，因此承包方可以提出工期索赔要求。

具体索赔计算如下：

由于屋面和室内防水工程工程量均有较大幅度的增加。

外墙屋面防水工期增加：

$$80 \times (150/120 - 1) = 20\text{d}$$

室内防水工程工程量也有较大幅度的增加。

室内防水工期增加：

$$30 \times (60/40 - 1) = 15\text{d}$$

主要参考文献

1 孙三友等．建筑工程施工成本管理体系．北京：中国计划出版社，2001

2 张文华，项桦太编著。建筑防水工程施工问答．北京：中国建筑工业出版社，2004

3 纪午生等．建筑施工工长手册（第三版）．北京：中国建筑工业出版社，2004

4 叶琳昌．防水工手册（第三版）．北京：中国建筑工业出版社，2005

5 沈春林．防水工程手册（第二版）．北京：中国建筑工业出版社，2006

6 卜一德主编．房屋建筑工程．北京：中国建筑工业出版社，2006

7 朱馥林主编．屋面工程施工与验收手册．北京：中国建筑工业出版社，2006

8 朱馥林主编．地下防水工程施工与验收手册．北京：中国建筑工业出版社，2006

尊敬的读者：

感谢您选购我社图书！建工版图书按图书销售分类在卖场上架，共设22个一级分类及43个二级分类，根据图书销售分类选购建筑类图书会节省您的大量时间。现将建工版图书销售分类及与我社联系方式介绍给您，欢迎随时与我们联系。

★建工版图书销售分类表（见下表）。

★欢迎登陆中国建筑工业出版社网站www.cabp.com.cn，本网站为您提供建工版图书信息查询，网上留言、购书服务，并邀请您加入网上读者俱乐部。

★中国建筑工业出版社总编室

电　话：010—58934845

传　真：010—68321361

★中国建筑工业出版社发行部

电　话：010—58933865

传　真：010—68325420

E-mail：hbw@cabp.com.cn

建工版图书销售分类表

一级分类名称（代码）	二级分类名称（代码）	一级分类名称（代码）	二级分类名称（代码）
建筑学（A）	建筑历史与理论（A10）	园林景观（G）	园林史与园林景观理论（G10）
	建筑设计（A20）		园林景观规划与设计（G20）
	建筑技术（A30）		环境艺术设计（G30）
	建筑表现・建筑制图（A40）		园林景观施工（G40）
	建筑艺术（A50）		园林植物与应用（G50）
建筑设备・建筑材料（F）	暖通空调（F10）	城乡建设・市政工程・环境工程（B）	城镇与乡（村）建设（B10）
	建筑给水排水（F20）		道路桥梁工程（B20）
	建筑电气与建筑智能化技术（F30）		市政给水排水工程（B30）
	建筑节能・建筑防火（F40）		市政供热、供燃气工程（B40）
	建筑材料（F50）		环境工程（B50）
城市规划・城市设计（P）	城市史与城市规划理论（P10）	建筑结构与岩土工程（S）	建筑结构（S10）
	城市规划与城市设计（P20）		岩土工程（S20）
室内设计・装饰装修（D）	室内设计与表现（D10）	建筑施工・设备安装技术（C）	施工技术（C10）
	家具与装饰（D20）		设备安装技术（C20）
	装修材料与施工（D30）		工程质量与安全（C30）
建筑工程经济与管理（M）	施工管理（M10）	房地产开发管理（E）	房地产开发与经营（E10）
	工程管理（M20）		物业管理（E20）
	工程监理（M30）	辞典・连续出版物（Z）	辞典（Z10）
	工程经济与造价（M40）		连续出版物（Z20）
艺术・设计（K）	艺术（K10）	旅游・其他（Q）	旅游（Q10）
	工业设计（K20）		其他（Q20）
	平面设计（K30）	土木建筑计算机应用系列（J）	
执业资格考试用书（R）		法律法规与标准规范单行本（T）	
高校教材（V）		法律法规与标准规范汇编/大全（U）	
高职高专教材（X）		培训教材（Y）	
中职中专教材（W）		电子出版物（H）	

注：建工版图书销售分类已标注于图书封底。